本书为江苏省高等教育教改立项研究课题成果

项目名称：应用型本科院校大学生生涯发展探索研究（项目编号2015JSJG577）

大学生
职业生涯规划

主 编 顾晓虎 高 远

南京大学出版社

图书在版编目(CIP)数据

大学生职业生涯规划 / 顾晓虎,高远主编.—南京:南京大学出版社,2016.9(2022.7 重印)

ISBN 978-7-305-17496-4

Ⅰ.①大⋯ Ⅱ.①顾⋯②高⋯ Ⅲ.①大学生-职业选择

Ⅳ.①G647.38

中国版本图书馆 CIP 数据核字(2016)第 207687 号

更多信息请扫描二维码

出版发行　南京大学出版社

社　　址　南京市汉口路 22 号　　　　邮　编 210093

出 版 人　金鑫荣

书　　名　**大学生职业生涯规划**

主　　编　顾晓虎　高　远

责任编辑　王日俊　周　军

照　　排　南京紫藤制版印务中心

印　　刷　丹阳兴华印务有限公司

开　　本　787×1092　1/16　印张 17.75　字数 432 千

版　　次　2016 年 9 月第 1 版　2022 年 7 月第 10 次印刷

ISBN　978-7-305-17496-4

定　　价　40.00 元

网址:http://www.njupco.com

官方微博:http://weibo.com/njupco

微信服务号:njuyuexue

销售咨询热线:(025)83594756

编　委　会

前　言

凡事豫则立，不豫则废。

——《礼记·中庸》

大学时光是人生的黄金时期，对于每一位青年人来说，成为一名大学生是人生的一个重要里程碑。然而，大学并不是终点站，我们上大学是为了更好地离开大学并走向社会，最终实现自身的价值。

那么，在大学里除了学习几十门文化课程，参加一些社团活动进行社会实践之外，四年下来我们期望自己能够成为一个什么样的大学生呢？四年的大学时光又该如何设计和度过呢？

据观察，许多大学生在大学里经常会遇到成长和发展的一系列问题。有的学生在迈入大学门槛之后，自身处于一个从高中生向大学生转变的时期，个人心理、生理，以及所处环境等都发生着诸多变化，对自己的角色定位感到很茫然；有的学生很想让自己的大学生活丰富多彩、充实有趣，然而当遇到学习、生活和工作之间发生冲突的时候又显得手足无措；还有的学生把大学里每天的学习生活都安排满满的，但是四年之后即将毕业求职时，却发现自己不知道该如何选择职业。四年的大学时光转瞬即逝，大学生应该利用有限的时光来做最重要的事情，否则便是一种巨大的资源浪费。

对于当代大学生而言，拥有怎样的大学生活才是最重要和最有意义的？为帮助大学生更好地解决这个问题，我们邀请了数十位具有十年以上一线工作经历的辅导员教师，以及高等教育管理、心理健康教育等方面的学者，结合其自身的工作经历，联系大学生的成长与发展实际情况，以时间为序，对当代大学生的生涯发展进行梳理、编撰成册。

全书共分为五篇，分别是"入学准备篇"、"大学启航篇"、"大学磨砺篇"、"大学发展篇"、"大学冲刺篇"。其中第一部分入学准备篇：主要是对新生进行大学常识的普及教育和对大学生涯的规划教育；第二部分大学启航篇：主要是引导学生更好地适应大学新生活，同时清楚并完成大学一年级面临的主要学习和工作任务；第三部分大学磨砺篇：主要是指导学生在大学二年级有效面对学习分化问题并迅速适应专业课的学习，同时注重几项基本能力的提升；第四部分大学发展篇：主要是引导学生在大学三年级进行全面地自我分析的基础上明确自我职业发展方向，同时为自己的定位分类做好基础准备工作；第五部分大学冲刺篇：主要是指导学生在大学四年级阶段做好自身规划的基础上，着力提升职业能力和素质，提高自己的社会竞争力。

本书是集体智慧的结晶,从题目的选定、大纲的制定,到每一篇、每一专题模块内容的编纂,编写组全体成员多次进行头脑风暴,并字斟句酌最终形成文稿。在编写的过程中始终坚持以下三大原则:

一是实用性原则。本书选取了大学生在校期间生涯发展过程中一般都会经历的主要成长和发展事件作为切入点,这些事情也是每一位大学生都非常关心的兴趣点,对促进大学生的成长来说都非常实用。

二是指导性原则。本书通过对大学生生涯发展的主要事件从理论到实操、从知识到能力、从训练到反思等维度进行推进认知,切实指导每一位大学生都能参与其中,并获得提高。

三是开放性原则。本书显然不能穷尽大学生在校期间生涯发展的所有事件,所以编写组试图通过具有启发性和指导性的训练平台、拓展阅读和经典推荐等方式,进一步拓展大学生自我生涯发展的视野,并最终引导其走上自我发展、自觉提高的成长道路。

本书在编写的过程中得到了南京大学、扬州大学等许多兄弟高校相关专家和教师的悉心指导与帮助,在此,对他们表示衷心的感谢!

因专业水平所限,书中难免有不妥之处,敬请专家、读者指正。

编　者

2016 年 7 月

目 录

入学准备篇

寒窗苦读十二载，走过稚嫩纯真，经历年少轻狂，追求无所畏惧。当你拿到录取通知书的那一刻，也曾兴奋不已，激动万千吧！你是否已经做好进入大学学习的准备了呢？可能你对于大学生活早就梦想了无数遍，恭喜你梦想变成了现实。对于即将进入大学的你，要告诉你的，在大学里并不是可以放开玩了，而是有更多的任务和使命等待着你去完成。你将进入古往今来最有活力的社会组织——大学，进行锻炼和塑造。

在这里将构建完成丰盈的精神世界，建立起坚定的信念，健全的情感、人格，你们将自信地去创造美好的未来，将在浩瀚的知识海洋进行智慧的探索，将展开丰富多彩的生活世界，将续写自己的人生，开启职业生涯的规划，最终完成由学生到职场人、社会人的华丽转变，最终成长为一个有益于自我、有爱于家庭、有利于社会、有为于国家的栋梁之材。

新起点 新征程

降生人世,生命之旅启程;步入大学,乃人生新起点。你,一个大学"新手",眼前即将经历的一切都是新的——新的生活环境、新的学习方式、新的师生关系……这需要你独立安排自己的生活时间、业余时间、学习时间,尽快调整与选择适应大学需求的行为方式与处事心态,这些"全新的关系"将会对你的人生产生重要影响,是你一生事业的根基。

大学,不仅意味着新的开始,更意味着一个崭新人生阶段的开启——以成人的身份把握人生的方向,涉猎知识、淬炼品格、打量社会、学会选择。

模块一 圆梦大学 为人生添色彩

进入大学的新生,都需要思考大学与人生的关系,"大学为什么值得上",这个问题思考得越深入,越持久,你的责任意识就会更强,你的独立性就会更大,下面我们就带着对这个问题的思考,开始我们的大学之旅。

【想一想】

1. 我为什么要来读大学? 大学吸引我的是什么?

2. 假如今天的我没有走进大学,我会在哪里? 我的人生可能会是什么样的?

3. 在大学里,期望把自己塑造成怎样的人? 我的人生目标是什么?

【知识链接】

大学阶段是一个人成长、成熟,个性和心理特征形成并趋于稳定的关键时期。大学阶段是一个人最富有生命力的年龄段,具有开拓创新的锐气,朝气蓬勃的精神,同时,在大学期间所学的知识和技术,所形成的素质和能力又是人生取之不尽的财富。

　　大学与人生，对于每个大学生而言都是需要认真思考与研究的重要命题。因此，我们要对大学生活有正确的认识，明确大学阶段的发展方向。人生最值得留恋的大学生活，它应该是一种清醒的、主动的、积极向上的生活，能为未来的人生奠定坚实的基础。

一、了解自我，梦想人生

　　我们要实现自己的人生目标，实现自己的人生理想，大学是一个打基础的阶段，要为未来的发展做好准备，要在正确认识自己的基础上，确立人生奋斗的目标。进入大学，一定意义上讲就已经进入一种特定的客观环境，这个客观环境可能使你感觉良好，如鱼得水，有可能不尽如人意，步履蹒跚，在这个时候一个人对自我认识的深度、广度和准确度将会对自己的生活产生重大影响。

　　大学生要加强自信。大学生要认真分析自己的优势，对自己的能力、性格、优缺点做出客观的评价，并能够随着现实环境的变化，调节自己的心理状态，有自知之明，努力缩小理想自我与现实自我的距离，形成积极悦纳自己的状态，养成积极健康向上的心理，在大学的新环境里展现自己的良好形象。

　　大学生要正确认识自我。大学生来自不同的城市，不同的家庭，不同的生活环境，每个大学生在个人意识、思维方式和个体特性上都不相同，在生理和心理上都会表现出不同的特征。可以依据心理学上的气质类型分类理论适当地认识与分析自己的气质类型，以便于客观认识自我；了解自己的知识结构和学习能力，特别是兴趣爱好以便用己之所长，补己之短；了解自己的情绪、情感和意志的发展过程，养成自觉、果断、自制、坚韧的意志品格。

　　大学生要学会规划人生。大学生除了正确认识自我和把握自我，积极规划自己的生活，确立自己的奋斗目标，最重要的是能够规划自己的人生做一个有梦想的人。正所谓，没有规划的人生叫拼图，有规划的人生叫蓝图；没有目标的人生叫流浪，有目标的人生叫航行！梦想不仅仅是梦想，更是可以实现的理想，反映在大学的每一个学习和生活阶段。

二、提升自我，专业品质

　　拿到大学的录取通知书，不仅仅意味着你进入了某一所大学，更重要的是你已经选择被分配到某一个院系，修习某一个专业，这在很大意义上就决定了四年中你将会受到某个学科领域知识的洗礼，四年后你将会成为某个领域的专业人才。大学期间，大学生自我的提升是通过专业品质的培养来实现的；大学生自身能力的提高是通过专业知识的学习来实现的。特别是在当今社会分工细化的年代，通过大学的专业教育，促使你在未来的人生中形成某种特殊的优势，增加一种社会竞争力。当然在大学你不仅学到了专业知识，还有使你们终身受益的专业视角，来观察和理解当下所处的社会和时代背景，不断提高解决和处理实际问题的能力。

　　专业学习主要有两个层面的学习，即原理性学习和技能性学习。知道"知识是什么"是容易的，而知道"知识为什么"是困难的。通过"为什么"的探索，你才能逐渐形成真正的专业眼光,也就是说不仅要知道"治疗一种疾病用某种药",还要知道"这种药的药理"。如此,即使四年之后,面临就业的时候,没能找到与己专业相匹配的工作岗位,但经过专业训练的你,在思维逻辑、处事方式等方面都会受到专业训练的影响,也能够适应不同工作岗位的需要。

➤ 三、塑造自我,共同成长

大学教育除了前面提到的知识教育,还有一个重要的方面就是行为教育。知识教育是专业素养教育,而行为教育是为整个即将展开的人生做准备的教育。行为教育不可能自己完成,是通过与老师和同学的相处来完成的。在这个意义上,大学教育不仅体现在学什么,还体现在和谁一起学。

正所谓"知己知彼,百战百殆",大学生不仅要正确认识自我,还要学会"识人"、"体察他人"。遇到事情不能只从自己的角度考虑问题,更要能够知人切己地体会他人的感受,这不仅是个人修养问题,更涉及人生智慧。例如,大学宿舍人际关系问题,多半由于相互之间的不理解、不接纳,从各自视角评判他人的行为而至,岂不知大学四年,多人同居一室,是多么难得的锻炼机会,在承受生活上诸多不便的同时,你会得到多少人际能力提升历练的机会,于此,不断学习丰富扩大自己的人脉关系的能力。

一个好学生不仅自己能学好,还要能够从更多的老师和同学那里学习、取益。除了自己受益之外,还能影响身边的很多同学一同受益,认识到每个人都各有所长,相互赞赏和激励才能取得更大的进步。不管是学有所长的学长,还是需要照顾指导的学弟、学妹,多一些人之常情的照料,或许其中就有在不远的将来成为社会精英和国家栋梁之人,而你和他成为校友,不也是生命中一段不错的经历,成为你的贵人也是有可能的。

➤ 四、超越自我,精神家园

人不仅是一个需要衣食住行的物质性存在,更是一个需要制度保护的社会性存在,更重要的是一个能够体现独特性的精神性存在。在大学期间,大学生和老师、同学相处,不仅体现在知识的学习、技能的训练中,而且还体现于把自己的喜怒哀乐、情感体验与之分享而形成的同窗之谊、师生之情。

在一个人最美好的青春年华,在自己心智成长的关键时期,得到同龄群体的认可与赞许,获得一份归属感,这将是你一辈子难以忘记的情谊,也将成为你一生的精神财富。理想的大学生活应该是有大视野、大境界、大气魄的,能够突破自我局限和狭隘,懂得上下求索,懂得悲天悯人,懂得敬畏生命,能够卓然独立,内心高远,生命升腾。

读大学并不是在这个社会生存的必要条件,也不是决定你未来如何生存的必要条件。大学的真正意义在于,一个年轻人未来是否能有尊严地、有品质地生活。这种生活的尊严,不来自物质、名声、地位,而是来自其内心的充盈而强大,纯净而辽阔。大学足可以成就,所谓"大学之道,在明明德,在亲民,在止于至善"。

【探索训练】

1. "大学之道,在明明德,在亲民,在止于至善"出自哪里? 并请解释。

_____

2. 列一份关于大学期间想做的事的清单。

_____

3. 练习与时间做朋友

第一组练习,只需要你一个下午就够了。

认真回忆一下你昨天做了什么,比如:

1. 上午去上课,7点40出发,11点20下课,花费200分钟。

2. 中午休息,打了几个电话,打扫卫生,花费100分钟。

3. 下午与朋友吃饭,写了一份作业,花费120分钟。

……

哈,还有一些事没写,不过没关系,反正是写给自己看的。

认真回忆一下你前天做了什么,逐条记录下来。

认真回忆一下你大前天做了什么,逐条记录下来。

第二组练习,仅仅需要你一个下午就够了。

认真回忆一下你上一周做了什么,认真记录下来。

认真回忆一下你上一个月做了什么,认真记录下来。

认真回忆一下你上个季度做了什么,认真记录下来。

认真回忆一下你上一年做了什么,认真记录下来。

第三组练习,只需要你一个下午就够了。

用一个星期的晚上,回忆并记录你当天做了什么。

用一个星期时间,随时记录你刚刚做完的事情花了多少时间。

这些练习做完,哦,天哪,你可能觉得筋疲力尽或者看着这些记录心惊肉跳,于是你会得到一句话"与时间做朋友,我得到很多"。

【拓展阅读】

怎样才配做一个现代学生①

我们这些似乎很可爱的青年男女,住在学校里,就可以算作现代学生么? 或者能读点外文书,说几句外语;或者能够"信口开河"地谈什么主义和什么文学,就配称作现代学生么? 我看,

---

① 蔡元培著.蔡元培全集(第5卷).北京:中华书局,1988.8(1),475.

这些都是表面的或次要的问题。我以为至少要具备下列三个条件，才配称作现代学生。

● **狮子样的体力**

古时文士于礼、乐、书、数之外，尚须学习射、御，未尝不寓武于文。先有健全的身体，然后有健全的思想事业，这句话无论何人都是承认的，所以学生体力的增进，实在是今日办教育的生死关键。

今日的学生，便是明日的社会中坚、国家柱石，这样病夫式或准病夫式的学生，怎能担得起将来社会国家的重责！又怎能与外国赳赳武夫的学生争长比短！

外人因我国度庞大而不自振作，特赠以"睡狮"的怪号。青年们！醒来吧！赶快恢复你的"狮子样的体力"，好与世界健儿一较好身手；并且以健全的体力，去运用思想，创造事业！

● **猴子样的敏捷**

"敏捷"的意思，简单说起来就是"快"。在这二十世纪的时代做人，总得要做个"快人"才行。譬如赛跑或游泳一样，快的居前，不快的便要落后，这是无可避免的结果。

青年们呀！现在已经是二十世纪的新时代了！这个时代的特征就是"快"。你看布满了各国大陆的铁道、浮遍了各国海洋的船舰、肉眼可看见的有线电的电线、不可见的无线电的电浪、可以横渡大西洋而远征南北极的飞机、城市地面上驰骋着的街车与汽车、地面下隧道中通行的火车与电车，以及工厂、农场、公事房、家庭中所有的一切机器，哪一件不是为要想达到"快"的目的而设定的？况且凡各种科学，无不日新月异的在那里增加发明。我们纵不能自己发明，也得要迎头赶上去、学上去，这都是非快不为功的。

● **骆驼样的精神**

在中国四万万同胞中，各人所负责任的重大，恐怕要算青年学生首屈一指了！就中国现时所处的可怜地位和可悲的命运而论，我们几乎可以说：凡是可摆脱这种地位、挽回这种命运的事情和责任，直接或间接都是要落在学生们的双肩上。

第一是对于学术上的责任：做学生的第一件事就是要读书。读书从浅近方面说，是要增加个人的知识和能力，预备在社会上做一个有用的人；从远大的方面说，是要精研学理，对于社会国家和人类作最有价值的贡献。这种责任是何等的重大！读者要知道一个民族或国家要在世界上立得住脚——而且要光荣地立住——是要以学术为基础的。尤其是，在这竞争剧烈的二十世纪，更要依靠学术。所以学术昌明的国家，没有不强盛的；反之，学术幼稚和知识蒙昧的民族，没有不贫弱的。

第二是对于国家的责任：中国今日，外则强邻四逼，已沦于次殖民地的地位；内则政治紊乱，民穷财匮，国家的前途实在太危险了。今后想摆脱列强的羁绊，则非急图取消不平等条约不可。想把国民经济现状改良，使国家能享独立、自由、富厚的生活，则非使国内政治上轨道不可。昔日范仲淹为秀才时，便以天下为己任，果然有志竟成。现在的学生们，又安可不以国家为己任呢！

第三是对于社会的责任：先有好政治而后有好社会，或先有好社会而后有好政治？这个问题用不着什么争论，其实二者是相互影响的，所以学生对于社会也是负有对于政治同等的责任。我们中国的社会，是一个很老的社会，一切组织形式及风俗习惯，大都陈旧不堪，违反现代精神而应当改良。这也是要希望学生们努力实行的。因为一般年纪大一点的旧人物，有时纵然看得出，想得到，而因濡染太久的缘故，很少能彻底改革的。所以关于改良未来的社会一层，青年所负的责任也是很大的。以上所说的各种责任都放在学生们的身上，未免太重一些。不过生在这时的中国学生，是无法避免这些责任的。若不学着"骆驼样的精神"来"任重道远"，又有什么办法呢？

除开上述三种基本条件而外，再加以"崇好美术的素养"和"自爱"、"爱人"的美德，便配称作现代学生而无愧了。

【经典推荐】

书籍：《上学记》①

这部何兆武先生的口述史浓缩了 20 世纪中国知识分子的心灵史。它叙述的尽管只是 20 世纪 20 年代到 40 年代末近 30 年他学生时期的往事，却是一个饱经沧桑的老人对整个 20 世纪历史的反思，对我们重新认识过往、观察现在以及展望未来都有着重要的启迪。何先生不惮于表露自己的真情实感，不忌讳议论先贤的道德文章，既树立了理性的尊严，又使自己的性情展露无遗。何先生对知识与真理的热诚仿佛一股清泉，可以冲洗那些被熏染的心灵，使其复现润泽。可以从这本书中获得丰富、鲜活的历史体验，特别是今天"上学者"和"治学者"，或可借此思考一下，学应该如何上、如何治。

书籍：《上课记》②

这是一本难得一见的"教后感"结集，它记录了来自城市、农村的"90 后"一代大学生彷徨、躁动又不失纯真的日常生活和思考。

这是第一次有教育者用敏感而生动的语言记录"90 后"学生思想和生活的各种细节，学生们被前所未有地关注着。作者鼓励"90 后"学生不受成见的误导，建立健康明亮的常识体系，过更快乐和有力的学生生活。

---

① 何兆武口述，文婧整理.上学记[M].北京：生活·读书·新知三联书店，2001.
② 王小妮.上课记[M].北京：中国华侨出版社，2011.

模块二　了解大学　变身准大学生

何谓大学？大学，顾名思义，在于大，在于学，关乎大学精神，关乎令人向往的大学生活。在人类历史的长河里，大学是培养人才的殿堂，是知识和文明的摇篮，下面我们就一起了解大学。

【想一想】

1. 大学是什么？
2. 大学的类型有哪些？
3. 大学精神是什么？

【知识链接】

一、大学是什么

每一个学生心目中都有自己大学的模样，而对大学的向往，往往从某位高中老师的耳提面命开始，我们在老师的讲话里得到了最早的大学模样，"现在苦一点没关系，考上大学就好了"，大学好在哪里呢？那是对自由和洒脱的向往，似乎大学不用学习，果真是这样的吗？大学到底是什么样的呢？

（一）大学由来

古往今来，各类学者、专家从不同的视角，对"大学"的内涵与外延做出了种种诠释。德国哲学家雅斯贝尔斯曾经指出："大学是研究和传授科学的殿堂，是教育新人成长的世界，是个体间富有生命的交往，是学术勃发的领地。"英国教育家纽曼认为，"大学是一个传授普遍知识的地方，是教育场所而非教学场所，大学教育是通过一种伟大而平凡的手段去实现一个伟大而平凡的目的。"德国教育家洪堡认为"大学兼有双重任务，一是对科学的探求，一是个性与道德的修养"。洪堡在德国大学树立了"大学自主"、"教与学的自由"、"教学与科研相结合"的现代大学原则，试图将传承文明与民族复兴结合起来。在蔡元培看来"大学者，研究高深学问也"，而梅贻琦则认为"就大学所在地而言之，大学俨然为一方教化之重镇，而就其声教所暨者言之，则充其极可以为国家文化之中心，可以为国际思潮交流与朝宗之汇点。"大学有浓厚的文化氛围，有图书馆、实验室、自修室，以及各种研究基地，有能答疑解惑的老师，有能够进行探讨和畅想的平台，也有为知识增长、学术进步、心智培育的独特而便利的环境。

众所周知，西方的大学制度有着悠久的历史，大学教育作为西方文明不可分割的一部分植根于西方现代文明发展的各个阶段。大学的建立使得人类文明在历史长河中的知识积累可以得到归纳和总结，使得人类文明的火种得以传递。在中国古代也有类似现代大学的高等教育机构，如太学、国子监、书院等，就是早期大学的雏形。蔡元培说："吾国历史上本有一种大学,通称太学;最早谓之上庠,谓之辟雍,最后谓之国子监。其用意与今之大学相类;有学生,有教官,有学科,有积分之法,有入学资格,有学位,其组织亦颇似今之大学。然最近时期,所谓国子监者,早已有名无实,故吾国今日之大学,乃直取欧洲大学之制而模仿之,并不自古代太学演化而成也。"可见中国的现代大学是西方的舶来品,可以说是东西方文明交流的产物。西方的"University"早期在中国被翻译成"书院",后称学堂,民国后才称之为大学。1894 年后,中国开始兴办近代学堂,官办学堂主要借鉴日本的经验,1895 年成立北洋大学是中国近代的第一所大学。1912 年中华民国建立后,主要效法美国的大学制度建立大学,直到今天,大学制度的改革还在延续。

(二) 大学的类型

中国实施高等教育的机构为大学、学院和高职高专院校。新时期我国的高等教育具有人才培养、科学研究和服务社会和文化传承四大功能。高等教育采取全日制和非全日制教育形式,包括学历教育和非学历教育。学历教育分为专科教育、本科教育和研究生教育。

专科教育:基本修业年限为 2—3 年,以培养技术型人才为主要目标。即大学专科的目标是实用化,是在完成中等教育的基础上培养出一批具有一定专业技术和技能的人才,其知识的讲授是以能用为度,实用为本。

本科教育:本科教育的修业年限一般为 4 年,某些专业如医学科等为 5 年或 5 年以上。对这一层次实施的教育包括基础理论教育、某专业或某领域的基础和专业理论知识及技能的教育。接受本科教育的学生按照本科教育大纲与计划学习有关的课程,进行实验、教学实习和社会实践,接受某些学科的科研训练,写作毕业论文与完成毕业设计。学完依据教学计划所规定的全部课程,考试合格者,准予毕业,发给本科毕业证书,授予学士学位。毕业生具有本专业实际工作和研究工作的初步能力。

硕士研究生教育:基本修业年限为 2—3 年。与本科生相比研究生教育更注重培养学生的研究问题和分析问题的能力。硕士是一个介于学士及博士之间的研究生学位(Post-Graduate),硕士研究生正常毕业并达到学位授予要求以后授予硕士研究生毕业证书和硕士学位证书。

博士研究生教育:基本修业年限是 3—4 年。博士研究生是高等学历教育中最高的教育等级。博士研究生毕业时,可以获得全日制博士研究生毕业证书和博士学位证书。人们日常生活中所说的考上了博士,读博士等,正是指博士研究生。正在读的还没有获得博士学位的学生,严格来讲只能称为博士研究生;已经获得博士学位的人员,才是真正意义上的博士。具有本专业深厚的理论基础、系统深入的专业知识,掌握相应的技能、方法,具有从事本专业实际工作和科学研究工作的能力。

大学在名称上有大学和学院之别。按照高等教育法规定,大学和学院都应当具有较强的教学、科研力量,较高的科学研究水平和相应的规模,能够实施本科以上教育。两者的区别在于:大学必须设有三个以上国家规定的学科门类为主要学科,全日制在校生规模 5000 人以上;而学院一般设有一个国家规定的学科门类为主要学科,全日制在校生规模 3000 人以上。一般来说大学更具有综合性,而学院专业性较强,但并不意味着大学就一定优于学院,一些学院的教学能力和科研水平可能会优于某些大学的一些专业。

二、大学有什么

（一）大学之大

大学之大，首先在于大，一般情况下相对于中小学而言，大学不管在学生数量、占地面积、建筑面积、实验设备、科研机构还是基础设施等方面，都比普通中学要大。

大学之大不仅在此，更在于"教师之大"。大学的荣誉不在于校舍和人数，而在于它一代又一代的教学质量的传承。进了大学以后，你会遇见一大批博学多识，具有科研和教学能力的老师，他们不仅学问好，上课也好，能深入浅出地回答你的问题，并指明你的学习方向。他们不仅是知识的传授者，更是社会实践者和新知识的探索者。

大学之大更在于"学生之大"。大学生是一个成年人的群体，是一群开始思考人生，人格趋于稳定的年轻群体。大学生需要思考个人对未来社会的价值，思考大学生学习的意义，思考如何实现人生价值，大学生要学会独立，学会自主，学会创造。当没有人严格管理你的学习实践和社会实践，更能够体现自己在多大的可能性上去构建自己的知识体系和世界观，如何充分发挥自己的主观能动性进行自我实现。如果你有幸进入一所重点大学，是人生的一件幸事。即使你今天来到了普通学校，也不必妄自菲薄。因为重点大学的学生不一定个个出类拔萃，一般高校出来的同样有杰出的人才。因为人生很长，越往后，文凭本身所发挥的影响力就越弱。在未来事业和生活中发挥决定性因素的还是一个人所形成的素养和思维，而这些将是四年大学带给你的最重要的东西。

（二）大学之学

大学之学，在学问，在学术。大学是研究高深学问的地方。学问是大学期间的第一要义，大学之大是学问之大。作为大学生务必要把学术、学习放在第一位，积极主动地发挥自己的创造力，在科学的道路上不断探索，做出自己的成绩来。

大学之学，在专业，在知识。没有专业的学习就不能称之为大学的学习。大学生要在"专"字上下功夫，在专业里精益求精，在学识上求宽求广。作为一名受过高等教育的学生，不可一业不专，也不可只专一业，要不断完善自己的知识结构，才能在自己的专业领域更加突出，才能为社会贡献自己的力量。

大学之学，在于学生、学风。学风，主要是指学生在学习方面的精神风貌，是学习动机、学习态度、科学精神、学习方法、意识品质等各方面的综合反映。学风既是大学精神和文化的集中体现，也是衡量和评价一所大学办学品位、育人环境和社会声誉的重要标志。大学生是社会的一个特殊群体，是社会新技术、新思想的前沿群体，是社会培养的高级专业人才，应该在大学促进良好的学习氛围，互相砥砺，共同进步。不管外面的环境如何变化，在大学的这座象牙塔内，一个大学生应始终如一地坚持专业学习，给青春留下美丽的风景。

（三）大学之精神

大学精神是大学自身存在和发展中形成的具有独特气质的文明成果。建设"大学精神"是高等教育自身发展的需要，也是社会进步的需要。大学精神的本质意味着创造、批判和关怀。大学精神的核心是育人，育人的重点是培养学生对国家、民族的责任感，培养有抱负、有政治远见、有广博知识、有责任心的人。

创造是大学精神的价值所在,是大学在社会有机体中保证自身地位的生命力所在。正如爱因斯坦所说:"没有个人独创性和个人志愿的统一规格的个人所组成的社会,将是一个没有发展可能的不幸的社会。"大学创造社会理想,并把这些理想传递给社会成员,通过人们的实践,使理想变成现实的文化实体。

大学的批判精神表现为大学教师在教学和科研过程中能够以科学的态度对待传统与现实,否定非科学的内容,破除迷信与保守主义,建立科学的知识体系。可以这样说,大学的教学与科研发展史就是一个肯定与否定相结合的扬弃过程,是对社会现实的理性反思和价值构建的过程,也是大学批判精神的体现过程。

社会关怀精神是社会发展的必然产物,是社会所需要的。社会关怀精神表现在大学对社会精神文明的参与和建设。除了在生产力方面对社会的贡献外,大学通过直接的人文社会科学的研究为社会提供精神产品,包括哲学研究、文学创作与批判、思想道德建设等。知识分子在提炼和批判社会生活的同时,又把各种精神产品投资到社会,为社会建设提供直接的内容。

【探索训练】

1. 请介绍下面几所国外著名大学和中国古代书院。

巴黎高等师范专科学校

_____

_____

耶鲁大学

_____

_____

岳麓书院

_____

_____

紫阳书院

_____

_____

2. 根据自己体会,谈一谈大学学习和中学学习之不同。

_____

_____

3. 用你的脚步丈量这所你即将学习和生活四年的学校,用你的画笔绘制一张充满自己创意的校园手绘地图。

【拓展阅读】

博洛尼亚大学①

意大利的博洛尼亚大学就是西方乃至全世界最早形成完备大学制度的高等学府,因其历史悠久而被尊称为"大学之母"。博洛尼亚大学自成立之后其历史从未间断,一直延续发展至今。据历史学家考证,博洛尼亚大学成立于1088年,距今已有近千年的历史。

追溯博洛尼亚大学的历史,在大学制度形成之初,参照当时的行会制度,本质上是由当时的学生们自主选择所学内容和老师的世俗化机构。来自同一国家的学生之间互相支持成立了许多类似"同乡会"的学院,这些独立的学院并不受制于当时的教廷。历史学家证实,早在公元12世纪的博洛尼亚,虽然当时还没有现在意义上的博洛尼亚大学,但已经形成了几十个不同类型的学院。

博洛尼亚大学的这种大学体系与巴黎成立的在教会管辖下的大学制度具有很大区别。博洛尼亚大学教师的工资由当时的市政府直接支付,这使得大学自身有了更大自主权和灵活性,摆脱了教会管制的大学才成为真正具有现代意义的大学。大学成立之初,学生主要学习的是古罗马时期就已形成的各项法律,学生在校的主修专业是法学。直至公元14世纪,博洛尼亚大学设立的专业除法学外,还加入了逻辑、天文、医学、哲学、算术、修辞、文法,随后还加入了神学、希腊语和希伯来语等。众多科学史和文学史上的名人都曾经在这里求学、研究或从事教学工作,其中最著名的有但丁(Dante Alighieri)、彼特拉克(Francesco Petrarca)等。

公元16世纪的博洛尼亚大学开创了被称为"自然魔法"的课程,也就是我们今天的实验科学。这一时期的著名人物有彼得罗·蓬波纳齐(Pietro Pomponazzi),他通过自然科学的研究向传统神学发出了挑战,而乌利塞·阿尔德罗万迪(Ulisse Aldrovandi)则奠定了自然科学的基础,他对药理学的发展有重要的贡献,并对很多动物、化石和自然现象做了收集和分类。学科专业的明确分类和学科体系的逐渐完备,使得博洛尼亚大学的规模逐渐扩大,同时使其可以紧跟时代发展步伐,不断得以创新。

① 罗红波编著.博洛尼亚大学.长沙:湖南教育出版社,1993.12.

钟吾书院①

钟吾书院始于 1822 年（清道光二年），为江苏省十大书院之一，规模宏大，在苏北有较大的影响，是宿迁文脉的发端地，支撑了宿迁清代科举取士教育；1903 年（清光绪二十九年）改为钟吾学堂，开宿迁近代教育的先河，是宿迁近代教育发展的见证。

1822 年（清道光二年），为了科举兴县，知县华凤喈率领儒生共同捐资，在县城北马陵山麓修建钟吾书院。据史料记载，书院"全部门庭斋舍，皆整齐对称，厅堂宽敞，阁楼巍峨"，"与水不争能，力尽八年能注海；开堂思肯构，目穷千里更登台"楹联高悬讲堂，书院门槛亦有一副对联："岱为四岳之宗，自梁父云亭以来，经凫绎龟蒙，磅礴马陵冈上，秀挺三台，应放登山眼孔；河乃百川并灌，同昆仑积石而下，合汴沂淮泗，逶迤宿豫边城，澜回九曲，宜寻学海心源"。

维新运动的兴起，戊戌新政的颁布，清光绪年间宿迁知县林士菁为顺应近代废科举、兴学堂的趋势，率先于光绪二十九年（1903 年）改钟吾书院为钟吾学堂。

【经典推荐】

书籍：《什么是教育》②

雅斯贝尔斯是德国著名哲学家，在《什么是教育》一书中，他用哲学家的眼光阐述了理想的教育，同时也描绘了教育的理想状态，对当今的教育理念和教育理想产生重大影响。

书籍：《大学之理念》③

在今日知识经济时代，大学作为发展知识主要的地方，已经成为社会中最重要的一种机体了。大学越变得重要，就越需要对大学之理念与功能作反思。何谓反思？知识是否是一种或一型？大学又是否只是求真，而与美、善无涉？不夸大地说，大学之发展方向关乎一个国家的文明之性格。

---

① 宿迁文史资料研究会编.宿迁文史资料（第 7 辑）.1986（10）.
② 雅斯贝尔斯.什么是教育［M］.北京：生活·读书·新知三联书店，1991.
③ 金耀基.大学之理念［M］.北京：生活·读书·新知三联书店，2001.

专题二

新生涯　新规划

近年来,在对即将离校的毕业生进行的访谈调查中,我们发现常有毕业生发出这样的感慨:"只有当一脚踏出大学校门之时才知道大学应该怎样读","如果能够重上一次大学,如果能够回到起点,我会做得更好……"对于未来的双向选择,许多毕业生心中充满困惑:"最适合自己的职业发展机会在哪里?如何把握?""自己的学历背景和许多大学生相似,如何脱颖而出,备受青睐?"解决这些困惑,为自己的将来赢得主动权,正确的选择就是从大一开始,尽早规划自己的职业生涯,确定自己的发展方向。

模块一　识生涯理念　规划人生路

带着对大学的期待、未来的憧憬,心中有万般想法,也曾经若干次想象未来……大学是未来生涯的准备阶段,也是未来职业生涯的起点,做好学业规划的同时,要做好职业规划、生活规划,乃至贯穿一生的规划,对此,你准备好了吗?

【想一想】

1. 我想做什么?
2. 我会做什么?
3. 环境支持或允许我做什么?

【知识链接】

一、大学需要生涯规划

大学阶段是人生的一个重要阶段,大学教育对一个人的未来发展具有重要的意义。在人的一生中,大部分时间是与职业联系在一起的。因此,选择职业是大学生无法回避且必须认真对待的。大学生职业选择是一个很宽泛的范畴,它既包括了职业价值观、职业理想、个人状况、择业偏好、就业准备,也涉及家庭、地区、生活环境、法制观念、就业政策、选择机会等外部因素。对于刚迈入大学校门的学生来讲,关注影响职业选择的各种因素,科学规划自己的大学生涯,对于自己终身可持续发展都具有十分重要的意义。

大学阶段从个人职业发展角度看属于职业发展的早期,是大学生进入职业领域前的系统的准备阶段。在我们对毕业生进行的职业意向调查中发现,70%以上毕业生的职业理想、职业意向明确,均是在大学期间完成的,大学在大学生职业生涯发展过程中处于十分重要的地位。

大学阶段的学生其身心发展水平多处于青年中期,这是从少年心理过渡到成人心理的关键时期,也是性格、能力等个性心理特征达到相对稳定和成熟的时期,其理想、信念、自我意识的倾向性接近成人发展水平的过渡时期。这一阶段大学生能够客观地认知自己的身心特征,能够较为客观地进行自我评价,自我意识不断增强,人生观也已比较稳定地确立起来。

大学阶段是青年学生职业理想、职业意向形成发展的关键阶段。在校大学生虽然没有正式投入职业生活,但对职业的思考和初步的尝试已成为其大学生活的重要内容。在此阶段其职业理想逐步明确与具体化,经过大学阶段的自主学习、受训辅导、实践尝试等过程,青年学生从认识自我开始,去发展适合自己兴趣、爱好的职业能力,能够把学习知识、发展素质、提高能力和调适自己的职业价值观有机地结合起来,并能够逐步地把个人特征和社会需要结合起来,从而确立切实可行的职业意向和职业理想。

大学阶段是大学生提高职业技能、完善职业素质的基础阶段。个人的职业理想能否最终实现,十分重要的决定因素是其本人是否具有过硬的职业技能和职业素质。在目前的人才市场上,用人单位对应聘者的职业素质要求越来越高,不仅对其文化水平、学历层次的标准不断升格,而且对其知识结构、实际能力、职业道德等均提出了更高的要求。一个人自身素质的高低,已经成为决定其择业时的自由度、职业岗位的层次以及将来事业成就大小的主要因素。而大学生自身素质的形成与大学阶段的学习和锻炼密切相关。可以说,整个大学阶段,从某种意义上讲是为职业素质奠定基础,为未来的职业生涯获得成功积累资本。

二、生涯规划的理论

"生涯"一词由来已久,"生"为生命,"涯"为边际,"生涯"就是"一生"的意思。孔子所谓:"吾十有五而志于学,三十而立,四十而不惑,五十而知天命,六十而耳顺,七十从心所欲不逾矩",即是孔子对自己生涯的理解。

关于"生涯"概念的理解,现在有许多不同的认识,目前多数人接受美国生涯理论专家舒伯(1953)的观点。舒伯认为"生涯是生活里各种事件的演进方向和历程,它综合了个人一生各种职业和生活的角色,由此表现出个人独特的自我发展形态;它也是人生自青春期至退休所有有酬给或者无酬给职位的综合,除了职位之外,还包括与工作有关的各种角色,如学生、退休者、甚至包含了家庭和公民的角色;生涯发展是以人为中心的。"他将生涯发展看作一个持续渐进的过程,由童年时代开始一直伴随个人的一生。

关于"职业生涯"有广义和狭义的理解。广义的职业生涯是指从职业能力的获得、职业兴趣的培养、选择职业、就职,直至最后完全退出职业劳动这样一个完整的职业发展过程。狭义的职业生涯是指从踏入社会、从事工作之前的职业训练或职业学习开始直至职业劳动结束,离开工作岗位为止。职业生涯规划,是指个人在生涯发展历程中,对自身各种特质以及外界进行探索,以逐渐形成职业生涯决策并建立职业生涯目标,拟定实现目标的工作、教育、培训计划和行动方案的过程。

伴随"生涯"概念、内涵的不断扩大、深入,人们不再仅停留于单纯的职业指导、职业生涯规划层面的教育上,而是更多地关注广义上的生涯,即"整个人生过程"包含的所有职业和非职业的活动,也就是除了终生的事业外,还包含生活中的其他方面。对于生涯规划教育的内容,基本涵盖了学校的一切课程和教育活动,注重个人潜能的挖掘与发展,促进个人实现终身发展。

这里主要给大家重点介绍舒伯的生涯发展阶段理论,舒伯将生涯发展阶段划分为成长、试探、决定、保持与衰退五个阶段,具体分述如下:

成长阶段:由出生至 14 岁,该阶段开始发展自我概念,开始以各种不同的方式来表达自己的需要,且经过对现实世界不断地尝试,修饰他自己的角色。

这个阶段发展的任务是:发展自我形象,发展对工作世界的正确态度,并了解工作的意义。这个阶段共包括三个时期:一是幻想期(4 岁至 10 岁),它以"需要"为主要考虑因素,在这个时期幻想中的角色扮演很重要;二是兴趣期(11 岁至 12 岁),它以"喜好"为主要考虑因素,喜好是个体抱负与活动的主要决定因素;三是能力期(13 岁至 14 岁),它以"能力"为主要考虑因素,能力逐渐具有重要作用。

探索阶段:由 15 岁至 24 岁,该阶段的青少年,通过学校的活动、社团休闲活动、打零工等机会,对自我能力及角色、职业作了一番探索,因此选择职业时有较大弹性。

这个阶段发展的任务是:使职业偏好逐渐具体化、特定化并实现职业偏好。这阶段共包括三个时期:一是试探期(15 岁至 17 岁),考虑需要、兴趣、能力及机会,做暂时的决定,并在幻想、讨论、课业及工作中加以尝试;二是过渡期(18 岁至 21 岁),进入就业市场或专业训练,更重视现实,并力图实现自我观念,将一般性的选择转为特定的选择;三是试验并稍作承诺期(22岁至 24 岁),生涯初步确定并试验使其成为长期职业生活的可能性,若不适合则可能再经历上述各时期以确定方向。

建立阶段:由 25 岁至 44 岁,由于经过上一阶段的尝试,不合适者会谋求变迁或进行其他探索,因此该阶段一般能确定在整个事业生涯中属于自己的"位子",并在 31 岁至 40 岁,开始考虑如何保住这个"位子",并固定下来。这个阶段发展的任务是统整、稳固并求上进。这个阶段细分又可包括两个时期:一是试验—承诺稳定期(25 岁至 30 岁),个体寻求安定,也可能因生活或工作上若干变动而尚未感到满意;二是建立期(31 岁至 44 岁),个体致力于工作上的稳固,大部分人处于最具创意时期,由于资深往往业绩优良。

维持阶段:由 45 岁至 65 岁,个体仍希望继续维持属于自己的工作"位子",同时会面对新进人员的挑战。这一阶段发展的任务是维持既有成就与地位。

衰退阶段:65 岁以上,由于生理及心理机能日渐衰退,个体不得不面对现实从积极参与到隐退。这一阶段往往注重发展新的角色,寻求不同方式以替代和满足需求。

1976—1979 年,舒伯在英国进行了为期四年的跨文化研究,1981 年他提出了一个更为广阔的新观念——生活广度、生活空间的生涯发展观(Life-span,Life-space career development)。这个生涯发展观,除了原有的发展阶段理论之外,较为特殊的是舒伯加入了角色理论,并将生涯发

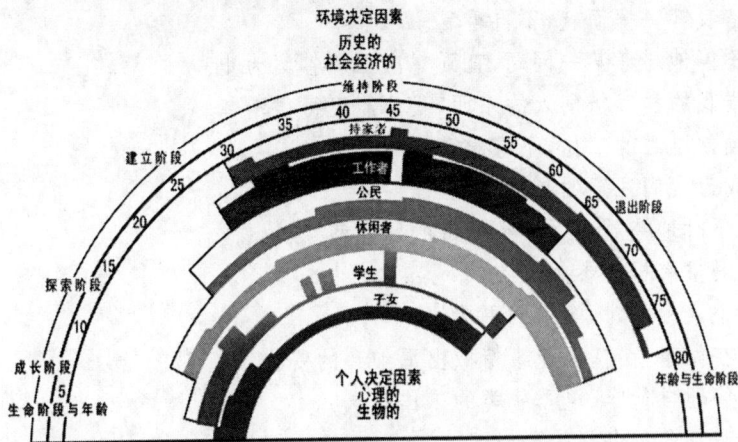

图 2-1　舒伯的生涯的彩虹图

展阶段与角色彼此间交互影响的状况,描绘出一个多重角色生涯发展的综合图形。这个生活广度、生活空间的生涯发展图形,舒伯将它命名为"一生生涯的彩虹图"(Life-career rainbow)。

(1) 横贯一生的彩虹——生活广度

在一生生涯彩虹图中,横向层面代表的是横跨一生的生活广度。彩虹的外层显示人生主要的发展阶段和大致估算的年龄:成长期(约相当于儿童期)、探索期(约相当于青春期)、建立期(约相当于成人前期)、维持期(约相当于中年期)以及衰退期(约相当于老年期)。在这五个主要的人生发展阶段内,各个阶段还有小的阶段,舒伯特别强调各个时期年龄划分有相当大的弹性,应根据个体不同的情况而定。

(2) 纵贯上下的彩虹——生活空间

在一生生涯彩虹图中,纵向层面代表的是纵贯上下的生活空间,是由一组职位和角色所组成。舒伯认为人在一生当中必须扮演九种主要的角色,依次是:儿童、学生、休闲者、公民、工作者、家长六个不同角色,他们交互影响,交织出个人独特的生涯类型。

生涯发展理论特别强调必须深入地了解个体的发展状况,特别是对工作观念、生涯成熟度以及自我观念等方面的内容,包括有关能力倾向于兴趣的资料。

【探索训练】

霍兰德职业兴趣量表

请根据对每一题的第一印象做答,不必仔细推敲,答案没有好坏、对错之分。请根据自己的情况回答"是"或"否"。

1. 我喜欢把一件事情做完再做另一件事。　　　　　　　　　　　　　　（　　）

2. 在工作中我喜欢独自筹划,不愿受人干涉。　　　　　　　　　　　　（　　）

3. 在集体讨论中,我往往保持沉默。　　　　　　　　　　　　　　　　（　　）

4. 我喜欢做戏剧、音乐、舞蹈、新闻采访等方面的工作。　　　　　　　（　　）

5. 每次写信我都一挥而就,不再重复。 (　　)

6. 我经常不停地思考某一问题,直到想出正确答案为止。 (　　)

7. 对别人借我的和我借别人的东西,我都能记得很清楚。 (　　)

8. 我喜欢抽象思维的工作,不喜欢动手的工作。 (　　)

9. 我喜欢成为人们注意的焦点。 (　　)

10. 我喜欢不时地夸耀一下自己取得的好成就。 (　　)

11. 我曾经渴望有机会参加探险。 (　　)

12. 当我一个人独处时,会感到更愉快。 (　　)

13. 我喜欢在做事情前,对此事情做出更细致的安排。 (　　)

14. 我讨厌修理自行车、电器一类的工作。 (　　)

15. 我喜欢参加各种各样的聚会。 (　　)

16. 我愿意从事虽然工资少,但是比较稳定的职业。 (　　)

17. 音乐能使我陶醉。 (　　)

18. 我办事情很少思前想后。 (　　)

19. 我喜欢经常请示上级。 (　　)

20. 我喜欢需要运用智力的游戏。 (　　)

21. 我很难做那种需要持续集中注意力的工作。 (　　)

22. 我喜欢亲自动手制作一些东西,从中得到乐趣。 (　　)

23. 我的动手能力很差。 (　　)

24. 和不熟悉的人交谈对我来说毫不困难。 (　　)

25. 和别人谈判时,我总是很容易放弃自己的观点。 (　　)

26. 我很容易结识同性别朋友。 (　　)

27. 对于社会问题,我通常保持中庸态度。 (　　)

28. 当我开始做一件事情后,即使碰到再多的困难,我也要执着地干下去。 (　　)

29. 我是一个沉静而不易动感情的人。 (　　)

30. 当我工作时,我喜欢避免干扰。 (　　)

31. 我的理想是当一名科学家。 (　　)

32. 与言情小说相比,我更喜欢推理小说。 (　　)

33. 有些人太霸道,有时明明知道他们是对的,也要和他们对着干。 (　　)

34. 我爱幻想。 (　　)

35. 我总是主动地向别人提出自己的建议。 (　　)

36. 我喜欢使用榔头一类的工具。 (　　)

37. 我乐于解除别人的痛苦。 (　　)

38. 我更喜欢自己下了赌注的比赛或游戏。 (　　)

39. 我喜欢按部就班地完成要做的工作。 (　　)

40. 我希望能经常换不同的工作来做。 (　　)

41. 我总留有充裕的时间去赴约会。 (　　)

42. 我喜欢阅读自然科学方面的书籍和杂志。 (　　)

43. 如果能掌握一门手艺并能以此为生,我会感到非常满意。 （　　）

44. 我曾渴望当一名汽车司机。 （　　）

45. 听别人谈"家中被盗"一类的事,很难引起我的同情。 （　　）

46. 如果待遇相同,我宁愿当商品推销员,而不愿当图书管理员。 （　　）

47. 我讨厌跟各类机械打交道。 （　　）

48. 我小时候经常把玩具拆开,把里面看个究竟。 （　　）

49. 当接受新任务后,我喜欢以自己的独特方法去完成它。 （　　）

50. 我有文艺方面的天赋。 （　　）

51. 我喜欢把一切安排得整整齐齐、井井有条。 （　　）

52. 我喜欢当一名教师。 （　　）

53. 和一群人在一起的时候,我总想不出恰当的话来说。 （　　）

54. 看情感影片时,我常禁不住眼圈湿润。 （　　）

55. 我讨厌学数学。 （　　）

56. 在实验室里独自做实验会令我寂寞难耐。 （　　）

57. 对于急躁、爱发脾气的人,我也能以礼相待。 （　　）

58. 在遇到难解答的问题时,我常常放弃。 （　　）

59. 大家公认我是一名勤劳踏实的、愿为大家服务的人。 （　　）

60. 我喜欢在人事部门工作。 （　　）

[结果评分]

职业人格的类型:符合以下"是"或"否"答案的记一分,不符合的记0分。

1. 现实型(R):"是"(2,13,22,36,43),"否"(14,23,44,47,48);

2. 研究型(I):"是"(6,8,20,30,31,42),"否"(21,55,56,58);

3. 艺术型(A):"是"(4,9,10,17,33,34,49,50,54),"否"(32);

4. 社会型(S):"是"(26,37,52,59),"否"(1,12,15,27,45,53);

5. 企业型(E):"是"(11,24,28,35,38,46,60),"否"(3,16,25);

6. 常规性(C):"是"(7,19,29,39,41,51,57),"否"(5,18,40)。

记分后,请你将得分最高的三个类型从高到低排列,得到一个三位组合答案,再对照表2-1人格类型与职业环境的匹配表得出人格类型所匹配的职业。

你的霍兰德职业兴趣类型:

人格类型	现实型(R)	研究型(I)	艺术型(A)	社会型(S)	企业型(E)	常规性(C)
得分						
我的霍兰德职业兴趣类型为:						
霍兰德职业兴趣测试得出你适合做以下几类职业(列举3—4种):						

[理论基础]

约翰·霍兰德是美国约翰·霍普金斯大学心理学教授,美国著名的职业指导专家。他于1959年提出了具有广泛社会影响的职业兴趣理论。

职业兴趣理论认为,人格特质可以分为六种类型,即现实型(R)、研究型(I)、艺术型(A)、社会型(S)、企业型(E)和常规型(C)六种类型。为了便于描述,霍兰德将这六种人格类型放在一个正六角形的每一角,如图所示,其中,相邻人格类型

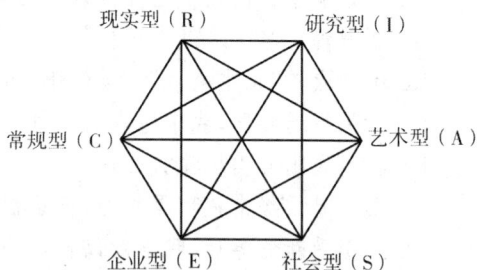

图2-2 霍兰德职业兴趣理论模型

的共同点较多,相隔人格类型的共同点较少,相对人格类型的共同点最少。

如果人格特质与职业环境重合,说明两者匹配性最佳,两者较为相近,说明个人经过努力可适应新的职业环境;两者重合度最差,说明个人很难适新的职业环境。

表2-1 人格类型与职业环境匹配表

人格特质	共同特征	喜欢的活动	典型职业
现实型(R)	具有顺从、坦率、谦虚、自然、坚毅、实际、有礼、害羞、稳健、节俭的特征。	喜爱实用性职业或情景,避免社会性的职业或情景,用具体实际能力解决工作及其他方面的问题,较缺乏人际关系方面的能力;喜欢从事所好的工作,重视具体事务,如金钱、权利、地位等。	技能性职业(如一般劳工、技工、修理工等)和技术性职业(如摄影师、机械装配工等)。
研究型(I)	具有分析、谨慎、批评、好奇、独立、聪明、内向、条理、谦逊、精确、理性、保守的特征。	喜爱研究性的职业或情景,避免企业性的职业或情景;用研究的能力解决工作及其他方面的问题,即自觉、好学、自信,重视科学,但缺乏领导方面的才能。	科学研究人员、工程师、电脑编程人员、医生、系统分析员等。
艺术型(A)	具有复杂、想象、冲动、独立、直觉、无秩序、情绪化、理想化、不顺从、有创意、富有表情、不重实际的特征。	喜爱艺术性的职业或情境,避免传统性的职业或情境;富有表达能力和直觉,独立,具创意,不顺从(包括表演、写作、语言),并重视审美的领域。	艺术方面(演员、导演、艺术设计师、雕刻家、建筑师、摄影家、广告制作人)、音乐方面(歌唱家、作曲家、乐队指挥)、文学方面(小说家、诗人、剧作家)。
社会型(S)	具有合作、友善、慷慨、助人、仁慈、负责、圆滑、善社交、善解人意、说服他人、理想主义等特征。	喜欢社会型的职业或情境,避免实用性的职业或情境,并以社交方面的能力解决工作及其他方面的问题,但缺乏机械能力与科学能力;喜欢帮助别人、了解别人,有教导别人的能力,且重视社会与伦理的活动与问题。	教育工作者与社会工作者。
企业型(E)	具有冒险、野心、独断、冲动、乐观、自信、追求享受、精力充沛、善于社交、获取注意、知名度等特征。	喜欢企业性质的工作或环境,避免研究性质的职业或情境,会以企业方面的能力解决工作及其他方面的问题能力;有冲动、自信、善社交、知名度高、有领导与语言能力,缺乏科学能力,但重视政治与经济上的成就。	项目经理、销售人员、营销管理人员、政府官员、企业领导。
常规性(C)	具有顺从、谨慎、保守、自控、服从、规律、坚毅、实际稳重、有效率、缺乏想象力等特征。	喜欢传统性质的职业或环境,避免艺术性质的职业或情景,会以传统的能力解决工作或其他方面的问题能力;有文书与数字能力,并重视商业与经济上的成就。	办公室人员、秘书、会计、打字员、行政助理、图书馆管理员、出纳等。

绘制你的生涯彩虹图

以下是一个空的彩虹图,在你的一生中,持家者、工作者、公民、休闲者、学生、子女六个角色是自我概念的具体体现。请在每一个阶段用"涂色"的方式表示角色的轻重,某一角色的涂色纵向愈高,表示这个角色你投入程度愈高。每个角色的年龄可依个人状况而定,每个角色在不同年龄的意义与重要性是不同的。例如,你作为工作者的角色可以从22岁到70岁,这个角色最重要的年龄段是25到35岁,之后中心转为持家者的角色,这时持家者角色的涂色纵向就要相对较高。生涯彩虹图可以很好地显示个人生涯中各个角色的变化,需要注意的是:

第一,某个角色之间是互相作用的。某个角色的成功能带动其他角色的成功;反之,一个角色的失败,也可能导致另一个角色的失败。此外,为了某一角色的成功付出太大的代价,也有可能导致其他角色的失败。

第二,人的社会任务或职业生活会不断变化。与此对应,个人的角色也会随之变化,从一个角色进入另一个角色。

第三,每个人的想法都是不同的。所以,每一个人的生涯彩虹图都是不同的。画图时不要人云亦云,互相比较。

完成生涯彩虹图后,请将它好好保存。当你在成长的道路上完成某一决断任务或进入某个角色时,如大学毕业、第一天上班……你不妨拿出来对照一下,思考你现在的状态与自己当初的计划是否一致,为什么会有偏差,是否需要进行调整,等等。

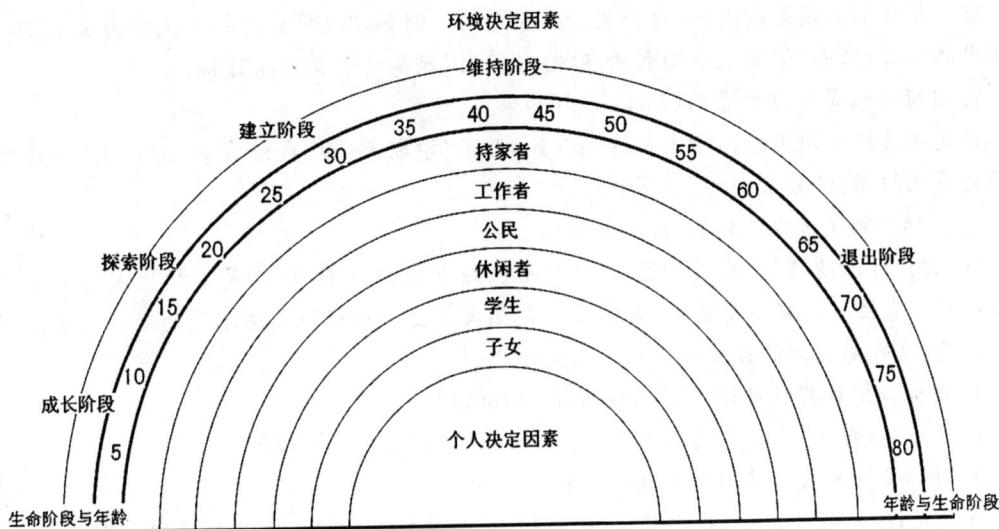

【拓展阅读】

情　商①

1995年，美国哈佛大学心理学教授、《纽约时报》记者丹尼尔·戈尔曼提出了"情绪智力商数"（Emotional Intelligence Quotient，EQ）的概念，认为"情商"是个体的重要生存能力，是一种发掘情感潜能、运用情感能力影响生活各个层面和人生未来的关键的品质因素。戈尔曼甚至认为，在人的成功要素中，智力因素是重要的，但更为重要的是情感因素，即100％的成功＝80％的EQ＋20％的IQ。

EQ的内涵一般包括以下5个方面。

（1）自我意识：在一种情绪刚刚出现时就能够比较清醒地意识到，进而达到自我辨识、自我体察、自我控制。

（2）自我激励：在任何的时候都对自己从事的工作充满激情，不怕挫折，不自怨自艾，永远进取。

（3）情绪控制：有克制冲动，平息气恼，保持情绪平衡的能力。

（4）人际沟通：善于理解体察别人的情绪，具有同理心和具有对人际关系管理的能力，维系友谊，消弭分歧，善于合作。

（5）挫折承受能力：不怕失败，能在失败中不消沉，不气馁，善于总结，吸取教训，勇往直前。

确定职业生涯目标的"SMART"简易原则②

1. 目标必须是具体的（Specific）

这是指目标必须是清晰的，可产生行为导向的。例如，"我要成为一个优秀的医生"不是一个很具体的目标，而"学期末平均成绩在80分以上"就是一个具体的目标。

2. 目标必须是可以衡量的（Measurable）

这是指目标必须用指标量化表达。例如，上述"学期末平均成绩在80分以上"的目标，就对应着量化的指标"分数"。

3. 目标必须是可以达到的（Attainable）

这里的"可以达到"有两层意思：一是目标应该在能力范围内；二是目标应该有一定难度。一般人在这点上往往只注意前者，其实后者也相当重要。目标经常达不到的确让人沮丧，但同时要注意，太容易达到的目标也会让人失去斗志。

4. 目标必须和其他目标具有相关性（Relevant）

这里的"相关性"是指与现实生活相关，而不是简单地做"白日梦"。

5. 目标必须具有明确的截至期限（Time-based）

也就是说，目标必须是"基于时间"的目标，是指目标必须确定完全的日期。不但要确定最终目标的完成时间，还要设立多个小时间段上的"时间里程碑"，以便进行工作进度的监控。

---

① （美）丹尼尔·戈尔曼著.情商：为什么情商比智商更重要［M］.北京：中信出版社，2010.
② 周祥龙著.大学生涯规划［M］.南京：东南大学出版社，2008.

【经典推荐】

书籍:《图穷对话录》①

《图穷对话录》由徐小平所著,本书不带丝毫说教地为读者展现了一个个生动的人生指导历程,特别是字里行间显示出的徐小平思想:一次错误的选择能导致行程的艰难和未来的失败,一次成功的抉择将导致前程的光明和幸福。

书籍:《把时间当作朋友》②

为什么我们总是觉得时间不够用了? 为什么我们都有拖延症? 为什么速成绝无可能? 为什么我对现在做的事情会没兴趣? ……节省时间的方式其实是学习。一个人对时间的精确感知能力真的能训练得像特异功能? 都是平凡人,为什么若干年后已有天壤之别? 时间这条船,为什么只送心智成熟的人去往梦想的彼岸? 绝大多数的成功与智商没有任何关系,所有的失败都与且只与时间有关。当你把时间花在一个人身上的时候,相当于在他的身上倾注了你生命的一段,不管最终结果如何,反正,那个人、那件事都成了你生命的一部分——不管最后你是喜欢还是不喜欢。这本书从心智成长的角度来谈自我积累。作者通过自己职业生涯中遇到的事例,告诉我们:如何打开心智,如何运用心智来和时间做朋友,从而开启人生的成功旅程。

模块二 绘生涯蓝图 享幸福生活

“历史不能假设,过去不能重来”。人的生涯并不太长,并且我们的人生之旅只发单程车票,没有回头的行程,因此我们必须认真定好方向,选准可行路线,科学规划未来。任何设计都是对未来实物的规划,都必须遵循一定的规律,生涯设计与规划也是如此。

【想一想】

1. 大学期间为自己的未来职业做一个切实可行的职业规划很重要吗? 为什么?
2. 你是如何进行职业规划的?
3. 如何做好职业规划呢?

---

① 徐小平.图穷对话录[M].北京:光明日报出版社,2002.
② 李笑来.把时间当作朋友[M].北京:电子工业出版社,2013.

【知识链接】

人是发展变化的,环境也是多变的,要对自己的生涯发展做出具有前瞻性的规划与设计,减少在人生路上的徘徊与困惑,除了需要不断了解自己,详细分析内外环境的优势与限制,进一步做到"衡外情,量己力",更需要掌握生涯规划的方法与原则,这样才能完成正确的设计与规划任务,使自己的人生之路坦荡顺利,最终走向成功。

一、生涯规划的步骤

大学生涯规划是在校大学生对自己生涯发展做出的一个阶段性的安排,简单地讲,就是在校大学生在老师的帮助下,对自己大学生活的主客观条件进行分析、把握的基础上,确定自己大学阶段所实现的目标,并为实现这些目标做出行之有效的安排。

(一)生涯规划的原则

大学生涯规划要根据具体的学科专业,所在大学的教学育人环境以及教育所处的社会环境来确定,一般应遵循六个原则特性:方向性、现实性、前瞻性、激励性、科学性、可测性。

六个原则总体要求个人的目标确定及发展规划要以国家和社会需求为导向,与社会发展趋势和时代要求相一致;目标、措施符合个人实际,从现实环境条件着眼,目标及实施的步骤切实可行;目标的设定应具有超前性,不仅关注近期发展目标,更应该关注长远的目标,关注自己生涯的终身可持续发展;目标的设定应对自己产生内在激励作用,经过自己一定的努力,所制定的目标能够实现;目标以及规划路径、措施要符合人才成长规律,符合自己的性格、兴趣和特长,符合生涯发展的一般走向;目标要具体,规划和设计应有明确的时间限制和阶段标准,以便于检测评估、反馈和调节。

(二)生涯规划的步骤

1. 审视自我

做好自己的大学生涯设计,首先必须充分认识自身的条件,要明确自身优势,发现自己的不足,了解自己的性格、兴趣、特长等方面,通过分析和回答"我学习了什么","我曾经做过什么"、"我最成功的是什么"等问题,加深对自己的认识和了解,同时尽快了解本学院以及本专业学科特点和发展前景。

2. 环境评估

在做好审视自我,完成"我有什么"的同时,就要考虑环境允许我做什么,"我能够做什么",主要分为家庭环境、学校环境、社会环境三个方面。着重分析家庭经济状况、家人期望、家族文化等因素对自身的影响;分析大学所具有的专业特色、师资力量、人文环境等各项要素;分析社会政策、社会需求、社会经济文化变迁等影响自己生涯规划不可或缺的重要因素。

3. 确立目标

在了解了自己的特点和所处环境之后,要认真分析自己的理想,回答"我要干什么",在此基础上确立自己大学阶段的目标。所确立的目标要符合现实条件,适合自身特点,并且要将目标分解到每个学年、每个学期、每个月、每周,甚至每天具体的时间段。

在初步确定了自己的职业生涯目标之后,为了使目标具有可行性,可以设计一个相对长期的目标,在具体的大学生涯中,需要对长期目标进行分解,细化成中短期目标,这样才能够有针对性地逐步实现自己的长期目标。一般来说,大学生应根据大学阶段的不同情况,确定不同的奋斗目标,具体如下:

大学一年级:探索和了解。首先了解自己所就读的专业或者自己理想的专业近几年的就业状况;其次,多与老师、学长进行交流,了解专业发展情况;再次,多参加学校安排的实践活动,增强自己的人际交往能力,发掘自己的潜力;最后,努力打好学习基础,使未来的学习生涯有一个良好的开端。

大学二年级:基本定向。通过一年的学习生活,应该对自己的未来有一个相对确定的方向,如确定自己是考研深造还是就业,要根据不同的方向确定不同的学习生活。在宏观上,有意识地培养自己的能力和综合素质,如通过学生会或社团等组织,来锻炼自己的各种能力;通过不断阅读各类书籍来充实自己的头脑;通过社会实践来提高自己社会适应力。

大学三年级:努力和冲刺。这个时候,应该更清楚自己毕业后的去向,考研、出国或是就业。若是准备考研,就要开始选择继续深造的专业,积极准备考试的科目,并有意识地阅读深层次的专业书籍;若是准备出国,则可关注留学考试的相关信息,开始准备 TOEFL、GRE 或者雅思,参与留学的系列活动,了解留学的相关资讯;若是准备就业,就需要更积极地开展社会实践,和已毕业的校友交流心得体会,努力提高求职技巧,并学习撰写有吸引力的个人简历。

大学四年级:分化决定。首先要检验自己的方向是否明确;其次,要回头看看前三年的准备是否充分;接着,根据自己的实际情况,积极利用学校提供的条件,扩大自己的目标成效。

4. 具体实施

歌德说过:"仅有知识是不够的,我们必须应用;仅有愿望也是不够的,我们必须行动。"大学生涯设定的目标,只有落实到行动上才能实现。各学期、学年的目标明确以后,自己要为实现这些目标做出积极的努力,把纸上的规划变为实际行动。

按照你的规划和设计,现在应该做什么,就马上行动。需要什么样的条件,就设法去创造,不要瞻前顾后,要尽快行动起来。

大学生活的总目标确定以后,学期目标和学年目标也要相应落实,进而对于自己的计划要落实到每周甚至每一天。要想完成自己的大学目标,就必须从当日做起,当天的事情当天完成。

前进的道路往往布满荆棘,可能出现各种各样的困难和挫折,这种影响可能会来自于学业上,也可能来自于情感上、人际交往上或经济实力。但要使自己的大学生涯充实而有意义,要使自己的人生之路充满辉煌,就不能怕困难,就要经得起挫折,不能三分钟热血,半途而废。

当你的目标确定后,就应瞄准目标,集中自己的脑力、时间、精力、财力等一切可调动的"能量",勤奋刻苦地为达到目标而努力。这一过程要排除无益于目标的活动和干扰,沿着既定的轨道努力前行。

5. 检查调节

学期和学年末要对自己设定目标的完成情况进行检查,回顾和总结,对于不符合实际的目标方案及时进行修订,或转换目标,或确定新的努力方向。实施大学生涯规划的最佳时间是在大一第一学期就开始,并且可以根据个体自身的需要设计相关的表格,在相关老师的指导下进行,使其价值、意义最大化。

6. 反馈与修正

在人生发展的各阶段,由于社会环境的巨大变化和一些不确定因素的存在,会使我们与原来制订的职业生涯规划有所偏差,这就需要对规划进行修正和适当的调整,以更好地符合自身发展和社会发展的需要。

反馈与修正过程是个人对自己不断认识的过程,也是对社会不断认识的过程,是使职业生涯规划更加有效的有力手段。其内容主要包括以下几个方面:

(1)自我条件重新剖析,即在实践的基础上重新认识自己、分析自己,找到自己的优势与不足。

(2)生涯机会重新评估,即结合现实的组织环境和社会、经济环境,分析自己未来奋战的空间及可能性。

(3)职业生涯目标修正,即根据实际情况,重新思考与确定自己的人生与职业发展目标,使其更加切合自己的情况,更加有利于自己的发展。

(4)调整生涯发展策略,即根据新的情况和目标,重新制订和调整生涯发展策略,强化自己的优势,弥补自己的不足。

(5)积极落实新的生涯规划方案,使之进入一个新的规划、实施、反馈与修正期。

二、填写你的生涯规划书

(一)生涯规划书的主要内容

大学生生涯规划是大学生根据对自身的主观因素和客观环境的分析,确立自己的学习以及职业生涯发展目标,选择实现这一目标而制定相应的计划,采取必要的行动实现生涯目标的过程。顾名思义,大学生生涯规划书就是大学生对自己的大学四年以及未来的生涯发展目标的选择、实施计划及行动方案的书面表达。生涯规划书是生涯规划的书面化呈现,包括扉页、自我评估、环境分析、职业选择、生涯策略和评估反馈等基本内容。

撰写大学生职业规划书必须包括以下几项基本内容:

1. 个人职业生涯规划书主要由封面、扉页、目录和前言或引言等组成

封面一般由校、各学院统一印制,最后发到各班级统一装订;扉页填写学生的真实姓名、性别、学院、班级、联系电话、e-mail 等相关信息。

2. 自我分析或自我剖析

大学生进行生涯规划时,自我分析主要是指借助心理学的测评系统对自己的心理素质、人格特征等进行测评的基础上,结合自己的兴趣、爱好及以往的经历等加以综合评价,给自己"画像"。自我分析包括以下四方面内容:

(1)主观分析:主要包括个人兴趣爱好、个人性格特点、个人各方面能力和潜质及特殊才能、个人价值观念和追求的自我分析。

（2）客观分析：主要借助现存的心理测评系统和软件，对自己智力、职业兴趣、人格特质、职业倾向和能力、职业价值观等各方面进行测评，形成分析报告。另外还包括其他人对自己的评价内容（可参照下表）。

表 2－2　他人对某同学的个性评价表

关系分类	综合评价及建议
亲人	自信，不过有时过分自信。
朋友	朋友(a)：有正义感，有责任心…… 朋友(b)：上进、有毅力……
老师	总的来说是个非常上进、灵活正直的人。综合素质比较好……
同学	性格内向、思想成熟……

（3）以往的经历和目前处境分析：包括以往的学习与工作经历，尤其是取得引以为荣的成绩以及自己认识到的对自己影响特别重大的事件；目前的处境，比如处在人生的哪个阶段，正在做什么等；与自己生涯发展有密切关系的环境因素分析，比如家庭情况、对自己有帮助的人和事等。

（4）根据自我分析结果，进行小结。

3. 外部环境分析

在进行职业规划时，我们必须全面、客观、正确地分析和了解自己所处的环境和将要面临的现实状况，即在"知己"的基础上还要"知彼"，这样才能百战百胜。外部环境包括：家庭环境、学校环境、社会环境（社会经济环境、文化环境、人们的价值观念、就业环境和社会政治制度）、行业环境（职业的特点和要求、现有从业人员的情况、所在行业的发展情况、前景与趋势及其对从业人员的要求、未来有哪些行业可能会对你的目标职业有需求）。

4. 职业定位

职业目标的设定是指在自我剖析及对外部环境进行分析的基础上，确立自己明确的职业定位。

5. 行动计划及目标实现策略

目标实现策略即行动计划，即通过各种积极的具体措施与行动去争取职业生涯目标的实现。在职业生涯规划书中，对如何实现自己的职业生涯发展目标制定一个比较详细而又切实可行的行动计划和策略方案。

6. 评估调整

职业生涯规划是个动态的过程，在职业生涯规划过程中要根据实际情况自觉的总结经验和教训，修正对自我的认知和对最终职业生涯目标的界定。包括以下几个方面：

（1）评估内容：自我认知的评估、职业目标评估、职业路径评估、实施策略评估；

（2）评估时间：根据实际情况设好评估时间；

（3）评估调整：对可能出现的危险因素的调整修正及备选方案的确定。

7. 结束语

（二）生涯规划书的写作原则和要求

1. 生涯规划书写作原则

（1）自我发展与社会、组织发展的统一；

（2）目标选择与职业发展要素统一；

（3）目标的一致性与目标再选择的统一。

2. 生涯规划书写作要求

（1）内容完整，格式清晰，版面美观大方、创意新颖、文如其人，不能有错别字。能充分体现个性而不落俗套，杜绝千篇一律。

（2）自我分析要深入、清晰，个人素质测评结果要客观真实的反映在规划书中并与职业生涯发展目标选择紧密联系。

（3）现实发展与未来职业生涯目标选择要统一，目标选择要客观、明确。

（4）对目标职业及其所处行业的认识要到位，分析要透彻。

（5）要充分重视反馈与修正部分，要在实践的过程中认真评估与调整，避免虎头蛇尾。

（6）行动策略和职业发展路线描述恰当，计划和实施策略要详细具体，不能草草了事。

（7）注意全文的逻辑性与连贯性。

（三）生涯规划书的基本格式

1. 表格式

表格式的职业生涯规划书一般包括个人情况基本介绍、职业目标的说明、各阶段规划任务与发展策略。它是一种简约直观的职业生涯发展设计稿件，有的只相当于一份完整的职业生涯规划实施方案表。这种格式的规划书更适用作阶段任务的提示。

2. 条目式

条目式规划书包含一般职业生涯规划书的主要内容，但语言表述简单，以条目形式一一列出，缺乏详细的材料分析和评估，简单明了，规划过程的逻辑性不强。

3. 论述式

论述式规划书通常格式完整、规范，通过对自身条件、职业人士以及职业目标的定位分析来说明职业生涯规划的依据，对个人职业生涯规划进行全面而详尽的分析和阐述，充分反映规划者的内心思考过程。

【探索训练】

了解自己的职业生涯规划状态

以下的问题可以帮助你了解自己目前的职业生涯的规划状态，请将最合适自己的选项填在题号后的括号内。

1. 您现在是大学的哪个阶段?（　　）

A. 大一　　　　　　B. 大二　　　　　　C. 大三

2. 选择现在专业的依据是（　　）

A. 适合自己　　　　B. 好就业　　　　　C. 听别人说好　　　　D. 估计还可以

E. 其他

3. 你是否满意自己所就读的专业?（　　）

A. 满意　　　　　　B. 不太确定　　　　C. 不喜欢　　　　　　D. 没考虑

4. 您在大学的学习和生活中有明确的目标吗?（　　）

A. 有清晰而长远的目标　　　　　　　　B. 有清晰但比较短期的目标

C. 目标模糊　　　　　　　　　　　　　D. 没有目标

5. 你了解自己适合往哪些职业方向去发展吗?（　　）

A. 了解　　　　　　B. 不太了解　　　　C. 不了解　　　　　　D. 没有考虑

6. 你的职业知识指导主要来源于(可多选)（　　）

A. 学校职业指导中心　　　　　　　　　B. 父母平时经常与自己谈论以后的工作问题

C. 来自报纸、杂志和书籍的阅读　　　　D. 就业相关协会

7. 你有无对自己的职业进行过规划?（　　）

A. 有,非常清晰;远期(人生奋斗方向)、中期(人生职业规划)、短期(3—5年的阶段性目标)

B. 有,还比较清晰,但只有近期的并没有做长期规划

C. 有,只有一点,没有很仔细考虑

D. 从来没有想过

8. 你认为职业生涯规划的最关键的依据是什么?（　　）

A. 兴趣爱好　　　　B. 特长　　　　　　C. 所学专业　　　　　D. 社会热门职业

E. 其他如

9. 你愿意参加有关的职业咨询或相关活动吗?（　　）

A. 愿意　　　　　　B. 可以考虑　　　　C. 不太愿意　　　　　D. 不愿意

10. 你是否了解职业生涯规划的相关理论和方法?（　　）

A. 了解　　　　　　B. 不太了解　　　　C. 不了解　　　　　　D. 没有考虑

11. 你希望你的第一份工作是在怎样的情况下选择的?（　　）

A. 先就业后择业　　　　　　　　　　　B. 能找到工作就不错了

C. 是经过考虑和挑选才最终确定的　　　D. 很随意确定

12. 你是通过什么方式了解自己的?(多选题)（　　）

A. 自己的体会　　　　　　　　　　　　B. 别人的评价

C. 专业机构提供的测评　　　　　　　　D. 免费简单测试

13. 你从学校毕业后的打算是（　　）

A. 直接工作　　　　B. 继续深造　　　　C. 自主创业　　　　　D. 待在家里

E. 其他

14. 在毕业前,你对目前的就业形势和自己未来就业的前景如何看待,最担心哪些问题?(多选题)(　　)

A. 就业压力较大,担心找不到工作

B. 缺乏清晰的职业规划,导致找不到合适的工作

C. 自身的能力、技能水平不符合企业用人的标准

D. 对自己很有信心,相信自己有能力找到合适的工作

15. 在准备求职之前,你觉得自己应该培养哪些能力,具备哪些素质?(多选题)(　　)

A. 职业能力与综合素质　　　　　　　　B. 专业技术

C. 社会实践经验　　　　　　　　　　　D. 其他

16. 你认为你的优势在哪里?(可多选)(　　)

A. 学习成绩　　　　　　　　　　　　　B. 专业知识

C. 实习经历　　　　　　　　　　　　　D. 考试证书/技能认证

E. 其他

17. 你希望得到哪些职业能力方面的培训?(多选题)(　　)

A. 企业人力资源专家提供的职业规划、就业指导、求职技巧等多方面服务

B. 成功职业经理人讲座、成功心理学训练课程

C. 潜能提升课程

D. 到企业实习锻炼,和更多的企业新人互动、沟通

E. 其他

18. 在选择就业时,你认为什么是最重要?(　　)

A. 兴趣爱好　　　　B. 薪水高低　　　　C. 发展空间　　　　D. 工作的稳定性

E. 其他

19. 在就业时你认为企业最看中的是(　　)

A. 专业　　　　　　B. 学校的知名度　　C. 个人能力　　　　D. 学历

E. 其他

20. 假设你现在是大三的学生马上面临就业问题,有信心找到一份合适的工作吗?(　　)

A. 有,相信能找到一份合适的工作

B. 虽然找到的工作不一定很喜欢,但是就业应该没问题

C. 找不到合适的工作,只能做些临时性的工作勉强维持生活

D. 一点信心都没有,一毕业就要失业

[自我分析]

通过自我检测,与身边同学对照,找寻与其他人的差距,觉察自己的职业生涯规划状态。

我的生涯我做主

一、生涯规划目标设计

目标设计项目	自我设计	指导老师意见
1. 毕业意向： A. 考研　　　B. 直接就业　　　C. 自主创业　　　D. 出国 E. 其他：_____		
2. 如考研,所选专业和所选学校： A. 本专业　　B. 相近专业　　C. 其他专业 D. 所选学校：_____		
3. 考研,你准备在以下方面完善自己： A. 思想道德素质　　B. 专业素质　　C. 科研和实践能力 D. 创新能力　　　　E. 身心素质　　F. 人际交往能力 G. 其他：_____		
4. 如直接就业,就业区域会选择： A. 北京、上海　　　B. 广东、江苏、浙江等沿海较发达地区 C. 中部地区　　　D. 西部地区　　　E. 其他：_____		
5. 期望就业单位性质： A. 机关(公务员)、事业单位　　B. 国有企业　　C. 外企 D. 民营企业		
6. 就业第一年月薪期望(元)： A. 800—1200　　　　　　B. 1201—2000 C. 2001—3000　　　　　　D. 3000 以上		
7. 选择就业时主要考虑因素： A. 地域　　　　B. 待遇　　　C. 个人特长(能力)施展 D. 单位性质　　E. 单位规模		
8. 直接就业或自主创业,你准备在以下方面完善自己： A. 思想道德素质　　B. 专业素质　　C. 实践能力 D. 创新能力　　　　E. 身心素质　　F. 人际交往能力 G. 个性特征　　　　H. 其他		指导老师签名： 　　年　　月　　日
9. 其他就业目标有：		
一年后目标实现情况及目标调整		指导老师签名： 　　年　　月　　日
两年后目标实现情况及目标调整		指导老师签名： 　　年　　月　　日
三年后目标实现情况及目标调整		指导老师签名： 　　年　　月　　日

二、专业学习目标设计

目标设计项目	自我设计	指导老师意见
1. 希望专业课成绩(均分)达到_____ A. 90 以上　　　B. 85 分以上　　　C. 80 分以上 D. 75 分以上　　E. 及格就行		
2. 学好本专业外,还想再辅修以下专业_____ A. 行政管理　　　B. 劳动与社会保障　　　C. 会计 D. 法学　　　E. 其他		
3. 期望自己每学年能获_____ A. 一等奖学金　　　B. 二等奖学金　　　C. 三等奖学金 D. 单项奖　　　E. 其他		
4. 准备在大学期间听_____场专业讲座或报告。 A. 有兴趣的都听　　　　　　B. 有选择地听 C. 听完学校要求的场数就行　　　D. 其他		
5. 准备在大学期间公开发表专业论文_____ A. 1 篇　　B. 2 篇　　C. 3 篇以上　　D. 没兴趣不发		
6. 大学英语四级准备_____通过。 A. 一年级　　B. 二年级　　C. 三年级　　D. 四年级 E. 基础太差不想过		
7. 大学英语六级准备_____通过。 A. 二年级　　B. 三年级　　C. 四年级 D. 过四级就可不考六级了		
8. 计算机二级级准备_____通过。 A. 一年级　　B. 二年级　　C. 三年级　　D. 四年级 E. 基础太差不想过		
9. 准备每学年阅读_____本与专业学习相关或老师推荐的书籍。 A. 3—5 本　　B. 5—7 本　　C. 7—9 本　　D. 9—10 本 E. 10 本以上　　F. 老师推荐的都读　　　G. 其他		
10. 专业学习外,还想考取以下证书_____ A. 心理咨询师　　B. 会计　　C. 教师 D. 律师　　　E. 其他		
11. 其他专业学习目标有_____		指导老师签名: 　　　年　　月　　日
一年后目标实现情况及目标调整		指导老师签名: 　　　年　　月　　日
两年后目标实现情况及目标调整		指导老师签名: 　　　年　　月　　日
三年后目标实现情况及目标调整		指导老师签名: 　　　年　　月　　日

三、素质拓展目标设计

目标设计项目		自我设计	指导老师意见
思想道德素质	1. 严格要求自己,通过努力能做到_____ A. 志存高远,坚定信念　　B. 热爱祖国,服务人民 C. 勤奋学习,自强不息　　D. 遵纪守法,弘扬正气 E. 诚实守信,严于律己　　F. 明礼修身,团结友爱 G. 勤俭节约,艰苦奋斗　　H. 强健体魄,热爱生活		
	2. 积极参加政治理论学习、认真参加集体活动和公益劳动、遵纪守法、勤俭节约、主动实践、自觉提高文明修养等,德育考核成绩达到_____ A. 优　　B. 良　　C. 合格		
	3. 准备参加以下社团,提高自己的思想道德素质_____ A. 政治理论社团　　　B. 青年志愿者协会 C. 心理健康协会　　　D. 其他公益性社团		
	4. 其他目标有_____		
身心素质	1. 希望自己_____ A. 上好体育课,争取成绩优秀 B. 积极参加课外体育锻炼,强健身体 C. 在校运会上获奖　　D. 参加体育社团 E. 达标就行　　F. 无所谓　　G. 其他		
	2. 希望自己_____ A. 参加大学生心理健康协会,锻炼自己的心理素质,学会能主动和老师、同学交流 B. 保持良好的心态,心情郁闷时主动找老师、同学交流 C. 其他		
	3. 其他目标有_____		
实践创新能力	1. 准备参加以下社团提高自己实践能力_____ A. 专业学习类　B. 文体类　C. 公益类　D. 其他		
	2. 暑期社会实践是大学生实践的重要环节,你的目标_____ A. 认真参加并撰写调查报告　B. 参加,能有学分即可 C. 无所谓　　D. 不参加　　E. 其他		
	3. 准备担任以下社会工作锻炼自己的实践能力_____ A. 努力竞聘院系级学生干部,锻炼自己的能力,为同学做好服务工作 B. 我有特长,想担任社团负责人 C. 想担任班级干部,锻炼自己的能力,为全班同学服务 D. 不想		
	4. 准备参加以下勤工助学活动,锻炼能力,赚生活费_____ A. 校内勤工助学岗　B. 社会兼职(促销、肯德基做工等) C. 家教　D. 不参加　E. 其他		
	5. 其他目标有_____		

目标设计项目		自我设计	指导老师意见
人文修养和艺术素质	1. 大学期间准备阅读_____本历史、文学、哲学等名著。 A. 10本以上　　B. 15本以上　　C. 20本以上 D. 30本以上　　E. 读完学校开出的所有书目		
	2. 在大学期间想在以下方面提高自己的艺术修养_____ A. 演唱　　B. 戏曲　　C. 舞蹈　　D. 乐器 E. 美术　　F. 书法　　G. 其他		
	3. 提高人文修养和艺术素质的方式选择_____ A. 参加有关社团　　B. 选修课　　C. 参听讲座 D. 向同学学习　　E. 自学　　F. 参加培训班 G. 其他		
	4. 其他目标有_____		
人际交往能力	1. 期望自己的人际交往能力_____ A. 较强,主动与同学广泛交往并能团结协作,在今后工作中也能自如发挥 B. 能主动与老师交流沟通 C. 自然发展,不苟意追求 D. 其他		
	2. 你提高人际交往能力方式(途径)选择_____ A. 主动参加集体活动,有意识地加强锻炼 B. 积极参加社团活动,增加与同学交流的机会 C. 参加社会工作锻炼　　D. 顺其自然　　E. 其他		指导老师签名: 　　年　　月　　日
	3. 其他目标有_____		
一年后目标实现情况及目标调整			指导老师签名: 　　年　　月　　日
两年后目标实现情况及目标调整			指导老师签名: 　　年　　月　　日
三年后目标实现情况及目标调整			指导老师签名: 　　年　　月　　日

辅导员总体评价与建议:

【拓展阅读】

做一个最好的自己①

自信是成功的前提，你拥有自信，就拥有成功的一半机会。相信自己是最棒的就一定会成就一番事业。拥有自信的人之所以会心想事成、走向成功，是因为他们都有着巨大无比的潜能等着去开发；消极、失败的心态之所以会使人怯弱无能、走向失败，是因为它使人放弃潜能的开发，让潜能在那里沉睡、白白浪费。

大家都知道人的大脑拥有 140 亿个脑细胞，但我们思维意识只利用了脑细胞的很少部分，如能将更多的脑细胞从睡眠中激活出来，人的思维意识将更加强大。如果我们都能充满自信，就能创造人间奇迹，亦能创造一个最好的自己。

一个人相信自己是什么，就会是什么。一个人心里怎样想，就会成为怎样的人。这从心理学上讲是有一定的道理的。我们每一个人心里都有一幅蓝图，或是一幅自画像，有人称它为运作结果。如果你想象的是做最好的你，那么你就会在你内心的荧光屏上看到一个踌躇满志、不断进取、勇于开拓创新的自我。同时还会经常收到我做得很好，我以后还会做得更好之类的信息，这样你注定会成为一个最好的你。美国哲学家爱默生说："人的一生正如他一天中所想的那样，你怎么想，怎么期待，就有怎样的人生。"美国有名的钢铁大王安德鲁·卡耐基就是一个充分发挥自己创造机会的楷模。他 12 岁时由英格兰移居美国，先是在一家纺织厂做工人，当时他的目标是"做全厂最出色的工人。"因为他经常这样想，这样做，最终他实现了他的目标。后来命运又安排他当邮递员，他想的是怎样成为"全美最杰出的邮递员。"结果他的这一目标也实现了。他的一生总是根据自己所处的环境和地位塑造最佳的自己，他的座右铭就是"相信自己是最棒的。"

做一个最好的自己，不一定非要当什么"家"，也不一定非要出什么"名"，更不要与别人比高低、比大小。就像人的手指，有大有小，有长有短，它们各有所长，各有所短，你能说拇指比食指好吗？决定最好的你，既不是你拥有的物质财富的多少，也不是你身份的贵贱，关键是看你是否拥有实现自己理想的强烈愿望的程度，看你身上的潜力能否充分发挥。人们熟知的一些英雄模范，就是在平凡的工作岗位上充分发挥人的创新能力，做好自己身边的每一件小事，创造了最好的自己。

"塑造一个最好的自己"，这个目标人人都可以实现。你只有意识到自己是大自然的一分子，坚信自己拥有"无限的能力"与"无限的可能"，这种坚定的信心便能帮助你创造和谐的心理、生理韵律，建立起自己理想的自我形象，体现自己人格行为应该具有的魅力。

---

① 丹尼斯·魏特利，林伟，Jason.做自己的 No.1[M].北京：北京大学出版社，2013.

【经典推荐】

书籍:《九型人格与职业生涯规划》①

本书的两位作者裴宇晶、邹家峰悉心研究九型人格理论,综合应用心理学、管理学等理论,将九型人格理论应用于职业生涯规划。这本书与同类书的最大的不同在于注重引领读者对内在心灵的觉察与探索,提炼出了9个类型共54个"职业潜能要素",这可以帮助读者更准确地测评职业潜能、规划职业方向。

书籍:《做自己的 No.1》②

《做自己的 No.1》严肃地告诉人们,真正的成功不能仅靠意念的力量,要实现成功,我们必须经过一系列的努力:正确设定自我形象,严格规范自我,反复模拟成功,这样才能实现自己的目标。

① 裴宇晶,邹家峰.九型人格与职业生涯规划[M].北京:北京大学出版社,2013.
② 丹尼斯·魏特利,林伟,Jason.做自己的 No.1[M].北京:北京大学出版社,2013.

成长驿站

一、大学生的知识目标——学会学习,学以致用

进入大学后,学习仍是大学生的主要任务,是大学生的"主业",如何进行大学学习,如何更好地进行专业实践等问题,不仅能使大学生收获各种知识,圆满完成大学学业,还能为大学生毕业后的终身学习奠定基础,为人生的发展创造有利条件。

(一)理解学习内容的专业性

大学教育的目的是培养各级专门人才。大学生从一入学就有一个专业选择的问题。因此,专业性是大学学习的一个显著特点,大多数课程是围绕着专业的方向和需要开设的,使学生掌握专业知识和专业技能也是人才培养的一个重要目标。大学生对自己的专业是否有兴趣会直接影响学习热情,进而影响整个学习面貌。

(二)注重学习方法的自主性

在学习方法上,中学时期,老师教学生是"手拉手"式的领着教,各种教学安排详细周到。大学生的学习虽然也有老师讲课,但是老师上课一般是介绍思路多,详细讲解少;抽象理论多,直观内容少;课堂讨论多,课外交流少;参考书目多,课外习题少。老师授课之后的理解、消化、巩固等各个环节主要靠学生独立完成,大学生的学习方式更多是以自主学习为主,是教师引领入门,做启发性的指导和答疑解惑,大量的时间要靠大学生自己去安排支配。

(三)把握学习途径的多样性

进入大学后,大学生普遍感到知识浩如烟海,各类竞赛活动繁多,为每个人的发展提供了广阔的天地。以什么样的学习方式去处理好课本知识与课外知识、专业学习与能力培养等诸方面的关系是许多大学生深感困惑的问题。课堂教学仍是大学生获取知识的主要途径,但不是唯一途径,随着社会的发展和教学条件的改善,大学生的学习途径非常广泛。大学生在学习过程中既可以通过不同的途径和渠道吸收课本知识,也可以按照自己的兴趣去探求获得更多的知识,例如通过听取学术报告、查阅图书资料、参加社会实践、检索互联网信息等途径获取知识。

二、大学生的能力目标——学会独立,成人成才

(一)时间管理能力

大学生从进入大学开始,就应该努力使自己对"时间"的价值引起足够的重视,有意识地进

行时间管理。时间管理,是为了提高时间的利用率和有效性,而对时间进行的合理计划与控制、有效安排与运用的管理过程。对大学生而言,如何管理时间,直接影响到学业成绩、生活质量和成长发展。大量事实也证明,大多数事业成功者首先是时间管理的成功者。大学生实行时间管理,不但可以充分体验时间的价值,满足自我调适需要,还可以发掘自我潜能,培养自身的应变能力,提升自身应对竞争的能力,学会如何运用科学的方法采取可行的步骤与措施,增强发展的目的性与计划性,进而增加成功的几率。大学生能够规划好时间、分配好时间、利用好时间,则能高效完成各项任务。

(二)写作表达沟通能力

当今的大学生几乎每天都在同机器交流,寄情于网络,面对面交谈的机会越来越少,正面交流几乎成了一种奢望,他们对于条理清晰的"说"甚至是能避则避,怕说、厌说,直接导致了大学生们语言表达能力的普遍性退化。因此,从观念上我们要产生危机意识,给自己创造登台的机会和当众演说的机会,在朋友聚会或是聊天时,多发表一些独到的见解,这些都有助于语言表达能力的提高。除了说之外,还要能写。一些大学生的作业、考试试卷、日记日志中包含了很多错字、错词以及错误的标点符号。所以闲暇时间做点文章,不仅提高写作水平,也可以提升分析问题的能力。

(三)人际交往能力

大学生应该会做事、会做人。一些大学生在大学里依旧如同中学一样,"两耳不闻窗外事,一心只读圣贤书",对于人际关系的奥妙他们从来不肯花心思去体会,这就是只会做事、不会做人的人。大学里也有很多人,在中学时代会为了高考而一心读书,但上了大学后就开始有意识地去培养自己的人际交往能力,或是参加社团,或是竞选学生干部,或是参加社会实践,在各种机会中提升自己。

(四)心理调节能力

社会太复杂,工作后你就会知道,让你的情绪大起大落的事情简直比一日三餐还频繁,难道每一件事、每一个结果你都要细细品味一番?时间不允许你这样做,你的身份也不允许你这样做。因此,走向社会之前,大学生们就该好好利用大学这段宝贵的时光,培养自己对待问题的冷静态度,养成良好的心理调节能力,对人、对事时刻保持一个平和的心态。有问题要及时解决,有心事可以找人倾诉,失败了是长见识,成功了是增加自信。

(五)自理生活能力

自理生活是所有大学生的入学第一课,每个大学生也都应该具备良好的自理生活能力。然而,我们不能通过那张简单的毕业证书就判定这个学生一定具备这种能力。

大学里的宿舍千姿百态,有的宿舍一尘不染,有的宿舍乱成一团;大学宿舍里每个人的小地盘同样千差万别,有的整洁干净,有的却令人作呕。良好的自理生活能力不仅要求自己能"活"下来,而且要求活得利索、活得体面。自理能力的培养依赖于生活习惯的培养,因此,要首先养成良好的生活习惯,从一日三餐到宿舍卫生,再到衣着打扮等日常生活的方方面面,都需要引起足够的重视,这些细节体现了一个人素质的高低,更体现了一个人对待生活的态度。我们上大学为了什么？为了更好的生活,为了生活得更好,不要让这个目标仅成为一句口号,从现在做起,从点点滴滴做起。

(六)实践能力

文凭在一定程度上可以证明一个人读书的能力,社会更重视的是大学生的实践能力。越来越多的大学开始安排学生参加实习,有些是在大学的实验室里,有些则是选择联合培养的企业,形式多样,这在很大程度上"逼"着学生提高了实践能力。

大学生应该从心底发出"我要实践"的呼喊,努力争取各种机会提升自己的实践能力,不是为了学分,不是为了学校,而是为了自己,为了让自己成为一个对社会真正有用的人才。

(七)独立思考解决问题的能力

学习能力的高低主要取决于独立思考、分析和解决问题能力的高低。大学生在校期间应该着重培养自己这方面的能力,它是衡量人才的最重要指标之一。

在日常学习和实际工作中,遇到问题时首先要冷静下来,学会将问题分解,通过解决每个小问题最终解决整个大问题,一定要相信自己有能力解决,并勇于尝试,不怕失败。可以自己试着提出多种解决办法,然后从中选择一种最好的解决方案。这就是我们通常所说的"过程比结果更重要",即便最后没有想出一种最优化的解决办法,但是在这个过程中对思维进行的独立思考训练,也很有意义。

三、大学生的素质目标——全面发展、贵在创新

(一)全面发展

作为一名大学生,在校期间应该认真学习知识,学会为人处世,修身养性,适应社会发展的需要,尽快使自己成为一名全面发展的高素质人才。陈独秀在《敬告青年》中说"青春如初春,如朝日,如百卉之萌动,如利刃之新发于硎,人生最宝贵之时期也。青年之于社会,犹新鲜活泼细胞之在身"。大学生是未来社会发展的希望,应当成为有思想,爱国家,敢为天下先的有为青年。

大学生应该具备何种素质？蔡元培先生曾经提出三个标准:狮子般的体力、猴子般的敏捷、骆驼般的精神。也就是说作为一个现代学生必须加强体育锻炼,有一个健康的体魄;要有眼界开阔、思维敏捷的气质;还要有吃苦耐劳、坚韧不拔的精神。

大学之大、大学之学,大学之不同,大学是一个神圣的殿堂,是青年学子成长的摇篮。作为一个新时代大学生的你,一定要充分认识大学各阶段的特点,潜心学习、积极活动、密切合作、广泛交流、认真钻研,做一名优秀的大学生。

(二)贵在创新

创新是指利用现有的知识和物质,在特定的环境中,改进或创造新的事物(包括但不限于各种方法、元素、路径、环境等),并能获得一定有益效果的行为。

创新是以新思维、新发明和新描述为特征的一种概念化过程。其起源于拉丁语,有三层含义:第一,更新;第二,创造新的东西;第三,改变。

创新是人类特有的认识能力和实践能力,是人类主观能动性的高级表现,是推动民族进步和社会发展的不竭动力。一个民族要想走在时代前列,就一刻也不能没有创新思维,一刻也不能停止创新。创新在政治、经济、科技、文化等领域的研究中举足轻重。

大学起航篇

　　首先恭喜你,怀揣着梦想与喜悦走入大学,人生即将开启一段新的旅程,有那么多的第一次等待你去体验。离开家乡上大学,这可能是你人生的第一次远行,第一次离开你熟悉的家人,第一次坐火车或者坐飞机,第一次从温暖的南方跨过长江到寒冷的北方或者相反,等等。这是你独立生活的第一步,你的心情可能兴奋不已,又或者忐忑不安。兴奋的是终于获得更多的自由,忐忑的是对于一个全新的环境能否找准自我角色。不过这些都没关系,跟着我们慢慢了解、细细安排,让你的大一生活做到有备无患,让你的大学生活完美起航。

大一适应 最重要

经过多年的努力，你终于怀揣大学录取通知书，踌躇满志地进入大学校园。此时，那种喜悦和期盼之心难以言表。然而，当你的生活初步安顿下来，正常的学习生活开始之后，激动兴奋的情绪往往被新的困惑所取代，你可能会面临一段艰苦的大学适应期。在适应期内，无论学习还是生活都将经历很大的转变，你将面临很大的挑战。而作为大学新生，你能否成功应对这些挑战，顺利度过这一转变过程，将会直接影响你的大学四年生活。

模块一 闯适应关 培养独立性

迈入大学校园的第一步，展现在你眼前的是一个充满未知与挑战、新奇与兴奋、自由与独立、想象中的象牙塔式的大学。刚刚脱离父母的臂膀，终于获得所谓的自由，殊不知谁能最快、最短、最高效地书写自己大学的扉页，适应大学生活，尽快调整自我的各种状态适应当下"大学"的需求。此时的我们是否还可以保持一份冷静与清醒，我们要清楚地知道，上大学最主要的任务还是学习。我们要学专业知识，也要学专业外知识；要学做事，也要学做人。认识到大学学习与中学学习的不同，充分把握好大学学习的特点，处理好各类人际关系等，这一切是否已经心中有数或已经做了相应的准备了呢？

【想一想】

1. 都说大学学习和中学学习不一样，到底哪儿不一样呢？

2. 我该如何把握大学学习的特点，学好自己的专业呢？

3. 我能和室友、同学、老师们处理好关系么？

【知识链接】

从中学到大学,是人生的重大转折,大学生活的突出特点表现在:生活上要自立,管理上要自治,思想上要自我教育,学习上要求高度自觉。

一、学习适应

(一) 学习的转折

与中学相比,大学教学的内容与方法有着显著的不同,大学的学习要求学生不仅要"学会",更要"会学"、"会用"。

1. 学习内容由基础知识到专业系统知识

大学之前的学习重在掌握一些粗浅的基础知识,而现在大学的专业学习内容更深入、更广泛、更系统。结果造成一些同学在中学轻而易举就能学好的功课,在大学却很难学会。甚至有的同学发现原来在中学自认为出众的专业,自己根本就不擅长,甚至是一筹莫展。

2. 学习方式由死记硬背到自主理解

学习的方式由过去单一的死记硬背转向分析、理解和实践,由老师一点一点地灌输转向自主学习。中学学的全是基础和知识,基本都是在老师的支配下进行的。在大学,老师的教学方法放开了,学习内容也发生了根本性的变化,更多的学习要靠自己去独立自主地钻研。如果说中学时代我们是一根绷紧的弹簧的话,大学生活简直就是一块灵活多变的橡皮泥。

3. 学习目的由掌握知识到解决问题

大学以前的教育过多地强调知识的传授与灌输,这种教育方式的直接危害就是会使学生的主体意识淡化,使学生的创造性弱化。现在我们来到了大学,首先要树立一种服务社会、服务生活的观念,也就是说无论学习什么知识,最终目的是为了解决生活中的问题,一旦树立了这样的观念,确立了这样的目的,那么我们的学习目的和学习状态就会发生根本性改变。学习有了目标,也就有了兴趣、激情和创新,因为每一个人都希望在创造中体现自己的人生价值。

(二) 实现三个转变,适应大学学习

为了适应大学的学习生活,成为名副其实的大学生,必须迅速实现三个转变:

1. 自我要求的转变

在中学阶段,学习是打基础,但在很大程度上是为了考上大学;在大学阶段,学习仍然是打基础,但必须瞄准未来的人生目标和事业发展,必须根据自己所确立的新的发展目标对自己提出新的要求。在学习上,把由只着眼于课程成绩的学习要求转变为"追求全面素质发展,掌握多领域(专业)的知识与能力"的学习要求。只有实现这一转变,才能更好地理解大学学习的本质和要求,实现人生奋斗的目标。大学教育专业的定向性,对大学生思想产生的影响是十分复杂的,有的同学入学后,对所学专业不感兴趣,于是常常被气馁、自卑、抱怨、后悔等消极情绪拖累,学习十分被动,谈不上学习动力,浪费了大好时光。所以大学生一方面应当正确处理个人兴趣和社会需要之间的关系,另一方面还要努力培养新的专业兴趣,并扎扎实实打好基础,增强多方面的适应性。

2. 学习观念的转变

要增强自主学习精神,把由教师指导下的学习转变为"以自主学习为主,教师指导下学习与自主学习相结合"。升入大学后,必须尽快摆脱中学时期形成的对家长、教师的依赖心理,根据大学学习的特点,培养自己独立自主的能力。自主学习是积极主动的学习,它要将家庭、学校、社会对自己的要求转变为强烈的求知欲望,而不是消极的、被动应付的学习;自主学习同时也是以自我为主的学习,它将通过学习达到自我完善的学习。当然,自主学习并不贬低教师的作用。大学生要善于因师而学,通过有师而学,进而达到无师自通。

3. 学习方式的转变

要克服满足感,把由模仿、接受为主的学习转变为"以创造性学习为主导,接受型学习和创造性学习相结合"的学习方式。中学学习以模仿、接受为主,以继承知识为主;大学学习既有接受又有创造。从接受角度来看,大学学习要完成三个方面的任务:一要掌握专业必备的知识,形成与本专业相适应的知识结构系统;二是要提高自己的智力和能力水平,形成初步的智能结构系统;三是培育自己严谨的治学精神和优秀的品质,形成自己的信念、理想、事业心和创造型学习的心理品质结构。这三个方面任务的完成,便为接受型和创造型相结合的学习转变打下了基础。实际上,达到了一定量的知识积累便会产生创造冲动,创造感到了知识积累不足时又会产生继承要求,二者相辅相成、相互促进。

总之,只有顺利实现这三大转变,大学期间的学习才会持续、稳定、健康地进行。

二、人际适应

社会心理学家指出:"良好的人际关系是一个人心理正常发展,个性保持健康和生活具有幸福感的重要条件之一。"对于大学生而言,学会营造良好的人际环境,对今后的学习、生活和健康都有很大的意义。可是,虽然每个成长中的大学生都希望在自己未来的大学生活中能够拥有良好的人际关系,但是真正开始大学生活的时候,才发现自己在交往过程中会出现很多问题。

(一)人际的烦恼

1. 师生之间的人际关系无奈加无招

在大学,一个辅导员通常要承担众多班级学生的各项管理工作,因此不可能对每个学生都像高中老师那样关心到位。班级的许多具体工作通常由学生自己或班干部组织完成,加之没有固定教室,所以大部分同学天天见到辅导员老师的机会不多。大学的任课老师又多是大班授课,课后时间与学生交流得少,不像高中老师那样。这种突然的、宽松的时空距离对于一直被父母和老师严格"看管"的新生来说很不适应;另外,有些学生害怕老师,不敢和老师打招呼,即便有了问题也不知道该如何与老师交流,面对日渐疏远的师生关系更加无所适从。

2. 同学之间的关系单纯加失望

刚刚跨入大学校门的新生,大多是带着兴奋和憧憬的心情而来,想通过人际交往去认识世界,获得友谊,因此人际交往的需求极其强烈。然而,他们对同学关系的追求又很单纯,富有理想化色彩,往往希望交往不带任何杂质,当遇到更多更复杂的同学关系时,就会对周围的同学失去信心,整日郁郁寡欢,心情沮丧;而更多的同学面对复杂的同学关系则不知如何处理,经常被苦闷和烦恼的情绪所困扰。原因就在于大部分新生在上大学之前，往往拥有的是以学习为圆心、以学校到家的距离为半径的狭窄的交往圈，形成的是不掺杂任何利益关系的、单纯的交往模式。但是到了大学，同学们的圆心不再固定，半径也参差不齐，因此大家不再是同心圆，同时还会有很多利益因素在其中，同学之间难免会产生一些矛盾和冲突。

3. 室友之间的关系冷漠加对抗

由于宿舍里的同学分别来自不同的城市和家庭，他们在思想观念、价值标准、生活方式等方面都存在着明显的差异。另外，现在大部分新生都是独生子女，不懂得关心他人、理解他人，看问题片面、偏激，而且还有着自私、任性的个性特征，因此在遇到实际问题的时候往往容易发生冲突，小到吵架，大到厮打，甚至发生流血、伤亡事件，致使本该和睦的室友关系演化成冷漠和对抗的关系。

（二）学习交往技能，提升人际交往能力

1. 加强自身修养，提升人格魅力

加强性格自我修养的自觉性。性格自我修养是一种完善自己、改进自己的自觉行动，性格修养的自觉性决定着自身修养的成效。为了能够使性格自我修养的自觉性得到加强，学生要对自己的性格缺陷有清晰的认识，并且对自己能够严格要求。

加强性格自我修养的坚持性。人的性格是人从出生之日起，经过许多年的培养形成的。因此，性格的自我修养并非是一朝一夕就能奏效的。这就要求必须有坚强的意志，进行持久的努力。在进行自身修养时，应时刻注意、处处留心，在每一件事情上都能够一点一滴地约束自己的言行，在潜移默化中逐步改变自己的不良性格，从而提升自己的人格魅力。

2. 学习交往技能

学会与他人合作。迈入大学校门，过去对于新生来讲就是一张白纸，进入一个新的环境，应该以全新的面貌出现。既然大家有缘聚到一起，就应该珍惜彼此的友谊，遇到事情相互协商，相互合作充分展示集体的力量。

学会宽容与理解。同学之间要相互理解，生活中难免会有一些磕磕碰碰与不尽人意的地方，对待别人要抱有诚挚、宽容的胸襟，对待自己要怀着自我批评、有错必改的态度。与人交往时，要学会宽容与忍让。

学会欣赏别人。应该看到别人的优点与特长，主动维护集体生活的和谐。从周围的人身上学习他们的优点，特别是那些你觉得交往能力和沟通能力都特别强的同学，应该多向其学习，看看他们都是如何与人相处的。

3. 改善谈话技巧

话不投机是一个非常尴尬的局面，对于交谈双方来说都感到很不舒服，它会极大地影响双方的交谈兴趣，甚至还会使对方感到非常反感，无法再正常地交流下去。所以要想改善人际关系就需要通过以下几种方法改善自己的谈话技巧：

选择适当的内容。话题应尽量避开一些不宜在友好交谈中出现的事情，更要避免涉及个人隐私等方面的问题。尽量符合交谈双方的年龄、性格、心理特征，在已有的话题中寻找大家有兴趣的细节作为新话题，使谈话更具创新和吸引力，能保持谈话始终在趣味盎然的氛围中进行。

切忌语气的生冷。没有人喜欢语气生冷的谈话方式，那种咄咄逼人的语气只会令人感到厌恶。因此，大学生在谈话时应时时检讨自己的谈话方式及语气，万不能得罪了人自己还不知道。当处在恼怒、心绪不宁、失望时不能将心情注入语言，否则，一定会得不偿失。

艺术地表达"歧见"。歧见，即不同意见。在表达不同意见时，最忌讳一开始就全盘否定对方，那样做等于是将对方逼到了你的对立面，两个对立的人又怎能达成一致的见解呢？一般来说，最基本的表达歧见的艺术方法是：先肯定——后提出疑问——再推出自己的见解。

委婉地纠正他人的错误。人非圣贤，孰能无过。每个人的一生中都不可避免地会犯下这样或那样的错误。谈话同做人一样，谁都不可能毫无差错，当你发现对方言语有误时应委婉地纠正他人的错误。温和委婉的态度是纠正别人错误的"最有效武器"。一个人如果真能够积极、温和、真诚地与他人进行交谈，将能够改善自己的人际关系，在人际交往中达到事半功倍效果。

[**案例**] 被孤立的小张：某高校的学生小张是寝室里最有钱的同学，他的父母每月给的生活费常在 2000 元以上，生活条件明显比其他 5 名同学优越很多。刚进大学时，大家的关系还不错，小张常请寝室的同学吃饭，自己的东西也常和大家分享。但是后来，一个同学不小心弄坏了小张的热水器和充电灯，结果她很恼火，加上平时一些观点上的小摩擦，使得她逐渐瞧不起这些没见识的"乡下同学"，这种情绪在言行上表现出来后，导致寝室里的贫困同学拉成战线来孤立她。孤独的小张感到很无助，就对自己的老乡说出了自己的想法和难处，她的老乡委婉地指出了她的问题，让小张认识到了自己在想法上的偏差。小张在心里想了很久，终于改变了自己处事的方法，说话做事不再高高在上，并开始了解和体会宿舍同学的优点。终于，她和同学之间不再难于相处，自己在想法上也成熟了许多。

4. 知恩感恩，从关爱父母做起

古人云，父母养育之恩，地无其厚，海无其深。如果这个世界上只有一种永恒不变的爱，那就是父母对子女的爱。爱无价，亲情更无价。尤其是对于离开父母独自开始大学生活的新生而言，对于亲情会有更加深刻的体会。进入大学之前，父母对他们的生活起居处处照应，衣食住行都给予很好的安排。所以住进大学的新生对于父母的养育之情感触极其深刻。在大学新生报到的时候，父母不辞辛苦、不远千里送孩子来上大学。那么，作为大学生，该如何孝敬父母呢？关爱父母，要从现在做起，从点滴做起。

报平安。俗话说"儿行千里母担忧"，大学新生永远是父母心头的牵挂。一般来说，多数大学新生的思乡期，在两个月左右就已基本结束，但是父母的念子期却永远不会结束。因此，通过打电话、发短信、QQ、微信等多种交流和沟通方式与父母多联系，常沟通，避免让父母产生不必要的担忧，最好能约定在一个固定时间联系，给家里的父母报平安，向他们说说自己的近况，并给予父母及时的问候。

多沟通。也许他们没有你读书多、学历高，但他们积淀了几十年的生活经验和为人处世之道对你会很有帮助，他们是你忠实可靠的听众。把学习、生活、感情、工作中的困扰讲给他们听，父母总会给你受益终生的指导和教诲。父母所经历的事情、所体察的人情世故要远远超出同学们在大学时代的经历。所以，寻求父母的帮助，让他们给予建议是走向成熟的表现。

[案例]为父母过一次生日：从小陈记事起，他的生日就是全家最盛大的节日。每年，离生日还有一段时间，小陈就开始琢磨着自己的生日礼物，小学时是玩具枪或玩具车，初中时是他最喜欢的游戏盘或是漫画书，高中时是心仪已久的名牌跑鞋，或是同学们中最流行的 MP4。反正无论小陈想要什么生日礼物，父母都会尽量满足他。小陈生日这天，妈妈都会早早出去采购，然后给他做一大桌子好菜，爸爸会带他去商场选购他喜欢的生日礼物。回到家里，妈妈给他点起生日蜡烛，爸爸、妈妈和他唱起生日歌，每到这时，小陈都觉得自己是世界上最幸福的人。

进入大学以后，小陈不再满足于跑鞋或是 MP4 等生日礼物。他想请同学们去一家有名的酒店吃一顿大餐，当然，这是一笔不小的花销，他准备向爸爸妈妈要钱。当小陈打电话回家时，退休的妈妈却没有在家。于是他习惯性地打到爸爸所在的工厂，接电话的是爸爸的工友刘叔叔，刘叔叔说他爸爸前两天在去银行的路上，被一辆面包车撞伤了，现在在医院里。他突然想起爸爸没有手机。小陈去年的生日礼物是一部新款名牌手机，爸爸和他一起去买手机的时候，他建议爸爸也买一个，爸爸却说家里和工厂都有电话，手机没多大用处，白花钱。

小陈觉得心里一阵发慌，不知爸爸现在伤势如何，而身体不好的妈妈现在奔波于医院和家之间，能不能吃得消。此时，他的手机铃声响起，是手机银行发来的短信，是收到一笔汇款的通知，通知后面还有一句留言："马上就到你生日了，这是你进入大学的第一个生日，爸爸妈妈不能陪在你身边了，你用这些钱给自己买一个喜欢的生日礼物吧。祝你生日快乐！爸爸、妈妈。"

小陈的鼻子有点酸，他想起前两天系里组织的一次调查问卷中，有一道题是"你知道父母的生日吗"。那道题，他没有答上来，他知道偶像球星的生日，知道朋友的生日，甚至还偷偷记下了他喜欢的一个女孩的生日，但他却不知道父母的生日。想到这里，小陈决定，用父母寄来的这笔钱为他们过生日，生日礼物将是一款实用的手机。

三、生活适应

生活适应问题在刚入大学的新生中较为常见。在校大学生平均年龄处于 18～22 岁之间，他们在生理上多已发育成熟，但其心理发展尚未成熟，仍带有一定的幼稚性、依赖性和冲动型。来到大学后，在生活环境、生活方式、生活习惯等方面面临着全面的适应的过程。

（一）常见的不适应问题

1. 生活环境变化带来的不适应

陌生的校园、陌生的脸孔，全新的语言环境，崭新的校园文化生活，怎样适应新的生活、新的环境，这是大学新生进入校园后首先就要面临的问题。但是大学生活并不像想象中的那样诗情画意，新生通常经过了一个月的适应熟悉后，往往会因为期望过高而产生失落和迷茫，这严重阻碍了我们对大学生活的适应。一些调适能力差的学生迟迟不能重新唤起激情，终日处于无动力的涣散状态中，白白浪费了一个学期甚至更长的宝贵时间。

[案例]尽快熟悉校园环境：家乡在徐州的小董，考入了某高校。因为家庭环境的关系，他上大学时没有人送他，这在他的同学当中非常少见。到了学校后，在志愿者的引领下，他顺利来到宿舍，并把自己的用品整理好，然后就在校园里转了起来。校园很大，可是小董还是把校

园里的每一个角落都走了一遍,并把主要的功能楼和生活区的位置都弄得清清楚楚。在熟悉了新的环境之后,小董觉得踏实了不少。第一次离开家的小董在独立完成了这些事情后,觉得自己成熟了很多。

2. 生活方式变化带来的不适应

从生活方式上看,绝大多数中学生都生活在温馨舒适的家中,有自己的卧室,饮食起居、衣食住行,一切都由父母操持,不需要自己费心。年复一年,习以为常,感到舒适、省心。上大学后,没有父母、长辈的悉心照顾,许多事情要开始学会独立处理。新生不仅要过集体生活,住宿舍、吃食堂,还要自己收拾房间、洗衣服,衣食住行、待人接物等都要自己处理,因而感到很不习惯、不适应,感到孤独、想家,甚至晚间睡觉也会偷偷哭泣。因此,学会自己铺床、收拾书籍和衣橱,学会自己洗衣服、缝衣服,学会自己照顾自己,这一切是每一个新生必须要适应的过程。

独立生活的另一方面就是对钱财的管理。新入学的大学生一般都没有"理财"的经验,他们自己要有计划地合理安排开支,要尽快学会理财。在生活开支中,要明白哪些是必需的,哪些开支是完全没有必要的,要根据家庭经济能力或自己勤工俭学的收入来安排日常消费。

3. 生活习惯不同带来的不适应

大学宿舍一般是四人同居一室。由于受当地风俗、习惯、气候及经济发展水平的影响,在同一间宿舍里的不同学生在饮食、卫生习惯、作息安排等方面都存在差异;外向的同学喜欢说个不停,内向的则少言寡语;有的人喜欢早睡早起,有的则早上不起晚上不睡。这样一来,爱卧谈的打扰喜欢早睡的,爱静的同学被朋友多的人弄得烦躁不已。因此大学新生不仅要改变自己的生活习惯,同时还要和宿舍同学的生活习惯相互适应。而每个人的生活习惯一时又难以改变,有相当一部分新生因为生活习惯相差太远而要求调换宿舍,严重者还导致神经衰弱、抑郁,有的甚至休学、退学。

大学生活与中学生活相比,不论衣食住行还是学习、交往乃至认识社会和人生,都需要更多地依靠学生自己的知识和能力去思考、判断、选择与行动。了解认识学习转变的客观环境,有利于从中学生到大学生的适应过程。

[案例]开窗的烦恼:大一女生小陈,因生活习惯与其他三位同学不同,比如早起后喜欢开窗通风,而此时宿舍其他三个人往往还没有起床,经常吹风受凉,因此对她抱怨不已。学生小陈在宿舍相处中多次因为类似事件与宿舍同学发生争吵,矛盾激化。恶劣的宿舍人际关系导致她情绪低落,影响正常的学习生活。

(二)摆脱依赖,学会独立

对于刚刚踏入大学校门的年轻学子来说,要努力做到自立、自律、自信、自强,能力是基础。具体来说,应当特别注意提高以下五种能力:

1. 环境适应能力

环境对人的成长有重要意义,无论什么人到一个新环境中首先要适应它,包括对学习、生活、人际关系,以及地理、气候等各种环境的适应。环境适应往往与忍受痛苦、克服困难相联系,如果一个人的耐受力较差,甚至有可能被环境所淘汰。当然,适应不仅仅是被动的过程,还包括对环境的主动改造。

2. 自我约束能力

包括科学地安排时间,良好的生活规律和规范道德的言行。自我约束是一种能力,也是一种修养,它需要自觉地、长期不懈地努力才能养成。

3. 是非辨别能力

辨别是非是明辨方向、健康成长的前提,它是独立生活的重要一环。面对纷繁复杂的大千世界,分不清是与非、美与丑,就容易上当受骗,就可能要走许多弯路。

4. 人际交往能力

俗话说"在家靠父母,出门靠朋友"。这句话从某种意义上说明了人际关系的重要性。要建立良好的人际关系,就要克服以自我为核心的思想,树立助人为乐的良好品德。

5. 自省自知能力

人贵有自知之明。通常,客观的自我分析,可以提高自我评价的全面性和准确性,完善自我人格。正所谓"以铜为镜,可以正衣冠;以人为镜,可以明得失;以史为镜,可以知兴替"。

【探索训练】

学习适应训练——选对方法,有效学习

（一）活动目的
通过对几种学习方法的尝试与比较,总结出一套最有效的学习方法,尽快适应大学学习。

（二）步骤方法
以当天课堂上新学的知识为学习内容,运用以下几种常见学习方法练习,比较出各类方法的学习效果,以便在今后的学习中灵活运用。

1. 听讲。听老师在讲台上说,自己在座位上听。
2. 自己阅读。听声音或阅览图片。
3. 观摩老师的示范或演示。
4. "做中学",将新知识、技能进行实际演练,如解题、做实验、实习等。
5. "当教师",以教师身份把知识点讲解给同班同学。
6. 思考自己运用过哪些有效的学习方法。

表 3-1 学习方法大搜索

课程	具体内容	学习方法	学习效果	启发

7.选某一门课程,确定最佳学习方法,并在课程学习中运用此法。

表 3－2　课程攻关计划

具体内容	学习方法	原因分析	采取措施	预计学习效果

（三）总结评估

在六种常见学习方法中,最普遍使用的方法是听讲法,最有效的方法是"当教师"法。但不同的人、不同的学科、不同的学习内容、不同的学习条件下,各种学习方法效果都不同。在自己所喜欢的、感兴趣的、能学得很好的课程,一般都是使用了合适的学习方法。在大学的学习课程中,要选对方法,学习得法,学习才会变得充满乐趣。

人际适应训练——"克服害羞 展示自我"新生自我训练①

（一）活动目的

通过克服羞怯心理的自我训练,首先要改变过分注意自我的内向的认知倾向,当个主动的观察者和积极的倾听者;然后,通过情境和实战训练改变因害羞而不敢与人交谈的情况,有效克服社交羞怯心理。

（二）练习方法

1.观察训练。精心设计一个你认为最时尚的发型到公共场合,观察有多少人在注意你。

2.旁听训练。每天有意识旁听好友与旁人的谈话半小时。

3.打招呼训练。请你经常面带微笑地与同学、朋友、熟人打招呼。

4.聊天训练。每天以关心他人的口吻主动与别人聊天 10 分钟。

5.电话训练。主动与朋友打电话问候、咨询,或者打电话询问某公司是否招聘兼职。

6.与陌生人谈话训练。每天规定自己向 3—4 个陌生人问路,或主动与陌生同学寒暄。

【拓展阅读】

了解你大一的课程

不同的专业课程设置也不一样,不过有共同的地方就是都包含专业课、公共课和选修课。大一的课程主要由专业课和公共课组成,且一般公共课居多。专业课,指某一专业需要学习掌

①　彭晓玲,柏伟主编.大学生全程全面心理辅导[M].北京:清华大学出版社,2008.6,23.

握的专业知识课程,一般在学分制中占据必修课的位置,不同专业会根据课程设置给大一学生安排1—3门专业课程。要求必修的不仅仅是专业课,还包括公共必修课,公共必修课由三部分组成:思想道德修养课、大学公共外语、公共体育课。

第一,思想政治理论课。根据教育部思想政治理论课课程设置"05方案",高等学校开设"思想道德修养与法律基础"(简称"基础")、"马克思主义基本原理概论"(简称原理)、"中国近现代纲要"(简称"纲要")、毛泽东思想和中国特色社会主义理论体系概论(简称"概论")、"形势与政策"等必修课程和"当代世界经济与政治"(简称"当代")等选修课程。

第二,大学公共外语:每个学校公共外语课程设置和教学任务不尽相同。以宿迁某高校为例,大学一年级的大学英语课程为每周6课时,分成4课时的大学英语精读和2课时大学英语视听说。大学二年级主要分成七个模块:基础英语模块、中阶英语模块、阅读拓展模块、视听说模块、写作与翻译模块、考研英语模块和雅思英语模块。在大三之后把英语学习作为公共选修课。大学生需要在大一通过英语四级考试,大二通过英语六级考试。

第三,公共体育课:按照国家教育部的要求,对大学生体能的锻炼和考核,各个高校有权利根据自己的特点,设置符合要求的具体科目。仍以宿迁某高校为例,该校体育部面向全校学生开设"初级普及——中级提高——高级俱乐部"多种类型的体育课程。大一、二年级开设体育必修课(四个学期共计144学时),三、四年级学生以课外体育俱乐部形式开展体育活动,并针对部分身体异常和病、残、弱及个别高龄等特殊群体的学生,开设体育保健康复课程。大一、二年级体育必修实行选项课教学,以满足不同层次、不同水平、不同兴趣学生的需要。已开设有篮球、足球、排球、羽毛球、乒乓球、网球、健美操、体育舞蹈、武术、太极拳、民族传统体育、娱乐体育、毽球、排舞、瑜伽、保健与康复等16个项目,并成立了网球、足球、健美操、羽毛球、乒乓球、体育舞蹈等课外体育俱乐部,丰富了同学们的课余生活,也延伸了体育课堂教学。另外,大一和大二还有早锻炼,只有早锻炼和体能测试、技能考核都过关了,公共体育课才算达标。

【经典推荐】

影片:《天使艾米丽》

作为新人,来到新环境,也许会受到排斥与冷落。想处理好人际关系,也许你可以像艾米丽一样,去主动关心别人,做一些小小的努力,哪怕换来的是一个微笑或一声谢谢,但是你逐步建立起来的良好的人际关系会让你事半功倍。

影片《天使艾米丽》是法国的一部爱情电影,由让-皮埃尔·热内执导,奥黛丽·塔图、马修·卡索维茨、贾梅尔·杜布兹和多米尼克·皮诺等联袂出演。影片于2001年4月25日在法国上映。电影讲述艾米丽有着不幸的童年,不过这一切都毫不影响她对生活的豁达乐观态度。戴安娜王妃的去世让她倍感人生的孤独脆弱,从此开始了一系列令人哭笑不得的助人计划。

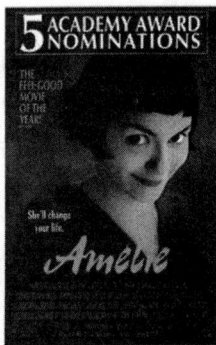

书籍:《做最好的自己》①

在生活中,有竞争也有合作。在学校生活中也不例外,有很多人会只顾竞争,一味羡慕学习好的人,总想成为像那些人一样优秀的人,但谁又真正努力想过人的一生应当怎样度过。李开复在书中讲到:"每一个人都有自己的特长和潜质,在多元化成功的模型中,只要主动选择,每一个人都有成功的机会。"我们只有做最好的自己,才能不断超越自我,这样才会不断地取得成功。

本书由 Google 公司中国区总裁李开复创作而成,用了近百个真实案例,来阐述如何运用"成功同心圆"法则选择自己的价值观,阐述如何运用自己的智慧,"选择做一个融会中西的国际化人才",最终说明"成功就是做最好的自己"。这些案例当中,有李开复自己的成败得失,也有如比尔·盖茨一般显赫人物的故事。

模块二　遵规守纪　勿触警戒线

与中学阶段相比,高校为在校大学生提供了更多的学习资源,学生的学习自主性鲜明,这也意味着大学生有着更多的时间支配权,有着更大的自由度。但是,这些自由度不是无限的,如果运用不当或者控制得不够科学合理,轻则浪费了宝贵的青春年华;重则触礁,导致大学生活搁浅,追悔莫及。无规矩不成方圆,来到新环境要清楚了解各种规则、不得触碰的校园警戒线,熟知违反校纪校规带来的后果,做一名当代文明大学生,知道可为不可为的界限。

【想一想】

1. 你所在的高校有哪些坚决不能触犯的校园警戒线?
2. 违反校纪校规的后果是什么,你真的清楚么?
3. 想要做一名文明的当代大学生,具体需要做到哪些?

【知识链接】

随着我国法制化进程的加快,高校越来越重视通过一系列的管理措施和方法加强对学生的管理,这些管理措施和方法就是规范大学生日常行为举止的条例,也是规矩,奖优惩劣,维护校园秩序,为广大学子提供优美、良好、适宜、安全的学习和学术环境。

一、坚决不能触碰——校园警戒线

严格的纪律是学校出人才出成果的重要保证。对于每一个学生来说,良好的学习环境、有

---

① 李开复.做最好的自己[M].北京:人民出版社,2005.

规律的生活秩序,是学好科学文化知识的必备条件。而这种好的环境和秩序是靠健全的校纪校规来维持的。

(一)警戒线一:旷课

旷课,即逃课,又叫翘课,是大学生中常常听到的一个话题,通常是指未经请假或没有任何缘由而缺席教学活动,属于违纪行为。与中学相区别的是,大学期间,凡学生上课、实习、见习、实验、教学参观、社会调查、劳动、政治学习以及按教学计划规定和学校统一安排、组织的一切活动,都要考勤。因故不能参加者,必须请假,没有请假或未准假擅自离校的同学一律以旷课论处;另外节假日期间,必须在规定的时间内离校和返校,因故需提早离校或推迟返校者,也必须请假,未准假的同学提前离校或推迟返校都算旷课。

[案例]糊里糊涂留级:小谢生性活泼,但是时间管理能力较差,爱跟着大伙儿一块玩,除了参加三个社团,还喜欢参加各类活动,有人招呼打篮球他去,志愿活动他很积极,文娱表演他也报名,聚餐他一定参加,学生会活动也个个少不了他。由于活动太多,迟到、早退加旷课累计达到10学时(按照该校校规,迟到、早退4次作旷课一学时计算,迟到或早退达20分钟以上者,作旷课1学时计算),大一第一学期末,糊里糊涂的小谢被处以警告处分。第二学期小谢吸取经验教训,不再迟到、早退,但是由于隔三岔五请假,某专业课请假超过了10节课,按照校规无法参加期末考试,期末考试又出现4门课程挂科。就这样,对大学生活的无计划性,和对校纪校规的不重视,导致他必须留级,补足大一的课程。

(二)警戒线二:考试作弊

《普通高等学校学生管理手册》第54条明确规定,学生如由他人代考或替他人考试、组织作弊、使用通信工具进行作弊及其他作弊的,学校可以给予开除学籍处分。大学通过考试来监测教学质量、测试学生对知识的掌握程度,帮助学生判断应当怎样继续自己的学业。因此,考试作弊这一欺骗手段不仅严重危害教学活动有序开展,更直接威胁考试的权威性、公正性和严肃性,是不道德、不诚信的行为。

孟子曰:"车无辕而不行,人无信则不立。"诚实守信是中华民族的优良传统,也是公民的基本道德要求之一。作为当代大学生,考试作弊不仅是对自己能力的否定和蔑视,更是对严肃的学术风气的亵渎;作弊者不仅丢掉了学习的机会,更丢掉了人格中的诚信。诚信考试、拒绝作弊是大学生责任心的一种体现,也是每一个人应具备的基本道德素质。每一名大学生都应该严守考试纪律,抵制不良考风,从自己做起,杜绝舞弊现象的发生,还考场一片纯净的天空,为自己塑造一个诚信的人格。

[案例]那些考试作弊带来的悲剧:郑某是艺术学院2015级学生,该生于2016年1月05日《教育学》考试中抄袭夹带,在其试卷下面有一张字体很小、密密麻麻地写着有关考试课程内容的纸条,被监考老师发现,给予留校察看处分;姜某,李某,均为工学院2014级学生,李某于2015年6月21日《高等数学》考试中将与考试相关的信息传给姜某,在传递过程中被监考老师发现,双方均给予留校察看处分。

赵某,于2015年12月全国大学英语四级考试中携带无线耳机,被监考老师发现,给予开除学籍处分,同时,根据《刑法》第二百八十四条之一"在法律规定的国家考试中,组织作弊的,处三年以下有期徒刑或者拘役,并处或者单处罚金;情节严重的,处三年以上七年以下有期徒刑,并处罚金",赵某被当地公安局刑事拘留。

(三)警戒线三:夜不归宿

大学生夜不归宿是指应当在校住宿的学生事先未履行学校规定的有关请假手续而擅自在校外留宿的违纪行为。夜不归宿之所以成为警戒线,是因为学生未经批准夜不归宿,容易导致意外事件的发生,对社会造成不良影响,特别是女同学外出更容易发生意外事故,甚至会关系到人身安全。

1. 私自外宿危及生命和财产安全

由于大学生消费能力有限,会选择便宜的小旅馆或出租房,这样的地方往往消防设施、逃生通道严重不达标,一旦发生火灾、地震等灾害就会对房内人员及财产构成严重威胁。

[案例] 2009 年 4 月,北京朝阳区某高校附近出租房失火,因楼群密集,消防车无法驶入灭火,5 名大学生被困火海,所有财物均被烧毁,最终造成了 1 死 4 伤的惨剧。

2. 危害身心健康,容易使人堕落

夜不归宿的学生在外没有管束,要么熬夜,要么休息较晚,存在严重的睡眠不足,饮食不规律,生物钟紊乱等现象,长此以往对身体造成极大伤害。部分学生情侣由于缺乏健康的性知识,殊不知不洁而随意的性行为容易对彼此造成伤害,带来彼此不同程度的身体变化,可能对日后的婚姻生活带来影响。这些学生长期迷恋于游戏和所谓的爱情,严重阻碍其生涯发展,对其未来职业发展也将产生不可估量的影响。

[案例] 某高校数学专业的潘某,进入大学后沉迷于网游,课余天天泡在网吧,周末更是如此。在包机连打 23 个小时的"魔兽世界"线上游戏后,突感身体不适猝死。其间他曾数次伏于桌上睡觉,睡醒又再继续玩,直到女店员上前问是否继续包台,才发现潘某手脚已僵硬,但两手伸长的模样,就像仍在打线上游戏,一手打键盘,一手握鼠标。

3. 影响正常学习

由于私自外宿的大部分学生自制力较差,很多人晚上不休息、白天无精神,上课难以集中精力,更有甚者经常迟到、旷课,严重影响了自己的学业。

4. 影响学校学风,给高校带来巨大管理风险

由于部分夜不归宿的学生自由散漫,无视校纪校规,影响正常的教学管理秩序,进而对其他学生产生不良影响,严重影响校风、学风、班风。这部分学生的管理难度较大,在外期间无法保证安全,一旦出现人身伤害,必将令学生家长难以承受,难免将责任全数转嫁给学校,引起家长与校方的纠纷等,严重影响学校的正常教学秩序,存在巨大的隐性管理风险。

(四)警戒线四:违禁电器

违禁电器包括热得快、电热杯、电饭锅、电热毯、电熨斗、电饭煲等。违禁电器不一定就是大功率电器,是指按照学校管理规定,不可以在宿舍内使用的电器。这些电器使用不当时会危及宿舍以及同学的安全。

多数校园火灾的发生是因学生在宿舍内使用违禁电器引起的。比如,由于违章使用劣质电器造成线路的短路;使用热得快、热水壶等电器时临时离开致使水烧干后点燃外壳造成火灾等。无论电器质量如何、使用方法是否得当,使用大功率电器都会引起电线超负荷、电流增加,电线发热,电线绝缘层允许温度一般为 60℃,当温度高于 250℃时,绝缘层会发生自燃,并与电线分离,造成短路发生火灾事故。高校的建筑物、供电线路和设备都是按照实际使用情况设计的,在宿舍内使用违章电器,使供电线路过载发热,还容易加速线路的老化,发生短路造成火灾。

大学生为贪图方便使用违禁电器,对存在的消防隐患抱着侥幸心理,存在极大的火灾隐患。学生宿舍是一个集体场所,是一个人口密度极大的聚居地,涉及公共安全利益,更涉及众多大学生的人身安全和万家幸福,任何一场火灾都可能造成重大后果,带来无可挽回的财产损失和人身伤害。

[案例]火灾现场:2008 年 11 月 14 日早晨 6 时 10 分左右,上海某高校一学生宿舍楼发生火灾,4 名女生从 6 楼宿舍阳台跳下逃生,当场死亡。宿舍火灾初步判断缘起于寝室里使用"热得快"导致电器故障并将周围可燃物引燃。学生公寓安全无小事,也许就在我们不经意使用违禁用品的那一刻,已经种下了安全隐患的祸根,"隐患险于明火,防范胜于救灾,责任重于泰山。"同学们一定要增强消防安全意识,警钟长鸣。

(五)警戒线五:打架斗殴

打架斗殴是校园内的一大公害,是在校学生违法违纪行为的主要表现之一。打架斗殴危及人身安全,酿成治安、刑事案件,甚至葬送自己的美好前程;不利于优良校风和学风的建设,破坏大学生成才的优良环境,损害大学生的良好形象,影响学校声誉。特别是男生有较强的好胜心,往往通过打架斗殴、辱骂他人来获得一种快感和成就感。部分是非辨别能力不强的年轻人容易错误地理解"哥们儿义气",加入打架斗殴的行列,进而发展成为一个小群体,获得一种"安全感",并依靠"团伙"大胆地实施其他不良行为,这种欲望的膨胀,往往使他们走上违法犯罪的道路。打架斗殴常因小事而起,但其一旦酿成治安、刑事案件,轻则受到退学、开除的处理;重则受到法律的严厉制裁。

打架直接成本=5 至 15 天拘留+500 元至 1000 元罚款+至少 1000 元医院费(严重者要承担刑事责任)

打架附加成本=心情沮丧低落+名誉形象受损+家人朋友担心+学习生活蒙受更大的损失

[案例]湖南发生一起学生打架斗殴事件一学生死亡:2014 年某晚,学生贺某、谢某与同宿舍林某因发生矛盾纠纷,贺某、谢某对林某拳打脚踢。两学生对林某施暴大约 1 分钟,两名同学将躺在地上的林某抬到床上。21 时查宿舍,老师没有发现异常情况,也没有学生向老师反映情况。21 时 15 分许,周某发现情况不对,喊了林某三声不见应声,马上将情况报告给宿管员。宿管员了解情况后,迅速报校领导,同时拨打 120、110 进行紧急处理,并协助医院医务人员对林某进行抢救。21 时 35 分,林某因抢救无效死亡。

绝大多数大学生都能严格要求自己,自觉遵纪守法、勤奋学习、努力成才。但也有少数学生进入大学后,放松了对自己的要求,无视校规校纪,甚至违反校纪校规,延误了学业、自毁了美好前程。

(六)大学生违纪产生的不良后果

一些学生认为考取了大学该好好休息一下了,痛痛快快地玩乐了,加之部分学生缺乏理想,没有更高的追求,纪律观念淡薄,放松了对自己的要求,行为上自由散漫,对国家的法律法规和学校的校纪校规置若罔闻,对纪律的严肃性缺乏应有的认识,平时不注重各门功课的学习,上课迟到、早退、旷课时有发生,"喜欢怎么想就怎么想,喜欢怎么做就怎么做";还有一些意志薄弱的大学生,容易受一些消极的、不良的价值观念和生活方式的冲击和影响,稍有不慎,就可能不辨是非,导致不良后果。

1. 损害了国家利益,浪费了国家有限的教育资源

有些同学会说,现在是缴费上大学,在大学里上课迟到、早退、旷课是个人的事情,学校不应该过多干涉,不应管得太死。其实,培养一个高校毕业生,国家要投入大量的财力、人力、物力,如图书馆、实验室、教学仪器设备等大量物资的投入;教师队伍建设,师资培养,等等。我国是发展中国家,高等教育资源十分有限,大学生不珍惜这难得的高等教育资源,就等于剥夺了其他人受高等教育的机会,浪费了国家有限的教育资源。

2. 延误了自己的青春和学业,辜负了父母的期望,造成家庭经济损失

《普通高校学生管理规定》明确指出,学生违反校纪校规,视情节严重性和造成后果的严重程度,将给予警告、严重警告、记过、留校察看或开除学籍处分。试想,一个学生经过十几年的辛苦努力,若因违反校纪校规得不到毕业证而影响前途,这不是浪费自己的青春年华吗?何况,一个家庭特别是农村家庭培养一个大学生,都要付出很高的成本,父母历经艰辛,对孩子都抱有很高的期望,将其送入大学,而你却未能正常毕业,他们该是多么伤心、遗憾啊?因此,大学生要认真考虑父母及关心自己成长的亲人们的感受,在校遵规守纪,让父母和学校放心。

二、努力提升自我——做当代文明大学生

从礼仪角度来说,大学生应该注意自己的形象,千万不要以为自己是学生,形象就不重要。大学生们应注意,礼仪修养同自身的能力、素质一样重要,对步入社会后的人际交往非常有帮助。

(一)尊敬师长的礼仪

尊师是一个民族文明进步的体现,是尊重知识、尊重人才的体现。

1. 尊师重道,从见到老师主动问好做起

在路上和老师相遇时,学生应主动向老师行礼问好;在进出门、上下楼梯和老师相遇时,学生应主动请老师先行;在其他场所与老师相遇时,学生也应礼让老师。

2. 进教师办公室要先敲门,得到允许后再进去

进办公室后经教师允许方可坐下。与教师谈话要轻声,不能影响其他教师办公,结束谈话后要礼貌辞行。有物品交给老师或接受老师交递物品,应该用双手。另外,在老师工作、生活场所,不能随便翻动老师的物品。

3. 对老师要有正确的称呼,不能直呼老师姓名,更不能给老师起绰号

在与老师交谈的过程中,用目光注视老师是一种最基本的礼仪要求。交谈时要有谦虚的态度,听老师说话要认真聆听,不要东张西望,漫不经心。

4. 如果对老师说的话感到不理解或有不同看法时,可以谦虚而诚恳地向老师请教

当教师对学生进行批评教育时,学生应虚心接受,认真反思自己的错误,不能对老师的教育产生抵触情绪,甚至当面顶撞老师。如果老师的批评与事实有所不符,应本着有则改之,无

则加勉,实事求是的原则,心平气和地向老师进行解释和说明。如果老师有观点不正确或误解,学生应用正确、恰当的方式给老师提出来。向老师提意见语气要平和、委婉,时机要恰当。多进行换位思考和自我反省,切忌一时冲动式的处理方法。

（二）同学交往的礼仪

大学同学之间交往的范围、频率与中学时代相比发生了巨大的变化。大学生非常注重人际交往,交际礼仪是处理人际关系的重要环节,大学生往往由于礼仪方面不注意,造成尴尬局面,甚至导致人际关系紧张。大一新生从进入大学开始,与同学交往就应注意遵循以下几项基本原则:

1. 平等互助

大学生来自不同的家庭,有的家庭富裕,有的家庭贫困。要使同学间友好相处,不能嫌贫爱富,以钱取人,以权取人,富裕的学生不能轻视贫困学生,出身不可选择,财富不是你创造,所以,应该以平等的态度对待交际对象,以平和的心态与人相处。同学之间应相互体谅与理解,不要有意无意公开自己的家庭财富、父母的头衔等,社会地位和金钱不应该成为炫耀的资本。

2. 相互尊重

大学生从大一入学开始,要特别注意尊重原则,不要骄傲自大、目中无人、吹毛求疵、自以为是、唯我独尊等。大学生应该意识到要想得到他人的尊重,首先要学会尊重他人,学会去肯定他人、欣赏他人、赞美他人。对同学遭遇的不幸、偶尔的失败、学习暂时落后等不应嘲笑,而是给予适宜的帮助。尊重还表现在称呼上,同学间可彼此直呼其名,但不能用"哎"、"喂"等不礼貌用语称呼同学。公共场所或正式的交往场合,不称兄道弟。另外,相互尊重还应特别注意尊重同学的隐私。

3. 诚实守信

大学生要从大一开始,坚持诚实守信是做人的基本原则。谨防诚信危机,杜绝考试作弊、论文造假、骗贷逃贷、恶意欠费等失信行为的产生。另外,在校园社团活动中,大一新生要注意避免请客送礼拉选票、游说老师等一系列不该有的现象造成与公平、公正原则完全违背的诚信缺失现象。在男女同学交往中,对恋爱的态度要严肃,不能抱着游戏态度"玩玩"而已。这种感情信用危机既伤害他人,又降低自己形象。孟子说"诚者,天地之道也;思诚者,人之道也",每个大一新生都应该时刻谨记此道。

（三）校园生活礼仪

1. 课堂礼仪

学生应当提前十分钟到教室;课前向老师问候时要振奋精神,异口同声;如因特殊情况,不得已在老师上课后才进入教室,应在老师允许后,方可进入教室。下课铃声响后,要老师宣布课程结束,学生方可起身,主动说"老师再见",并请老师先行离开教室。不能未等下课,甚至下课铃还未响起就开始收拾学习用具,这是对老师的不尊重,更是对课堂的不尊重。

课堂上要保持安静,不能随便大声讲话或交头接耳。保持课堂安静不是不去回应老师的讲课,而是积极回应老师的讲课内容,这是大学生的一项基本礼仪修养;如果对老师讲的问题没听清楚或没理解,可以举手向老师示意,老师允许后方可起立提问。老师解答后,应回敬"谢谢老师",切忌随意插话。发言时要身体立正,声音响亮,使用普通话。上课时要关掉手机,保持正确的坐姿,不得互相搂抱、拉拉扯扯,课堂上不能吃早饭、吃零食、嚼口香糖等。课堂上要穿着整洁,不能穿拖鞋或袒胸露背的服装,不能戴口罩、墨镜,不能把神圣的课堂变成生活场所。

2. 就餐礼仪

食堂用餐人员比较集中,学生在食堂就餐时应注意遵守就餐礼仪,保证良好的就餐秩序:

(1)就餐时应自觉排队;

(2)就餐时不要先占座;

(3)就餐时注意保持安静;

(4)就餐时不要乱扔废弃物;

(5)用完餐后将餐具放到指定位置;

(6)就餐时不要口含食物与人交谈;

(7)就餐时打喷嚏要掩嘴;

(8)就餐时举止文雅,吃饭应细嚼慢咽。

[**案例**]最好的介绍信:某公司登报招聘一名文职人员,30多人前来应聘。入选的是一位既没有带一封介绍信,也没有任何人推荐的大学刚毕业的小伙子。人问其故,经理解释说:"他带来了许多介绍信啊!他神态清爽,服饰整洁,在门口蹭掉了脚下带的泥土,进门后随手轻轻地关上了门,说明他做事有条不紊、小心仔细;当他看到那位残疾人时就立即起身让座,说明他心地善良、体贴别人;进了办公室,其他人都从我故意放在地板上的那本书上迈过去,而他却很自然地俯身捡起它并放在桌子上;回答我提问时简洁明了、干脆果断,证明他既懂礼貌又有教养,难道这些不就是最好的介绍信吗?"

【探索训练】

校规校纪知晓自测题

快填写以下填空题,看看对校规校纪的知晓情况如何吧。

1. 按照《普通高等学校学生管理规定》,对违纪学生给予的纪律处分,分为五种:① _____;② _____;③ _____;④ _____;⑤ _____。

2. 由他人代替考试、替他人参加考试、组织作弊、使用通信设备作弊及其他作弊行为严重的,学校可以给予_____处分。

3. 学生无故旷课,累计超过某门课程教学时数_____者,不得参加本课程的考核,所学课程必须重新学习,重新学习费用由本人支付。

4. 学生一学期内无故旷课累计达_____学时的,给予警告处分;达_____学时的,给予严重警告处分;达_____学时的,给予记过处分;达_____学时的,给予留校察看处分;达_____学时及以上,或未经请假连续_____周未参加教学活动的,作自动退学处理。学生一学年内有无故旷课现象的,取消评优评先资格。

5.《江苏大学生文明公约》的具体内容,你知道吗?
_____
_____

校园学习生活面面观

你在生活和学习中遇到以下问题,会如何去处理和解决呢?

1. 老师是我们成长路上的引路人,我们该如何对待老师,与老师沟通,增进与老师的感情? 如何正确处理好师生关系,解决师生矛盾?

_____

_____

2. 受到老师的误解怎么办? 如何正确对待老师的批评。

_____

3. 检查自身在日常生活和学习中有哪些做得不到位的地方。

_____

3. 读以下两个生活中的小案例,如果是你,你会怎么做?

(1) 营销专业的学生刘俊和张鹏去某学校英语教研室做问卷调查遇到尴尬,有两位教师不配合。指导教师了解情况时得知,刘俊和张鹏没有敲门就进入办公室。两位老师说马上要去开会,大约40分钟后回来再填写,刘俊和张鹏不想再跑一次,于是刘俊急忙拉住老师说,就耽误几分钟时间,希望现在帮忙填写。张鹏叫错了两位老师的姓氏,刘俊拉老师的时候匆忙间又抬手打翻了桌上的水杯。两人不知所措,尴尬地退出了办公室。请问,他们两人有什么失误? 如果是你,该如何补救?

_____

_____

(2) 李翔是一所重点大学的学生,他举止大方、稳重,待人彬彬有礼。然而,他从不外露自己的真情实感,与别人往来也仅是点头之交,由于他城府颇深,做事滴水不漏,让人觉得只可远瞻不可近观。三年大学生活中,他感觉自己几乎没有朋友,每当课余同学们成群结队娱乐嬉戏的时候,他便独处一隅,像个局外人。他需要朋友,但他总觉得很奇怪,为什么别人不接纳他。李翔好像没有做错什么,你怎么认为呢?

_____

_____

【拓展阅读】

宿迁学院校园十箴规①

"箴(zhen)言以劝勉,规矩成方圆"。《宿院学子十箴规》既是对我校学生基本行为规范的明确要求,也是劝学劝进、鼓励学子成人成才的励志语录。十条箴规涵盖品德修养、遵章守纪、学习指导、生涯指要等多个方面,以劝勉为主,辅以警示,导向鲜明、针对性强,且文字简要、合

---

① 宿迁学院官方微信公众号.宿院青年.sqxytw.2015 - 10 - 10.

辙押韵、便于记诵。希望广大同学将十条箴规诵于口、铭于心、践于行，从我做起、从现在做起，修身立德、强化自律、精进学业，立志成才。

1. 遇到老师问声好，做人感恩最重要

尊敬师长，是中华民族的传统美德，也是大学生必须具备的基本修养。见到老师，主动问好，既显得自己彬彬有礼，又让老师感受到一份尊重，更拉近了师生之间感情距离，何乐而不为？一声真心的问候、一个会心的微笑，传递的是感念师恩的情怀，营造的是师生和融的温馨。滴水之恩，涌泉相报！让我们在敬爱师长的同时，永葆一颗感恩之心，感恩辛苦养育我们的父母，感恩培育我们成长的老师，感恩与我们朝夕相伴的同窗，感恩每个帮助过我们的朋友，进而感恩自然，感恩社会，让感恩成为我们源自内心的自觉修为，成为滋养我们精神家园的丰富营养，成为一种时代风尚。

2. 人际和谐互谦让，班舍文明齐打造

和谐的人际关系是健康成长与快乐生活之源。我们生活在大学校园，分属于不同集体，处理好各种关系尤为重要，而谦让则是处理好人际关系的良方。谦让是一种生活准则，也是一种生活智慧。它包含着对他人的理解、宽容和尊重，也包含着对自己的严格要求和自我克制。谦让是当代大学生应当具备的品质。克服自我中心，尊重他人存在，以善意和礼貌对待别人，谦让为先、真诚待人，做一名谦恭礼让的君子，就一定会受到别人的尊重和喜爱，也一定会成为人脉资源丰富、人际关系良好的成功者。推而广之，大到学校、班级，小到宿舍，如果人人恭敬谦让，就能建立和谐融洽的人际关系，进而形成健康文明的良好风气，实现和谐发展、共同进步。

3. 教室会场图书馆，手机静音环境保

公共场所手机静音，体现的是对他人的尊重、对秩序的遵守、对公德的遵从，看似小事，却能折射出一个人的基本素质。在手机普及的当下，"手机素质"往往代表你的文明素养。文明使用手机和各类电子产品，应该成为我们大学生的自觉追求。当下，公共场所手机静音，上课之时不刷微信，不迷恋手机游戏，不沉溺网络聊天，对很多同学而言，仍然是说起来容易做起来难的事情。希望同学们"役物而不役于物"，让手机、电脑等电子产品和互联网服务于自己的学习与

生活,帮助自己提高学习效率,管理各类事务,而不能反为手机、电脑所控,影响学习,甚而玩物丧志,荒废学业。

4. 迟到早退和旷课,恶小累积比山高

从幼儿园开始,上学不迟到、不早退、不旷课的规矩就已经耳熟能详。然而知易行难,进了大学,这几条规矩仍在老生常谈。放眼当今大学校园,"翘课"现象仍然屡见不鲜,个别同学甚至是"选修课必逃,必修课选逃"。殊不知,经常迟到、早退、旷课,既是对自己学业的不负责,也是对老师和其他同学的不尊重。影响的是自己的学业,损伤的是别人的尊严,是个人修养问题,更是学习纪律问题。我校学籍管理规定十分明确:迟到、早退两次即算旷课 1 节,旷课 10 学时警告,20 学时严重警告,30 学时记过,40 学时留校察看,50 学时以上就算自动退学。因此,迟到早退和旷课,看似"小恶",日积月累,亦会铸成人生大错。希望广大同学自觉遵守学习与生活纪律,按照规定时间起床、锻炼、就餐、上课和参加各项活动,只争朝夕的态度去书写自己光阴的故事。

5. 违章用电危害大,夜不归宿险如刀

安全关乎生命,责任重于泰山。安全不保,何谈教育? 安全是"易碎品",需要我们每一名师生共同呵护。牢固树立安全第一,防范为先的安全意识,自觉遵守各项安全管理规定是对自己也是对他人的生命负责。违章用电、用火极易造成人身伤害和消防安全事故,学校已经明令禁止,广大同学必须严格遵守,做到坚决不使用、不存放禁用电器,不在宿舍内使用明火和私拉乱接电源,同时要注意日常用电安全,自觉防范各种安全隐患。夜不归宿不仅是危及大学生人身安全的隐患,更影响学校风气,一经发现,将给予严重警告处分。希望广大同学自觉遵守就寝纪律,严格遵守宿舍管理相关规定,养成良好的生活习惯,对自己的安全负责,让家长和老师放心。

6. 考试作弊和斗殴,违法乱纪不可饶

多年来,考试作弊屡禁不绝,成为校园"顽症",已经引起国家的高度重视。针对考试作弊的行为,全国人大修订了《刑法》,2015 年 11 月 1 号起,在国家考试中作弊有可能被判刑,这对于净化考试环境,提升个人诚信度,树立良好社会风气有重大意义。办学以来,我校始终坚持以严格的考风建设促进优良学风形成,对学生考试违纪有十分严格的规定:考试作弊即给予留校察看处分,严重作弊将开除学籍,作弊者终将付出沉痛代价。希望广大同学恪守考试纪律,从考

试不作弊做起,走正直诚信的道路,做问心无愧的学子。大学校园另一容易触犯法律的行为是打架斗殴。大学生年轻气盛,血气方刚,容易冲动,遇到问题往往缺乏冷静的思考,与他人发生矛盾,轻则恶言相向,重则拳脚相加,甚至于拉帮结派打群架,这些都是十分危险的行为。希望同学们以和善之心对待同学、对待他人,以责人之心责己,以恕己之心恕人,用积极的态度与合理的沟通来解决矛盾与纠纷,否则一时的冲动可能丢掉前程,甚至触犯刑律。请你们记住:冲动是魔鬼,和善永平安。

7. 生涯规划定目标,就业创业与深造

凡事预则立,不预则废,成功永远属于有准备的人。一个人要想取得成功,必须提前规划好自己人生。有了明确的方向,才有追求的目标,也才有前进的动力。希望同学们尽早确立自己的目标定位,设计好大学四年的发展路线图。毕业之后是继续学习深造还是选择就业、创业? 在入学的第一天就应该思考。然后,围绕总体目标,再对大一到大四每个学年、每个学期进行分段规划。只要按照设定的"路线图"一步一个脚印、坚定不移地向着目标迈进,一定会学有所成,到达成功的彼岸。

8. 英语四级大一过,成功考研路不遥

四级英语与能否取得学位关联,是本科生必须取得的一张"通行证"。尽早通过四级英语,不仅可以帮助自己树立自信,还可以腾出更多时间学习专业知识,所以,我们提倡同学们趁热打铁,大一时就能考过四级。也许有些同学觉得,从小学到高中十年寒窗苦读,进了大学之门可以松口气了,其实这是一种危险信号。因为,"松口气"意味着你就会"松把劲","松把劲",你的学业就可能"拖后腿"。对于立志考研同学而言,外语是必考课程,大一时通过英语四级,可为自己的考研生涯打好基础,有利于向更高的目标迈进。众所周知,大学毕业生就业形势日趋严峻,诸多行业和用人单位都将用人"门槛"提到了研究生,学校鼓励更多的同学考研,目的是为了提升同学们的就业竞争力。希望同学们面对现实,志存高远,刻苦学习,积极备考,提升学历层次,追逐人生梦想。

9. 绝不挂科是底线,全面发展是王道

大学教育早已告别"60分万岁"的时代。大学四年,即使所学课程全部勉强及格,达到毕业最低要求,最后也未必能取得学位,因为学位授予还有明确的绩点要求。而考试挂科更将直接影响学业,学籍管理规定,累计不及格课程达15个学分及以上者,给予"学业警告",达30个学分就要留级,即使重修或补考通过,也会影响你其他课程的学习;而补考不通过,则直接影响毕业与今后就业。同学们绝大多数都是独生子女,父母把全部的希望都寄托在你们身上,你们的学业时刻牵动着父母的心。希望同学们珍惜大学四年光阴,把主要精力放在读书学习上,确保顺利完成大学学业,做到对自己负责,对家庭负责。与此同时,要以全面提升自身综合素质

为目标,积极参加丰富多彩的校园文化活动,培养自己各方面的能力,做到全面发展,一专多能,为将来走向社会,驰骋职场打下坚实基础。

10. 大学四年莫虚度,成人成才传捷报

大学四年看似漫长,其实转瞬即逝。如果浑浑噩噩,做一天和尚撞一天钟,四年光阴就会在不知不觉中悄悄溜走。大学不同于中学,没有了老师的耳提面命,没有了题海战术,学习的自主性很强,完全靠自律、自觉。"业精于勤而荒于嬉",当今世界诱惑太多,许多名牌大学每年都有少数学生沉溺网络游戏而荒废学业,中途退学或者毕不了业,给他们的人生留下难以弥补的遗憾,希望同学们引以为戒。青春是美好的,对于大学生来说,荒废学业就是荒废青春。希望大家经得起诱惑,耐得住寂寞,潜心于学习,不断充实自我,为未来人生打下坚实基础。水激石则鸣,人激志则宏。希望同学们把挥洒汗水的青春播种在宿迁学院,最终收获你成功的梦想,用自己无悔的青春向家长、向老师、向母校交上一份满意的答卷!

【经典推荐】

影片:《少年犯》

《少年犯》是由深圳影片公司于1985年1月1日推出的一部故事片,该片由张良、王静珠执导,沈光伟、朱曼芳、蒋健、陆斌等人主演。该片是一部描写少年犯罪份子在学校般的监狱生活中,在"教育、感化、改造"的政策指导下走上正路的故事。影片采用监狱实景拍摄,选了十八名犯罪少年做演员,以纪实风格的写实主义手法逼真地再现了少年犯服刑、改造的生活,提醒人们重视犯罪少年的心理变化和生活环境,增强人们的社会责任感。影片采用实景拍摄,启用少年犯来扮演少年犯,具有强烈的纪实色彩和震撼力。

书籍:《大学生礼仪》①

《大学生礼仪》是知名礼仪专家金正昆先生特意为国内大学生所编写的一本礼仪教材。该书分为四章,约30万字,具体涉及私人礼仪、公共礼仪、应酬礼仪、交往礼仪等当代人所难以回避的各类实际的礼仪问题。它兼具权威性、系统性、知识性、趣味性与可操作性,重视理论联系实际,注重照顾当代大学生的特点,实例丰富。

---

① 金正昆.大学生礼仪[M].北京:中国人民大学出版社,2014.

专题二

大一生活　更精彩

大学的精彩生活,对于大一新生来说,面临着几项重要任务,需要平心静气来梳理。这些任务包括军训、英语、计算机等级考试、申请加入党组织、参加学生组织和社团等。各项任务各有侧重,也是大学必修课,这些内容基本上涵盖了大一阶段对大家的所有要求,也可以理解为大一阶段我们所要完成的任务与目标。

模块一　认真军训　培养好习惯

军事训练,简称军训,是新生完成入学报到后面临的大学第一课,是大学生转换角色的起点。军训的内容包括军事理论教学和军事技能训练,本专题里介绍的军训特指军事技能训练,训练的主要内容包括内务整理、队列动作、军体拳、军训成果汇报等环节。

新生报到入学后,每个人都必须接受两至三周左右的军训必修课,早起、站军姿、踢正步、齐步与正步转换、整理内务,高强度的训练,紧凑的训练日程安排,对于每位新生都是一次身心的双重磨炼。

【想一想】

1. 你觉得大学生军训对于形成班级凝聚力有什么作用?

2. 你觉得军训中应该增加哪些活动?

3. 你对在高温下进行大运动量的军事训练有何看法?

【知识链接】

▶ 一、军训的目的

很多大学新生对于军训感到困惑,不能理解为什么要进行军训,更有甚者会在军训期间以各种理由逃避训练。因此,我们必须先明确一下军训的目的与意义,以加深对军训的理解,端正军训的态度。

通过组织学生军训,可以增强国防观念和国家安全意识,进行爱国主义、集体主义和革命英雄主义教育,有利于对学生进行爱国主义教育与国防教育。爱国主义教育是贯穿于整个大学生军训的主旋律,更是军训中思想政治教育的主题。通过军训,大学生了解了我国的国防知识,清楚了我国国防面临的安全形势,更为深切地感受到作为一名中国公民的责任,这些都有利于增强大学生的爱国主义观念和民族忧患意识。

通过军训可以增强学生的组织纪律观念,培养艰苦奋斗的作风,提高学生的综合素质,有助于学生养成良好的生活学习习惯,这种良好习惯的养成不论是对大学生活还是以后走上社会,都是一笔宝贵的财富。高强度的训练项目与严格的组织纪律培养和磨练了大学生顽强、自制和坚韧不拔的优良意志品质。这种意志品质不但能有效地克服大学四年中学习、工作、生活中的难题,激励青年大学生在奋发、成才之路上努力攀登,而且为其踏上工作岗位、走上社会奠定了良好的基础。尤其是在今天这种优胜劣汰、竞争激烈的市场经济环境中,健全的人格、良好的意志品质成为我们正确把握人生航向,迎着狂风巨浪向理想目标迈进的必要条件。

一般军训时都是以班级为单位,通过军训可以让新生迅速相互熟悉,并且在为了集体荣誉而共同努力的过程会增加班级的凝聚力。在这个过程中,集体主义、纪律观念悄然树立,有助于推动良好校风、系风、班风的形成。

二、军训前准备

军训是磨练一个人意志品质的良好途径,大学生有参加军训的机会,应该好好把握住机会,认真迎接自己的大学第一课。古语有云,有备无患,对于这堂大学第一课我们还是要做好各种准备的。

1. 思想准备

第一,端正态度,正确认识军训的意义与目的。军训既是国家发展与国防建设的需要,也是大学生提高自身综合素质,实现自我发展的需要,因此,每位参训学生都要以积极、认真的态度参与到军训工作之中。

第二,树立信心,培养自己吃苦耐劳的精神。军训过程对于参训学生身心都是一次严峻的考验,其中的艰苦性是不言而喻的,每位参训学生要树立克服困难的信心与决心,培养吃苦耐劳、不怕挫折的坚毅品质。

2. 物品准备

第一,防暑防蚊物品。由于军训时正值九月,气温基本上还是比较高的,再加上大家军训服装基本是长衣长裤,所以,一定要准备好一些常用的防暑药品。同时,晚上蚊子一般还比较猖獗,所以驱蚊药品也不可遗漏。防蚊防暑药品尽量选择小巧易随身携带的,方便随时取用。

第二,防晒物品。这点更是非常重要,每年军训都有不少同学晒伤,所以一定要做好防晒准备,不止女生,男生也要做好防护。一般出门前半小时就要涂上防晒霜,因为吸收也需要一定的时间,最好能随身携带防晒霜,每隔两、三个小时涂抹一次。

第三,常用药品。军训期间,由于劳累,很多同学都会生病,因此要提前准备些常用药,比如治疗伤风感冒的、肠胃不适的、腹泻的药品,除此外治疗各种皮肤不适的药膏、治疗跌打疼痛的膏药或喷剂也要准备,以备不时之需,另外,由于军训期间每天要高喊口号,润喉片也可以随身携带。

第四,其他生活用品。准备一个水杯是必需的,因为军训期间,水分流失较多,一定要注意及时补充水分;一双合脚舒适的运动鞋也是必不可少的,否则每天高强度的队列训练脚上起泡不可避免。

第五,量力而行。军训前,要充分了解自己的身体状况,如果有特殊病史不适应参加军训的,一定要提前告知辅导员或者教官,以防发生意外。军训过程中,如果身体出现不适,比如头晕、眼花、胸闷,不要硬撑,一定要及时报告教官,在军训现场,都会有医务室值班医生,如身体有不适症状,可以及时去诊疗。

军训是大学国防教育的一个重要环节,通过军训严格的训练提高学生的政治觉悟,激发爱国热情,发扬革命英雄主义精神,培养艰苦奋斗,刻苦耐劳的坚强毅力和集体主义精神,增强国防观念和组织纪律性,养成良好的学风和生活作风。

【探索训练】

我的军训生活

原来我认为的军训	
实际我经历的军训	
我最大的收获	
我最大的改变	
我的军训小结	

【拓展阅读】

大学生应征入伍政策①

为了适应新时期国防和军队现代化建设的需要,贯彻实施人才强军、科技强军战略,党中央、国务院制订了大学生应征入伍的战略决策,各高校也鼓励有志青年去军营历练,大学生应征入伍已成为大学生成长成才的新途径。

一、大学生应征入伍的步骤

1. 网上报名阶段:2月—6月,登录"全国征兵网"进行预征报名,网址:http://www.gfbzb.gov.cn/,打印《应届毕业生预征对象登记表》(以下简称《预征登记表》)及存根(一份),同时打印《应征入伍高校毕业生补偿学费代偿国家助学贷款申请表》(以下简称《补偿代偿申请表》)。

2. 初检初审阶段:6月底前,网上报名通过的学生参加当地县级兵役机关会同高校组织的政治初审和身体初检。学生参加初审初检时,将《预征登记表》及存根、《补偿代偿申请表》交给初审初检工作人员。初审初检合格的学生,确定为预征对象,高校所在地县级兵役机关在网上进行预征对象同步确认,并配合高校把审核签字盖章后的《预征登记表》和《补偿代偿申请表》发还给学生本人,作为优先征集的凭证。

3. 复审应征阶段:10月底前,被确定为预征对象学生到生源地、县级兵役机关报名应征。县级兵役机关逐一通知生源地预征对象关于报名时间、地点、注意事项等,按照有关规定实施优先征集。

4. 审批定兵阶段:12月底前,优先批准体检、政审合格的应届毕业生预征对象入伍。确定入伍后,由县级资助中心通过机要人员将《补偿代偿申请表》寄回毕业学校,学校再上报省级学生资助管理中心,省级学生资助管理中心负责后续的学费补偿和代偿等工作。

5. 补偿代偿阶段:次年2月后,学校将入伍毕业生补偿学费和代偿国家助学贷款款项汇至指定银行账户或贷款银行。

二、大学生应征入伍的优惠政策

近几年大学生应征入伍人数逐年递增,去军营磨练一番成为很多热血青年的选择,并且,国家对大学生应征入伍有很多优惠政策:

第一,学校应尽可能安排所学课程考试或视平时学习情况给予免试,可以直接确定成绩和学分,并保留学籍到退役后一年内。

第二,对已修完课程和学分,符合毕业条件的,学校可准予毕业。

第三,入伍后,有条件的可以参加原校组织的函授或自学原专业课程,经部队团级单位批准,可以参加学校组织的考试。

第四,学校将积极做好入伍大学生退出现役后的复学工作,保证退役大学生能够及时复学。对原就读学校撤销的,由省教育行政部门安排转入同等学历相关专业高等学校复学;原所学专业撤销的,由学校安排转入其他专业复学;个别学习有困难的,可以申请延长学习时间;对

---

① 来源全国征兵网:http://www.gfbzb.gov.cn/.

专科升本科、本科报考研究生的,在同等条件下优先录取。在部队荣立三等功以上奖励的,原是本科生的可申请转到本校其他专业学习,原是专科生的可以免试转入本校同专业或相近专业的本科学习,属独立设置的专科学校的专科生,由学校报省教育行政部门负责安排。荣立二等功以上奖励的,所学本科专业毕业后,可免试保送所学专业研究生。

第五,对批准入伍的在校大学生服役期间,家属享受军属待遇,并由其入学前户口所在地人民政府按照本地区有关义务兵家属优待的规定给予优待。退出现役后,不愿复学的大学生,由入学前户口所在地的退伍军人安置机构负责接收,并按照城镇退役士兵的有关规定落实安置政策。如是应届毕业生入伍,则另补贴大学期间学费(或代偿助学贷款),每人每年最高6000元。毕业生在校期间每学年实际缴纳的学费或获得的国家助学贷款本息高于6000元的,按照每年6000元的金额实行补偿或代偿。高校毕业生在校学习期间每年实际缴纳的学费或获得的国家助学贷款本息低于6000元的,按照学费和国家助学贷款本息两者就高额原则,实行补偿或代偿,这样就相当于免费上大学。

【经典推荐】

书籍:《孙子兵法》①

古典名著犹如世代相传的火种,它点亮了人类的智慧和情感。古典名著阅读无障碍本,是通过我们对古典名著的解读、注音、注释、翻译等,让广大的一般读者在阅读过程中,减少一些学习古代经典的障碍,让其在较短的时间里穿透深邃的历史时空,和古人的心灵相接、相励。

《孙子兵法》是中国现存最早的最有价值的军事典籍,成书于春秋末期。相传为春秋末吴国将军孙武所撰。该书总结了春秋时代的战争经验,强调"慎战"等军事思想,揭示出战争的本质和一些重要规律,对后世的政治、军事、哲学思想产生了巨大影响,历来被称为"兵经",其著者孙武则被尊为"兵圣"。该书流传已两千多年,从17世纪开始陆续有多种外文译本面世,至今它依然在全世界产生着广泛而深刻的影响。

本书由多年从事古代军事理论研究的中国人民大学历史系教授黄朴民译注。黄教授认为孙子兵法最根本的特点,就是从哲理的层面来观察战争现象,探讨和揭示战争的一般规律,提出了一系列指导战争的具体方法。黄朴民教授说:"我觉得《孙子兵法》的意义,不完全在它兵法的本身,它始终在提醒大家怎么来对待问题,怎么来把握战争的机遇,怎么来赢得战争的胜利,它是提醒你,它不断在提醒,不断让人们去思考,不断给大家留下一种探索的空间"。

---

① 孙武著,黄朴民译注.孙子兵法[M].长沙:岳麓书社,2011.

纪录片:《我的抗战》

由崔永元团队历时 8 年制作,有媒体把这部片子形容成"崔永元的泣血之作",他的团队在制作该片的过程中共采访了 3500 余位亲历战争的老人,拍摄超过 300 万分钟的素材,这其中不少老人已先后离世,90%的人可能是毕生首次接受采访,也是最后一次。《我的抗战》口述历史的表达最大限度还原了战争的原貌,让时下的年轻人重温 60 多年前的抗战,并为我们的祖国而自豪,为伟大的民族精神而感动。

模块二 学好英语 通过计算机

结束了为期两至三周的军训,同学们将正式开始大学的学习生活,除了正常的课程考试之外,大家还要面临着一些社会公共考试,比如英语四、六级考试、计算机等级考试,托福、雅思考试,以及其他一些职业资格认证考试。其中,英语四级、计算机二级是必须要通过的,少部分专业通过计算机一级,一方面,这是大部分高校毕业生授予学士学位的必要条件,另一方面,即使个别高校规定学位授予不与英语四级、计算机二级挂钩,但是面临严峻的就业形势,通过英语、计算机等级考试也是一个大学毕业生最基本的要求。下面将给大家介绍英语四级考试与计算机等级考试的相关内容,以期让大家能对这两项大学必过等级考试有所了解。

【想一想】

1. 你了解英语等级与计算机等级考试的相关常识吗?

2. 你认为通过这些等级考试的意义是什么?

3. 对于通过这些等级考试你是否能制定学习计划并付诸实施?

【知识链接】

一、英语四级

大学英语四级考试,即 CET - 4,College English Test Band 4 的缩写,是由国家教育部高等教育司主持的全国性教学考试。考试的主要对象是根据教育大纲修完大学英语四级的在校大学本科生或研究生。大学英语四、六级标准化考试自 1986 年末开始筹备,1987 年正式实施。

就所测试的语言能力而言,试点阶段的四级考试由听力理解、阅读理解、写作和翻译三个部分构成。

（一）听力理解

听力理解部分考核学生获取口头信息的能力，包括理解主旨大意、重要事实和细节、隐含意义，判断话语的交际功能、说话人的观点、态度等。听力理解部分考核的技能是：

1. 理解中心思想和重要细节

（1）理解中心思想；

（2）听懂重要的或特定的细节；

（3）判断说话人的观点、态度等。

2. 理解隐含的意思

（1）推论隐含的意义；

（2）判断话语的交际功能。

3. 借助语言特征理解听力材料

（1）辨别语音特征，如从连续的话语中辨别语音、理解重音和语音语调等；

（2）理解句间关系，如比较、原因、结果、程度、目的等。

大学英语四级考试听力理解部分要求考生达到《教学要求》中的一般要求，即"能听懂英语授课，能听懂日常英语谈话和一般性题材讲座，能基本听懂慢速英语节目，语速为每分钟 130 词左右，能掌握其中心大意，抓住要点，能运用基本的听力技巧帮助理解。"

（二）阅读理解

阅读理解部分考核学生通过阅读获取书面信息的能力，包括理解主旨大意、重要事实和细节、隐含意义，判断作者的观点、态度等。阅读部分考核的技能是：

1. 辨别和理解中心思想和重要细节

（1）理解明确表达的概念或细节；

（2）理解隐含表达的概念或细节（如总结、判断、推论等）；通过判断句子的交际功能（如请求、拒绝、命令等）来理解文章意思；

（3）理解文章的中心思想（如找出能概括全文的要点等）；

（4）理解作者的观点和态度。

2. 运用语言技能理解文章

（1）理解词语（如根据上下文猜测词和短语的意思）；

（2）理解句间关系（如原因、结果、目的、比较等）；

（3）理解篇章（如运用词汇及语法承接手段来理解篇章各部分之间的关系）。

3. 运用专门的阅读技能

（1）略读文章，获取文章大意；

（2）查读文章，获取特定信息。

大学英语四级考试阅读理解部分要求考生达到《教学要求》中的一般要求，即"能基本读懂一般性题材的英文文章，阅读速度达到每分钟 70 词。在快速阅读篇幅较长、难度略低的材料时，阅读速度达到每分钟 100 词。能基本读懂国内英文报刊，掌握中心意思，理解主要事实和有关细节。能读懂工作、生活中常见的应用文体的材料。能在阅读中使用有效的阅读方法。"

（三）写作和翻译

写作和翻译部分考核学生用英语进行书面表达的能力。写作部分要求考生用英语进行短文写作，思想表达准确，意义连贯，无重大语法错误；翻译部分要求考生用正确的语法结构和符合英语习惯的表达，将单句中的汉语部分译成英语。写作部分考核的技能是：

1. 思想表达

（1）表达中心思想；

（2）表达重要或特定信息；

（3）表达观点、态度等。

2. 篇章组织

（1）围绕所给的题目叙述、议论或描述，突出重点；

（2）连贯地组句成段，组段成篇。

3. 语言运用

（1）运用恰当的词汇；

（2）运用正确的语法；

（3）运用合适的句子结构；

（4）使用正确的标点符号；

（5）运用衔接手段表达句间关系（如对比、原因、结果、程度、目的等）。

4. 写作格式

大学英语四级考试写作部分要求考生达到《教学要求》中的一般要求，即"能完成一般性写作任务，能描述个人经历、观感、情感和发生的事件等，能写常见的应用文，能就一般性话题或提纲在半小时内写出至少 120 词的短文，内容基本完整，用词恰当，语意连贯。能掌握基本的写作技能。"

在四级考试中未将翻译作为一个独立的技能进行考核。翻译部分主要考核学生运用正确的词汇和语法结构并按英语习惯表达思想的能力。

（四）关于词汇和语法结构

大学英语四级考试中，词汇和语法知识将融入各部分试题中，不再单独列项考核。要达到大学英语四级考试所考核的各项技能要求，考生掌握的词汇量应达到 4500 个单词和 700 个词组（见《教学要求》参考词汇表）。

二、计算机等级考试

在大学必考证书里，除了英语四级之外，就是全国计算机等级考试（National Computer Rank Examination，简称 NCRE），是经原国家教育委员会（现教育部）批准，由教育部考试中心主办，面向社会，用于考查应试人员计算机应用知识与技能的全国性计算机水平考试体系。

此项考试根据各个工作岗位应用计算机的不同，分为以下四个等级：

一级：操作技能级。考核计算机基础知识及计算机基本操作能力，包括 Office 办公软件、图形图像软件。考试科目包括计算机基础及 MS Office 应用、计算机基础及 WPS Office 应用、计算机基础及 Photoshop 应用，一共三个科目。考核微型计算机基础和使用办公软件及因特网的基本技能。

二级：程序设计、办公软件高级应用级。考核内容包括计算机语言与基础程序设计能力，要求参试者掌握一门计算机语言，可选类别有高级语言程序设计类、数据库程序设计类、Web 程序设计类等；二级还包括办公软件高级应用能力，要求参试者具有计算机应用知识及 MS Office 办公软件的高级应用能力，能够在实际办公环境中开展具体应用。考试科目包括语言程序设计类（C、C＋＋、Java、Visual Basic、Web）、数据库程序设计类（Visual FoxPro、Access、MySQL）、办公软件高级应用（MS Office 高级应用）九个科目。

三级：工程师预备级。三级证书面向已持有二级相关证书的考生，考核面向应用、面向职业的岗位专业技能。考试科目包括网络技术、数据库技术、软件测试技术、信息安全技术、嵌入式系统开发技术共五个科目。

四级：工程师级。四级证书面向已持有三级相关证书的考生，考核计算机专业课程，是面向应用、面向职业的工程师岗位证书。考试包括网络工程师、数据库工程师、软件测试工程师、信息安全工程师与嵌入式系统开发工程师五个考核项目。

［案例］小宇与小辉是金融专业的同班同学，两人高中时就是校友，关系一直很好。刚进大学时，两人就约定一起努力，不荒废宝贵的大学时光，提高自己的综合素质，争取毕业时能找到自己理想的工作。可是，随着时间的推移，小辉逐渐放松了对自己的要求，认为只要不挂科就行了，没必要在学习上花费太多时间，于是小辉的课余生活基本上都被各种娱乐与休闲活动占据。小宇却牢牢记住辅导员开班会时讲的话，学会时间管理，合理安排学习与休闲的时间，争取一次性通过英语四级，要不以后会越考越没有信心。于是，小宇除了一些必要的集体活动之外，其余时间都埋头学习，第一次英语四级考试后，小宇顺利通过，而小辉却没能通过。之后通过四级的小宇开始着手准备英语六级、计算机二级和一些专业资格证书，而小辉却依然在复习四级，思想上也承受着很大的压力。在经历了各种辅导班与四次考试煎熬后，终于在大三上学期通过四级，而这时的小宇已经通过了英语六级、计算机二级、会计从业资格证、初级会计等各种考试，小辉却还要准备计算机二级，根本无暇顾及其他。毕业时，小宇凭借着较高的综合素质，很顺利被上海一家大型证券公司录取，而小辉最终却因为没有计算机二级证书而没有拿到学位证书，在竞争激烈的求职市场一无所获，最终在父母多方找人后才进入一家小企业。

【探索训练】

这是 2015 年 12 月份英语四级考试真题 Section C 仔细阅读部分，测试一下吧。

Section C

Directions：There are 2 passages in this section. Each passage is followed by some questions or unfinished statements. For each of them there are four choices marked A），B），C），and D）. You should decide on the best choice and mark the corresponding letter on Answer.

Passage One

Questions 56 to 60 are based on the following passage.

When it's five o'clock, people leave their office. The length of the workday, for many workers, is defined by time. They leave when the clock tells them they're done.

These days, the time is everywhere: not just on clocks or watches, but on cell-phones and computers. That may be a bad thing, particularly at work. New research shows that clock-based work schedules hinder morale (士气) and creativity.

Clock-timers organize their day by blocks of minutes and hours. For example: a meeting from 9 a.m. to 10 a.m. research from 10 a.m. to noon, etc. On the other hand, task-timers have a list of things they want to accomplish. They work down the list, each task starts when the previous task is completed. It is said that all of us employ a mix of both these types of planning.

What, then, are the effects of thinking about time in these different ways? Does one make us more productive? Better at the tasks at hand? Happier? In experiments conducted by Tamar Avnet and Anne-Laure Sellier, they had participants organize different activities-from project planning, holiday shopping, to yoga-by time or to-do list to measure how they performed under "clock time" vs "tasktinge." They found clock timers to be more efficient but less happy because they felt little control over their lives. Task timers are happier and more creative, but less productive. They tend to enjoy the moment when something good is happening, and seize opportunities that come up.

The researchers argue that task-based organizing tends to be undervalued and under-supported in business culture. Smart companies, they believe, will try to bake more task-based planning into their strategies.

This might be a small change to the way we view work and the office, but the researchers argue that it challenges a widespread characteristic of the economy: work organized by clock time. While most people will still probably need, and be, to some extent, clock-timers, task-based timing should be used when performing a job that requires more creativity. It'll make those tasks easier, and the task-doers will be happier.

56. What does the author think of time displayed everywhere?

A. It makes everybody time-conscious.

B. It is a convenience for work and life.

C. It may have a negative effect on creative work.

D. It clearly indicates the fast pace of modern life.

57. How do people usually go about their work according to the author?

A. They combine clock-based and task-based planning.

B. They give priority to the most urgent task on hand.

C. They set a time limit for each specific task.

D. They accomplish their tasks one by one.

58. What did Tamar Avnet and Anne-Laure Sellier find in their experiments about clock-timers?

A. They seize opportunities as they come up.

B. They always get their work done in time.

C. They have more control-over their lives.

D. They tend to be more productive.

59. What do the researchers say about today's business culture?

A. It does not support the strategies adopted by smart companies.

B. It does not attach enough importance to task-based practice.

C. It places more emphasis on work efficiency than on workers' lives.

D. It alms to bring employees' potential and creativity into full play.

60. What do the researchers suggest?

A. Task-based timing is preferred for doing creative work.

B. It is important to keep a balance between work and life.

C. Performing creative jobs tends to make workers happier.

D. A scientific standard should be adopted in job evaluation.

参考答案:56. C 57. A 58. D 59. B 60. A

【拓展阅读】

英语四级考试相关基本常识①

1. 考试时间:大学英语四级考试一年两次,上半年一般在 6 月的第二个或第三个周六,下半年一般在 12 月的第二或者第三个周六,时间相对固定。

2. 报名时间:每年 6 月份的考试会在当年的 3 月中下旬开始报名,12 月份的考试会在 9 月中上旬开始报名。报名时学校会下发通知,以班级为单位集体报名。

3. 考试题型及所占分值:包括四大题型,即作文、听力、阅读理解、翻译,满分为 710 分,425 分以上为通过。各题型所测内容、所占分值与考试时长分布如下:

试卷结构	测试内容	测试题型	分值比例	考试时长
作文	作文	短文写作	15%	30 分钟
听力	短篇新闻 3 段	选择题(单选)	7%	40 分钟
	长对话 2 篇	选择题(单选)	8%	
	听力篇章 3 篇	选择题(单选)	20%	

---

① 来源百度百科:http://baike.baidu.com/view/1334440.htm? fromtitle=%E8%8B%B1%E8%AF%AD%E5%9B%9B%E7%BA%A7&fromid=240476&type=search.

续　表

试卷结构	测试内容	测试题型	分值比例	考试时长
阅读理解	词汇理解	选词填空	5%	40 分钟
	长篇阅读	匹配	10%	
	仔细阅读	选择题（单选题）	20%	
翻译	汉译英	段落翻译	15%	30 分钟
总计			100%	130 分钟

【经典推荐】

书籍：《你早该这么玩 EXCEL》[①]

　　本书只教你做两件事：如何设计一张"天下第一表"，你会恍然大悟，以前遇到的种种麻烦是因为做错了表格；如何一分钟"变"出 N 张表，你会明白表格是"变"出来的，不是"做"出来的。还不够！

　　那就再告诉你一个意想不到的史上最荒谬的"三表概念"，帮你建立靠谱的数据管理思路。人人都说，但凡是 Excel 书一定不好啃，可是这本书却拥有三个明显的、强烈的阅读特质，那就是——不用啃，不用啃，确实不用啃。

　　《你早该这么玩 Excel》系列图书连续三年在计算机类书籍排名第一。作者伍昊，外企混七年，绩效全优，电子科技大学特约 Office 培训讲师，曾在西南财经大学 MBA 学院及研究生院开办 Office 专题讲座，擅长讲授 Office 企业实战技巧，Excel 实战精粹，企业信息化管理等，曾任卓越亚马逊全球运营标准化项目经理、流程经理。

美剧：《老友记》

　　《老友记》，英文名《Friends》，又译作《六人行》，是美国 NBC 电视台从 1994 年开播、连续播出了 10 年的一部幽默情景喜剧。本片由柯罗杰导演，华纳兄弟公司出品。整部戏由三男三女共六位俊男美女担纲演出，不时请到明星与设计师等各界名流客串参与，播出以来一直为 NBC 电视网的招牌戏之一。

　　故事主要描述了住在纽约的六个好朋友从相识到后来一起经历了 10 年的生活中发生的一系列故

---

① 伍昊.你早该这么玩 EXCEL［M］.北京：北京联合出版社，2014.

事,朋友间的生活、友谊、麻烦、欢笑、矛盾、爱情、工作等表现得淋漓尽致！他们六个扮演"朋友们"住在纽约市区的公寓中;他们之间的友情、爱情和事业就是这部电视剧的主线,六个人鲜明的个性、幽默的性格使得《六人行》在欧美国家获得了巨大的成功,它已经成了新一代美国青年人的"必看电视剧",也多次刷新了美国晚间档节目的收视纪录。

作为一部受到观众喜爱的情景喜剧,《老友记》的精彩并不仅仅来源于它对生活原生态的再现。据说,在中国最早推行这部电视剧的是一些私立性质的英语学校,因为《老友记》几位演员原汁原味的美式发音以及生活化的对白可以成为学习美语的最好教材。在上海的一所高中里,由于曾用《老友记》的剧本作为学校英语教学的口语教材,使得学生们又重新爱上了英语课。《老友记》更是英语专业学生练习美国口语的"必备教材"。

模块三　向党靠拢　发挥先锋性

高等学校肩负着培养中国特色社会主义事业合格建设者和可靠接班人的重要使命。中共中央、国务院 2004 年《关于进一步加强和改进大学生思想政治教育的意见》中明确指出:要发挥党的政治优势和组织优势,高度重视学生党员发展工作,坚持标准,保证质量,把优秀大学生吸纳到党的队伍中来。向中国共产党党组织靠拢,已成为大多数学生自觉追求的目标。学生党员是大学生中的典范,在青年学生中起着积极向上的模范作用。在学校争取加入党组织,既是党的事业发展的需要,也是青年大学生成人成才的需要。

【想一想】

1. 你是否了解党组织发展是什么?
2. 你是否有加入党组织的意愿?
3. 你了解入党动机吗? 你加入党组织的动机是什么? 是否端正?

【知识链接】

一、端正入党动机

端正入党动机是争取入党的首要问题,入党动机是一个人要求入党的内在原因和真实目的,献身共产主义事业,更好地为人民服务才是唯一正确的入党动机。因为它与党的性质、宗旨、奋斗目标是一致的。只有端正了入党动机,才符合党章规定的党员标准,入党以后,才能发挥一个共产党员应有的作用,从而保证党的先进性和纯洁性,增强党的战斗力。

(一)错误的入党动机

第一种是觉得成为一名党员光荣而要求入党。成为一名党员的确是光荣的,但我们必须看到,共产党员称号之所以光荣,就在于他们以全心全意为人民服务为宗旨,能够为国家和人民的利益不惜牺牲个人的一切。也就是说,共产党员的光荣是与责任、奉献紧密联系在一起的。如果一个人要求入党，只为了荣耀，为了脸面好看，而不准备为共产主义事业做艰苦的工作，那是同共产党员的光荣称号不相称的。

第二种是提出入党申请，并没有认真思考到底为什么要入党。这是一种带有盲目性的入党动机。应当肯定，这些同志提出入党申请，也是一种要求进步的表现。但是，一个人要求入党，应该有坚实的思想基础，明确自己肩负的历史责任，懂得工人阶级彻底解放的道理，决心为实现共产主义事业贡献自己的一切。如果没有这样的思想基础，只是为入党而入党，即使入了党，一遇风浪就会动摇。这样的人是不具备入党条件的。

第三种是为了到党内捞取某种好处而要求入党，这样的入党动机与党的宗旨是相违背的。任何以权谋私的行为，都是党和人民所不允许的。我们党历来主张"立党为公，执政为民"，这是我们党不能动摇的根本原则。因此，怀有到党内捞好处念头的同志，应当自觉克服私心杂念，真正树立起共产主义的世界观和人生观，全心全意地为党和人民勤奋工作，以实际行动来端正入党动机。

（二）如何端正自己的入党动机

第一，认真学习马克思主义理论，努力树立正确的入党动机。一个人入党的动机正确与否，往往同他对共产主义事业和无产阶级政党的认识正确与否、深刻与否有直接关系。马克思主义理论特别是马克思主义的党建理论，科学地阐述了上述问题，只有认真学习这些理论，才能对上述问题有更加明确和深刻的认识。事实也证明，一个人对共产主义事业和共产党有了明确、深刻的认识，他的入党动机才会端正。近几年来，许多申请入党的积极分子加强了以党章为主要内容的学习，包括党的理想、宗旨的学习，党的纲领和社会主义初级阶段基本路线的学习，党员义务和权利的学习。通过学习，进一步提高入党积极分子的思想政治觉悟，对他们树立正确的入党动机起了积极的作用。

第二，通过实践锻炼，不断端正入党动机。马克思主义认识论告诉我们，人们的正确认识，要经过实践——认识——再实践——再认识的过程，并不断循环往复，才能获得。这里最重要的是实践。要求入党的同志仅有入党的迫切愿望还不够，还必须付诸行动，在实践中不断用切身体验来深化对党的认识，从而进一步端正自己的入党动机。

第三，用正确的入党动机克服不正确的入党动机。人的思想活动是比较复杂的。在争取入党的过程中，一个人的入党动机往往既有正确的成分，也会掺杂一些歪曲的东西。只不过有些同志入党动机正确的成分是主要的，歪曲的成分是次要的；而有些同志则是相反。这就要求申请入党的同志主动向党组织靠拢，争取党组织对自己的帮助，通过接受党的教育、实际锻炼和自我思想改造，发扬积极因素，克服消极因素，把歪曲的动机改正过来。

要求入党的同志还应该懂得：端正入党动机不是入党前一时的问题，而是一辈子的事情。有的人虽然组织上入了党，但端正入党动机的问题并没有完全解决；有的入党时动机是端正的，但后来放松了政治学习和思想改造，革命意志衰退了，甚至蜕化变质了。这些同志由于没有树立好或者未能经常保持正确的入党动机，即使组织上入了党，也存在侥幸心理，以权谋私，使自己的党员生涯有了污点。

二、党员发展的一般要求

根据《中国共产党章程》的规定，年满 18 岁的中国工人、农民、军人、知识分子和其他社会阶层的先进分子，承认党的纲领和章程，愿意参加党的组织并在其中积极工作、执行党的决议和按期缴纳党费的，可以申请加入中国共产党。

这是党章上规定发展党员的最基本条件，具体到各高校，都会在此基础上附加上其他条件，比如学习成绩、学生干部任职经历、获奖情况等，详细条件可以参照本校相关条例或规定。

三、党员发展的一般流程

发展党员工作是党的基层组织建设的重要组成部分，在组织发展过程中必须遵循坚持标准、保证质量、改善结构、慎重发展的方针，按照党员发展工作的程序，认真履行手续。关于发展党员工作的程序，在不同时期，随着党的工作重点变化，有着不同要求，现就当前发展党员工作的一般程序分述如下：

（1）自愿提出入党申请，撰写入党申请书。

（2）确定为入党积极分子。入党申请人经审查同意后确定为入党积极分子，填写《入党积极分子考察表》。

（3）进入考察期。考察期一年以上，自党支部确定其为入党积极分子之日算起。

（4）听取党内外群众意见。在考察期近一年，支部准备列为发展对象之前召开座谈会。

（5）确定发展对象。入党积极分子经过一年以上培养教育后，经支委会讨论同意，可列为发展对象。

（6）政治审查。

（7）党校培训。

（8）确定入党介绍人。入党介绍人由两名正式党员担任。

（9）填写入党志愿书。

（10）支委会审查。经讨论认为发展对象合格和手续完备后，即提交支部大会进行讨论。

（11）召开支部大会。与会党员对申请入党人能否入党进行讨论。

（12）组织员谈话。主要了解被谈话人的入党动机、对党的认识和对党的基本知识的掌握情况，帮助其提高对党的认识，指出努力的方向。

（13）党委审批。

（14）支部向本人发出入党通知书。

（15）入党宣誓。

（16）预备期的培养考察。预备期为一年，从支部大会通过预备党员之日算起。

（17）预备期满。考察合格，办理转正手续；考察不合格则延长预备期。

四、入党申请书的书写

（一）入党申请书的内容

（1）本人对党的认识、要求入党的动机和对待入党的态度。

（2）本人的工作、思想、学习和生活情况,对照党员标准找出存在的差距,明确今后的努力方向。

（3）个人自传的基本情况、履历、现实表现和奖励、处分情况及家庭成员、主要社会关系等情况。

（二）入党申请书的格式

（1）标题。居中写"入党申请书"。

（2）称谓。即申请人对党组织的称呼,一般写"敬爱的党组织"。顶格书写在标题的下一行,后面加冒号。

（3）正文。主要内容包括:① 对党的认识、入党动机和对待入党的态度。写这部分时应表明自己的入党愿望。② 个人在政治、思想、学习、工作等方面的主要表现情况。③ 今后努力方向以及如何以实际行动争取入党。

（4）结尾。申请书的结尾主要表达请党组织考察的心情和愿望,一般用"请党组织在实践中考验我"或"请党组织看我的实际行动"等作为结束语。全文的结尾一般用"此致,敬礼"。

申请书要署名和注明申请日期。一般居右书写"申请人×××",下一行写上"××××年×月×日"。

（三）写入党申请书应注意的问题

第一,要认真学习党章,掌握基本精神,加深对党的性质、宗旨、任务、党员的权利、义务等基本知识的理解。

第二,要联系自己的思想实际谈对党的认识和入党动机,不要以旁观者身份一味评论别人。

第三,对党忠诚,向党组织反映真实思想情况。

第四,申请书要写得朴实、庄重,不要追求华丽的辞藻,夸夸其谈。对正文中各部分的内容可根据自己的实际情况掌握。

【探索训练】

大学生入党动机状况调查

大学生的入党已成为大学时期一个重要的组成部分,但是对于入党目的、动机各不相同,不免其中有个别同学歪曲了入党动机,请填写以下问卷,了解一下自己的入党动机,以便更好地向党组织靠拢。

1. 请问你是大几(　　)

A. 大一　　　　　B. 大二　　　　　C. 大三　　　　　D. 大四

2. 你现在的身份是(　　)

A. 中共党员预备   B. 入党积极分子

C. 共青团员   D. 其他群众

3. 倘若你不是党员，你是否想入党（　　）

A. 想   B. 不想

4. 你对党了解吗（　　）

A. 一般了解   B. 非常了解   C. 不了解

5. 你知道入党的条件吗（　　）

A. 知道   B. 不知道

6. 你为什么入党（可多选）（　　）

A. 周围要求入党的同学太多，自己就跟着入党

B. 入党能在评奖评优时特殊加分，而且会在评奖评优时特殊加分，会影响学生鉴定上的德育评定

C. 觉得入党是一种荣誉，这可以让自己在政治上镀金，可以增光添彩

D. 利于自己未来事业的发展，好找工作

E. 直觉上觉得入党是一件非常光荣的事情，是为自己的理想而奋斗的坚实一步

F. 为了不辜负长辈的希望，为了给家人争光

7. 你认为你入党的可能性是多少（　　）

A. 觉得完全不可能   B. 觉得有可能

C. 觉得肯定可以   D. 不确定

8. 你认为你不可能入党的原因是什么（　　）

A. 自己条件不够   B. 自己不感兴趣

C. 党的威信下降   D. 各方面受约束、不自由

9. 在大学期间，你对入党抱着什么样的态度（　　）

A. 觉得很有必要   B. 觉得无所谓   C. 态度不积极

10. 你会在什么样的前提条件下申请入党（　　）

A. 在不损害集体利益兼顾个人利益的前提下

B. 在自己条件符合的前提下申请入党

C. 觉得自己不会排除用其他的方法争取入党

11. 你对周围同学写入党申请书的看法（　　）

A. 追求共产主义信念   B. 追求高尚人格

C. 现实利益的考虑   D. 给自己学习成才创造一个良好的环境

12. 您认为周围大学生党员为同学服务的情况（　　）

A. 为帮助同学，即使牺牲自己的利益也在所不惜

B. 在不损害自己利益的前提下能够经常替同学办事

C. 在不损害自己利益的前提下有时能够替同学办事

D. 很少积极主动的服务、帮助同学

E. 以个人利益为中心，在服务同学方面表现得消极被动

13. 当前许多大学生把入党作为自己以后获取个人好处的一个砝码，你认为他们这种想法正确吗（　　）

A. 正确　　　　　　B. 不正确　　　　　C. 不大正确，但可以理解

14. 你认为周围大学生党员在行为上的先锋模范作用总体发挥得怎么样（　　）

A. 能充分发挥模范作用　　　　　　B. 基本发挥了模范作用

C. 和普通同学没多大差别　　　　　D. 不好，甚至还不如普通同学

15. 目前社会上表现出来的注重追求功名和个人利益的社会风气，你的想法是（　　）

A. 反对，应该加强引导　　　　　　B. 反对，应该加强引导

C. 迷茫，跟传统价值观教育相左　　D. 正常，为自己谋功利没有错

E. 随大流，我也会这样

16. 你认为社会上表现出来的注重追求功名和个人利益的社会风气，对大学生产生功利化的入党动机，如抱着为就业、升迁等个人目的而追求入党，是否存在影响（　　）

A. 影响很大　　　　B. 影响较大　　　　C. 不影响

请结合以上问题的作答情况，及周围同学的作答情况，谈谈自己的入党动机＿＿＿＿＿

＿＿＿＿＿＿＿＿＿＿＿＿＿＿＿＿＿＿＿＿＿＿＿＿＿＿＿＿＿＿＿＿＿＿＿。

发展对象考试模拟试题（节选）

一、填空题

1. 中国共产党的指导思想是＿＿＿＿＿＿、＿＿＿＿＿＿、＿＿＿＿＿、

＿＿＿＿＿＿。

2. 党的纪律处分有＿＿＿＿＿、＿＿＿＿＿、＿＿＿＿＿和

＿＿＿＿＿。

3. 在新时期历史和时代赋予我们党的三大历史使命是＿＿＿＿＿＿＿、

＿＿＿＿、＿＿＿＿＿。

4. 党的三大作风是＿＿＿＿＿、＿＿＿＿＿、＿＿＿＿＿。

5. "科学发展观"的五个统筹：＿＿＿＿＿、＿＿＿＿＿、＿＿＿＿＿、

＿＿＿＿＿。

6. 民主集中制规定的"四个服从"：＿＿＿＿＿、＿＿＿＿＿、＿＿＿＿＿、

＿＿＿。

7. 我们党的最大政治优势是＿＿＿＿，党执政后的最大危险是＿＿＿＿。

8. 预备党员的义务同正式党员一样，其权利除了没有＿＿＿、＿＿＿、＿＿＿外，其他权利同党员一样。

9. 党是根据自己的纲领和章程，按照＿＿＿原则组织起来的统一整体。

10. 党的全国代表大会每＿＿＿年举行一次。党的中央委员会全体会议由中央政治局召集，每年至少举行＿＿＿次。党的地方各级委员会全体会议，每年至少召开＿＿＿次。

11. 党员干部的四化＿＿＿＿＿、＿＿＿＿＿、＿＿＿＿＿。党重

视选拔培养_____和_____。

12. 党员的"五个好"标准是指_____、_____、_____、_____、_____。

13. 预备党员的预备期满必须由_____向_____提出转正申请。发展党员必须由_____名_____作为入党介绍人。

14. 社会主义核心价值体系的基本内容是_____、_____、_____、_____。

15. 2016年2月，中央办公厅印发《关于在全体党员中开展"_____、_____、_____"学习教育方案》(即"两学一做")并发出通知。

16. 党必须按照_____、_____的原则,在同级各种组织中发挥领导核心作用。

二、单项选择题

1. 党的( )上诞生了我们党历史上的第一部党章。

A. 中共一大　　　　　　　　　　B. 中共二大

C. 中共三大

2. 毛泽东思想的"活的灵魂"有三个基本方面,即( )。

A. 实事求是　群众路线　独立自主

B. 辩证法　唯物论　实事求是

C. 实事求是　解放思想　独立自主

3. ( )是争取入党的首要问题。

A. 良好的态度　　　　　　　　　　B. 端正入党动机

C. 年满十八岁

4. 党员因工作单位发生变化,外出学习或工作时间较长(六个月以上)且地点比较固定的,应按规定( )。

A. 开具党员证明信　　　　　　　　B. 开具党员组织关系介绍信

C. 持流动党员活动证参加组织生活

5. 支部大会讨论两个以上的人入党时,必须( )。

A. 集体研究,一起表决　　　　　　B. 逐个讨论,逐个表决

C. 逐个讨论,一起表决

6. 党的团结的政治基础是( )。

A. 马克思主义　　　　　　　　　　B. 民主集中制

C. 党的纲领路线

7. "四大纪律、八项要求"中的"四大纪律"是指( )。

A. 党的政治纪律、组织纪律、经济工作纪律和群众工作纪律

B. 党的政治纪律、组织纪律、人事纪律和群众工作纪律

C. 党的政治纪律、组织纪律、人事纪律和外事纪律

8. 党的十七大党章提出党要适应改革开放和社会主义现代化建设的要求,坚持( ),加强和改善党的领导。

A. 党的基本路线   B. 党的宗旨

C. 科学执政、民主执政、依法执政   D. 民主集中制

9. 党员的先进性,党员与一般群众的根本区别,就在于党员具有高度的(　　)。

A. 组织纪律性   B. 共产主义觉悟

C. 历史使命感与责任感   D. 全心全意为人民服务的品质

10. 入党介绍人要认真了解申请人的(　　),向他解释党的纲领和党的章程,说明党员的条件、义务和权利,并向党组织做出负责的报告。

A. 思想、道德、学习和工作表现

B. 思想、品质、经历和工作表现

C. 思想、品德、历史和工作表现

11. 党员受到开除党籍处分,(　　)内不得重新入党。另有规定不准重新入党的,依照规定。

A. 一年   B. 二年   C. 三年   D. 五年

12. 党的十八届五中全会提出,深化教育改革,把增强学生(　　)作为重点任务贯彻到国民教育全过程。

A. 社会责任感、创新精神、实践能力

B. 社会责任感、奉献精神、实践能力

C. 社会责任感、创新精神、学习能力

13. 实现中华民族伟大复兴的中国梦,必须充分调动最广大人民的(　　)

A. 积极性、主动性、创造性

B. 主动性、参与性、创造性

C. 积极性

14. 习近平总书记提出"三严三实"指严以修身、(　　)、严以律己,谋事要实、创业要实、做人要实。

A. 严以管理   B. 严以用权   C. 严以齐家

三、多项选择题

1. 创新是(　　)。

A. 一个民族进步的灵魂   B. 一个国家兴旺发达的不竭动力

C. 一个政党永葆生机的源泉   D. 一个阶级永葆先进性的基础

2. 党支部的"三会一课"制度的"三会"指的是(　　)。

A. 党员大会   B. 党员代表大会

C. 支部委员会   D. 党小组会

3. 党章规定,党员如果没有正当理由,(　　)就被认为是自行脱党。

A. 连续六个月不参加党的组织生活   B. 或不交纳党费

C. 或不履行党员八项义务   D. 或不做党所分配的工作

【拓展阅读】

入党申请书范文

尊敬的党组织：

我是非常平凡的万千大学生中的一名，但我个人有着极其崇高的人生理想。在我的内心中和思想里，中国共产党是一个先进与光荣的政治组织，而且随着我年龄的增长，我越来越坚信，中国共产党的那种全心全意为人民服务的宗旨，是我一直追求的最根本的人生目标。同时为建设更加美好的社会贡献自己的一份微薄力量并在此过程中展现自己的人生价值、社会价值、完善自我是我内心深处的深深愿望。所以，我再一次恳请加入中国共产党。为此，我定期写思想汇报，还提交了入党申请书。

为了加深对我党的了解，我还专门多次上网查阅了一些相关资料，我更深刻地了解了下面的一些资料：中国共产党为人民服务的宗旨，以及她作为全国人民利益忠实代表和中国社会主义事业领导核心的性质，从根本上解释了她光荣的历史和繁荣的现在，也预言了其必然的美好未来。

在2013年刚进入大学的时候，我已向党组织递交了第一份入党申请书，并且提交了思想汇报。大学已然成了我人生的一个新起点，学习环境、文化程度都发生了巨大之改变。我从思想上对自己也有了更进一步的严格要求，即争取早日加入到党组织中来。为了不断地规范自己的行为，指正思想的航向，本人争取做到以下几点：

一、思想上更加严格地要求自己，在平时多学有关党的一些理论知识，学习党的一些方针政策，时刻与党中央保持一致，用一名党员的标准来要求自己，争取做到思想上先入党。

二、努力学习科学文化知识，对于所学的每一门功课都做到一丝不苟，严肃对待，努力钻研，为以后读大学和走上工作岗位打下坚实的基础。

三、积极参加学校、班级的各项活动，不论从组织到参加上，都尽量发挥自己的特长，真正起到先锋模范作用。

四、在日常生活中，时刻保持与同学的良好关系，热心主动地帮助有困难的同学，同时要求自己朴素、节俭，发扬党员的优良传统。

我深知，自己离一个共产党员的要求相差太远了，但我决心时时刻刻、事事处处以一个党员的标准严格要求自己。如果自己有幸成为一名党员，那将是我最大的荣幸，我将时刻牢记党员的责任，遵守党的纪律，严守党的秘密，认真履行党员的权利和义务，争做一名合格的优秀党员。

请党组织审核我的入党申请书和思想汇报，并在实际中考察我吧！

此致

敬礼！

申请人：辛向党

2016年3月30日

——改编自《我是一名平凡的大学生》

【经典推荐】

纪录片《信仰的力量》①

《信仰的力量》是广东广播电视台继去年推出 128 集文献纪录片《大抗战》后的又一力作。片中人物选自《100 位为新中国成立做出突出贡献的英雄模范人物和 100 位新中国成立以来感动中国人物》、《时代楷模》以及《感动中国》,从他们的成长轨迹、思想高度、人生感悟等方面着手,着力探讨中国共产党人在不同的历史时期,对信仰的追求和传承。通过每集 25 分钟的时间,讲述了 1921 年到 2016 年整整 95 年的时间里,从血雨腥风、战火纷飞的革命时期到意气风发、激情燃烧的建设时期,再到波澜壮阔、生机勃勃的改革时期,全面展现中国共产党人的高贵灵魂,和一个古老民族苦难辉煌的艰辛。

纪录片《旗帜》②

由中共中央宣传部、中共中央文献研究室、中共中央党史研究室、国家发展和改革委员会、国家广播电影电视总局等部委和中央电视台联合摄制,以 10 集的篇幅回眸了自第一次鸦片战争以来中华民族谋求伟大复兴的探索历程,详细记述了中国共产党成立 90 年来波澜壮阔的历史足迹。大题材,小切口;老资料,新视角。不仅圆满完成了一部教科书式的纪录作品,也彰显了中国纪录片人的自觉和自信。

♡ 模块四　提升自我　入学生组织

大学是进入社会的过渡阶段,学习并非大学生活的全部,各类学生组织与学生社团被称为"校园里最靓丽的一道风景线",它们在繁荣校园文化、丰富大学生活、提高学生综合素质、培养特殊专长、促进成才就业等方面发挥了重要的作用。走进这些学生组织,认识并了解它们的职能,结合自我需求选择加入某组织,开启一段别样的经历,感受一份别样的精彩,将会成为大学阶段一笔非常宝贵的财富。

【想一想】

1. 你了解你所在学校的主要学生组织吗?

2. 你知道如何选择学生组织加入吗?

3. 如果加入学生组织,你想从这段经历中获得什么?

---

① http://tv.cntv.cn/videoset/C35849.

② http://tv.cntv.cn/videoset/C28114.

【知识链接】

据统计,60%以上的在校学生属于一个或者几个学生组织或社团,90%以上的大学生参加过各类学生组织与社团组织的某项活动。各级领导,还有很多工商巨子、学界精英,在求学时期都是出类拔萃的学生组织和社团领袖。毋庸置疑,大学期间,参加学生组织与社团十分必要。

一、学生组织、社团的定义与种类

(一)学生组织的定义

广义上,学生组织是指由学生组成的组织,狭义上,指的是在教育单位内,由学生组成的自我服务、自我提高、自我管理、辅助教学的组织。各高校设立的学生组织不尽相同,一般指的是团总支、学生会、社团联合会。

现代学校里的学生组织具有双重角色的,在一定程度上代表校方,同时又是学生的代表,因此在"学校—学生组织—学生"三方互动的过程中,学生组织必须做好自身的定位。

1. 学生组织应找准在同学中的位置

学生组织应努力为广大同学服务,注意克服高高在上、无视同学的错误思想。凡事以是否有利于同学的学习、生活和进步为出发点,才能在同学中树立良好的形象,使同学们感觉可亲、可近和可信,才能充分发挥学生组织在师生之间的桥梁与纽带作用。

2. 学生组织应找准在教师中的位置

学生组织的工作应接受老师的指导,但不能完全依赖于老师。学生组织的工作思路应来源于教师的指导与自身理性思考的融合,从而可以保证学生组织既具有正确的方向性又具有相对的独立性。

(二)社团组织的定义与种类

学生社团是高校大学生在自愿的基础上,依据共同的兴趣爱好和价值追求,按照章程自发组织、自主开展活动而结成的大学生群众性组织。

目前,高校学生社团的种类比较多,概括起来大致可以分为四类:

(1)理论学习型。主要指以满足成员对知识的需求为基础、以理性的文化知识为主要内容、以理性思辨为特征、以提高政治素养、专业技能为共同目的而自发建立起来的,集理论学习、专业知识与学术研究于一体的学生群众性组织,如文学社、马克思主义研究社等。

(2)实践应用型。主要以提高学生实际应用技能为宗旨,组织学生参加社会实践、实习兼职、科技创新等系列活动的一类学生群众性组织,这类社团以提高自身素质、锻炼个人能力为目标,为个人发展、成才提供经验借鉴和经历、能力支持,如广告协会、法律救助协会等。

(3)文体娱乐类。这类社团是以成员的娱乐、休闲等方面的兴趣、爱好相同为基础,为满足其成员的精神文化、生活需要而建立的非专业化的文化艺术体育等方面的学生社团,如校园乐队、街舞团等。

(4) 社会公益型。这类社团组织大学生在课余和闲暇时间利用智力优势为社会提供服务。随着社会的进步,大学生自主参与意识和社会责任道德感的增强,这类社团日益受到广大学生的响应和欢迎,一定程度上有利于社会管理的完善与社会文明的发展,如红十字协会、环保协会等。

二、学生组织、社团的作用

参加学生组织与各种社团,可以扩大交际圈、锻炼社交能力、组织管理能力、沟通协调能力,这些能力符合当今社会对人才需求的要求,可以有效提高大学生在人才市场的竞争力。同时,参加学生组织与社团活动还能开阔眼界、培养兴趣特长,丰富自己的课余文化生活,甚至获得更多实习与工作的机会。参加社团为大学生走进社会、接触社会提供了多种途径,有益于促进第一课堂的学习;有益于锻炼和培养组织管理能力和社交能力;有益于提高大学生综合素质。

三、学生组织、社团的选择

参加学生组织与社团决不能盲目随意,而是应该结合自己所学专业、未来职业发展方向、自己的爱好以及个人性格特点选择所参加的学生组织和社团。在选择加入前可以通过纳新宣传或者向辅导员、学长咨询等方式对学生组织与社团有一个比较详细的了解,重点考虑学生组织与社团的工作特点与自身预期以及个人性格、兴趣的契合度,慎重选择。

同时,选择加入学生组织和社团要合理安排时间,充分利用时间,处理好学生活动与学业的关系。另外,选择学生组织与社团是要注意重点为培养某方面的能力创造条件。最后要注意的一点是参加学生组织与社团要持之以恒,不可朝秦暮楚,三天两头地变,这样只会徒费时间与精力,达不到我们参加学生组织与社团想要得到锻炼的目的。

四、校级主要学生组织与社团

(一)校级主要学生组织

1. 学生会

学生会是学校中的组织结构之一,是在党委领导下、团委指导下,学生自我管理、自我服务的群众性组织,是学校联系学生的桥梁和纽带,是学校拥有的最基本的两个学生组织之一。清华大学于 1919 年 12 月 23 日成立了中国第一个学生会,它诞生于五四运动爱国、民主、科学的洪流中。主要职能是在校党委的领导下,在校团委的指导下,履行"自我教育、自我管理、自我服务"的职能,负责开展相关的思想引领、校园文化、权益服务、内建外联等方面的学生活动。

2. 学生团委

学生团委是学校团委下设的，由学生自主领导的团组织。它是学校拥有的最基本的、最重要的两个学生组织之一。主要职能是在校党委的领导和学生处指导下，独立自主开展工作，主要负责全校共青团相关工作、志愿服务活动组织与策划等。

3. 学生社团联合会

学生社团联合会一般出现在高中、大学校园，简称"社联"。按照相关要求，校园内的社团前面必须冠以"学生"二字。原来曾被称为"社团管理中心"或是学生会的社团部。在部分大学里，校社团联合会与校学生会属同级部门但后者在大中专院校更为普遍。主要职能是负责全校学生社团及社团活动的管理、协调与监督，发挥沟通学校与社团之间的桥梁作用。

（二）主要学生社团

社团是高校大学生在自愿的基础上，依据共同的兴趣爱好和价值追求，按照章程自发组织、自主开展活动而结成的大学生群众性组织。[①] 与高校主要学生组织相比，社团形式多样，按照活动内容的类别与性质，社团逐步形成了理论学术、实践应用、文体娱乐、社会公益等四类，在丰富校园文化生活方面发挥着不可替代的作用。由于社团形式多样，同一类型的社团在各高校的具体名称并不统一，因此，在介绍各高校主要学生社团时，以社团主要活动内容作为社团名称，主要目的是让学生了解各类学生社团的活动内容与性质，以选择更适合自己的学生社团。

表 4-1　普通高校一般学生社团的分类及主要活动项目概览

社团类别	社团名称	活动内容
理论学术型	计算机协会	属于学术型社团，这类社团一般会紧紧围绕专业课，开展学术探讨、学术交流和学术咨询，其活动方式主要是定期或不定期举办本专业或相近专业的讲座、报告会、社会调查等，参加学生主要是本专业的学生或者对某方面专业知识感兴趣的其他专业学生
	经济学协会	
	历史学协会	
	文学社	
	航模协会	属于学术科技类社团，这类社团一般会紧紧围绕专业课，定期或不定期举办本专业或相近专业的竞赛、讲座、报告等，强调学生的创造能力和动手能力，在相关专业老师的指导下能够进行科学实验、作品设计等实践性科研活动，能锻炼学生的动手能力、创新能力和科研能力
	电子科技协会	
	马克思主义研究会	属于理论学习型社团，以成员共同的理想信念、政治追求为基础，以政治理论学习研讨及宣讲实践、国际国内时事热点讨论、社会热点问题研究等为主要活动内容，专业不限
	中国特色社会主义理论研究会	

---

① 龙希利.大学生社团管理机制创新与实践探索[M].济南:山东人民出版社,2014(2).

社团类别	社团名称	活动内容
实践应用型	大学生职业发展协会	为学生提供职业规划、求职技巧、素质拓展等方面的指导和服务,为会员创造学习职业规划、职业测评、开发咨询等方面知识的机会,提供就业信息和接触社会的机会
	大学生创业创新协会	在全校学生中开展一系列的创新创业实践活动,诸如邀请政府、企业家、学者等社会各界知名人士开展企业家论坛、创业基本知识课堂等活动,聘请相关专业人士担任创业导师,分享成功经验、组织企业参观学习,提供创业交流、企业实习和正规兼职服务机会、组织相关竞赛等
	读者协会	一般在图书馆的直接指导下建立,参与图书馆的管理、服务、宣传、教育工作,协会活动主要包括:新书介绍、好书推荐、名师讲坛、读书讨论、征文比赛、图书评论等
	家教协会	秉持"提高自己、服务他人"的宗旨,以勤工助学的形式,组织学生参与社会、服务社会
	演讲与口才协会	举办各种演讲及辩论的训练和比赛、即兴口才对抗、诗文朗诵、名人口才培训等活动,努力提高会员的口头表达能力、社交能力
	青年志愿者协会	以为社会提供志愿服务的形式,开展各种公益活动,为学生提供接触社会的实践机会
	法律救助协会	主要面向无力支付律师费用、又急需法律帮助的个人或团体依法提供法律援助,并依法组织社会活动进行公益法律服务,一般由法学专业老师与学生组成
	广告协会	立足于平面设计、摄影宣传、市场营销等与广告相关的领域,以提高同学们专业技巧为宗旨,以打造相关专业校园实习平台为目标,广告学、平面设计、市场营销、广播电视编导、新闻学等专业学生均可参加
文体娱乐型	绘画协会	这类社团一般是源于成员具有某一文体娱乐项目方面共同的理念、需要和兴趣爱好,以体验和展示文艺、体育、娱乐才能为主要动机和目标。对于参加的成员要求更偏重于兴趣与特长,而与专业无关,其主要活动内容一般都可以通过协会名字清楚表达出来。相比其他类型社团,文体娱乐型社团活动内容更加多样化,涵盖了文艺、体育、文学、娱乐、休闲等各领域
	舞蹈协会	
	话剧社	
	球类协会	
	动漫协会	
	摄影协会	
	轮滑协会	
	棋牌协会	
	音乐协会	
	电影协会	
	跆拳道协会	

续　表

社团类别	社团名称	活动内容
社会公益型	志愿者协会	属于社会服务型社团,一般是组织大学生利用课余或节假日开展各种形式的活动,例如科技、教育、文化、卫生、环境保护、社会福利、社会保障等方面的社会公益服务活动
	红十字协会	
	环保协会	
	支教协会	
	法律援助协会	属于专业技术服务型社团,这类社团一般会组织大学生在课余和闲暇时间利用智力、专业优势为社会提供服务,与社会服务型社团相比,这类社团需要社员具备相应的专业知识背景
	电脑技术协会	

　　上表中所列社团,有些社团的类型是会出现重合的,比如一些社会公益型社团也可以属于实践应用型或者文体娱乐型,由于社团种类、形式的多元化,上表不可能囊括高校现存所有社团,加之各高校实际情况不同,相同的社团在活动内容与组织结构方面也会存在不同。因此,在选择加入学生社团时,在社团纳新宣传时与社团宣传人员多多交流,以便充分了解社团的性质、职能范围等,更好地与自己的实际相结合,更大程度地使自己得到锻炼。

【探索训练】

学生组织参与情况反思问卷

请回答以下问题,以便于自己了解和梳理参加各类活动和学生组织的相关情况:

1. 你参加学生活动的频率是(　　　)

A. 从不参加　　　　　　　　　　　B. 偶尔参加

C. 经常参加　　　　　　　　　　　D. 只要有活动,一定参加

2. 你是通过哪些途径了解学生组织的?(　　　)

A. 海报宣传　　　B. 网络媒体　　　C. 他人推荐　　　　D. 其他途径

3. 你最喜欢参加哪种类型的学生活动?(多选)(　　　)

A. 文艺表演类　　　　　　　　　　B. 学术竞赛类

C. 体育竞技类　　　　　　　　　　D. 科技创新类

E. 志愿服务类　　　　　　　　　　F. 讲座类

4. 你觉得学生会是什么样的机构?(多选)(　　　)

A. 为学生服务　　　　　　　　　　B. 为学生维权

C. 开展校内活动　　　　　　　　　D. 学校联系学生的纽带与桥梁

E. 贯彻学校指令的官方机构

5. 你对所在大学学生组织的了解程度是(　　　)

A. 完全了解　　　B. 比较了解　　　C. 一般　　　　　D. 不太了解

E. 完全不了解

6. 你认为学生组织对个人发展的作用是(多选)(　　　)

A. 锻炼自身的能力　　　　　　　　B. 获得老师同学的认同

C. 开阔视野　　　　　　　　　　　　D. 充实大学生活

E. 积累人脉关系　　　　　　　　　　F. 其他

7. 你认为参加学生组织是否会影响学习?（　　　）

A. 非常严重　　　　B. 稍有影响　　　　C. 没有影响　　　　D. 两种可以兼顾

8. 你认为学生干部应着重哪些方面的提升?（　　　）

A. 增强公文写作、公关礼仪等素质培养

B. 规划部门职能,明确自身责任

C. 强化自身对学生会组织与学校的责任感与归属感

D. 调动学生干部积极性

9. 你是否了解所在学校学生会组织结构?（　　　）你是否了解所在学校各学生组织的特色品牌活动?（　　　）

A. 十分了解　　　　　　　　　　　　B. 了解

C. 听说过,但并不了解　　　　　　　D. 完全不了解

10. 你每周花费在学生活动上的时间是(　　　)

A. 2 小时以内　　　　B. 2—4 小时　　　　C. 4—8 小时　　　　D. 8 小时以上

11. 你认为学生组织的主要职责是(多选)(　　　)

A. 组织以学生为核心的学生活动　　　B. 为同学提供展示自我的平台

C. 是学院与学生沟通的桥梁和纽带　　D. 为同学解决学习、生活及工作上的难题

12. 你对学生组织的信息平台关注度如何?（　　　）

A. 人人、微信、微博基本都关注　　　B. 校报等纸媒

C. 学生组织专属网站、广播电台　　　D. 只在需要时关注

13. 你认为学生组织信息平台的主要作用是(　　　)

A. 及时发布学生活动信息,以便学生了解参与

B. 搭建学生组织与学生的沟通平台

C. 提升学生组织的知名度和影响力

D. 泛于形式,没起到实际作用

E. 其他

14. 你认为参加学生活动的意义是(多选)(　　　)

A. 培养人际交往能力　　　　　　　　B. 提高社会实践能力

C. 提高组织领导能力　　　　　　　　D. 获得自我展示的机会

E. 其他

15. 你一般通过哪些途径获取学生活动信息?（多选）(　　　)

A. 辅导员通知　　　　　　　　　　　B. 同学转告

C. 宣传板、海报　　　　　　　　　　D. 校园广播

E. 主办方定点宣传　　　　　　　　　F. 网络

G. 其他

16. 校园活动最吸引你的部分是什么?（多选）(　　　)

A. 活动内容　　　　　　　　　　　　B. 活动规模

C. 活动奖励　　　　　　　　　　　　D. 活动的形式

E. 和自己的兴趣相符   F. 举办活动的单位

G. 活动正规公平

17. 你不愿意参加某些校园活动的原因是(多选)(　　)

A. 占用时间多,影响学习   B. 专业知识要求高

C. 缺乏自信,不愿表现   D. 没有兴趣

E. 认为课外活动没有意义,对自己没有帮助 F. 宣传不到位,对活动不了解

18. 你认为在什么时间段举行活动比较合适? (多选)(　　)

A. 中午   B. 晚上   C. 周六、周日   D. 任意时间

E. 其他时间

19. 你没参加学生组织的原因是(　　)

A. 影响学习   B. 没有兴趣   C. 没有适合自己的   D. 其他

20. 请你为学生组织在引领学生、服务学生方面的发展提出几点建议。

【拓展阅读】

阿克苏诺贝尔中国大学生社会公益奖[①]

"阿克苏诺贝尔中国大学生社会公益奖"(以下简称"公益奖")由阿克苏诺贝尔中国设立于2011年,是在共青团中央学校部的指导下,中国第一个以大学生社团为奖励对象的社会公益奖项,旨在鼓励那些在社会公益领域有突出贡献的大学生社团,促进大学生积极参与社会公益活动,并在社会中普及公益理念,提升社会大众对社会公益的关注度及参与度,建设更多以人为本的城市("人·城市™"),推动人们的日常生活更加宜居和充满活力。

公益奖面向中国所有高校的大学生社团公开征集,每年评选一次,以大学生社会公益实践为核心,强调大学生社会公益项目的有效组织、持续发展,充分展示各校在社会公益领域的优秀项目案例,以及大学生社团的组织和执行能力。

公益奖自2011年启动以来,其影响力逐年稳步提升,已成为备受高校关注及认可的大学生公益奖项。截至2015年,公益奖平均每年吸引104所高校申报,覆盖48座城市;4年来共吸引185所高校的750多个社团参与公益奖,其中包括清华大学、北京大学、复旦大学、同济大学等顶级高校,累计收到1000余个大学生公益项目申报,覆盖全国77座城市,影响上千万大学生。仅在2015年,公益奖就收到146所高校、315个社团的343个项目申报,覆盖全国64座城市。

多年来,公益奖在共青团中央学校部的指导下,与全国近200所高校团委建立良好合作关系,打造了具有高认知度的大学生社会实践支持品牌。通过共青团官网、文件、三下乡大学生社会实践网站、"知行计划"官网等多种官方渠道发布大学生公益奖信息,面向全国3000多所高校发布奖项启动消息,并通过线下、线上征集渠道,在校园内广泛传播公益奖。

---

① 来源百度百科:http://baike.baidu.com/view/7099360.htm.

2012—2015 年高校公益项目获奖名单

年份	奖项	高 校	社 团	项 目
2012	金奖	北京大学	中国大学生环境教育基地	甘肃文县地震灾区志愿服务百人计划
		北京师范大学	农民之子——中国农村发展促进会	贵州项目
		哈尔滨工业大学	学生绿色协会	荒野行动
		华东理工大学	微笑益GO	"小小科学家"奉贤区民工子弟小学·五月科技节
		清华大学	学生教育扶贫公益协会	北京农民工子弟学校"2011电脑传爱行动"
	MCA 特别奖	兰州大学	文化行者	少数民族儿童系列项目
2013	金奖	北京大学	青年志愿者协会	平民教育志愿服务团
		北京师范大学-香港浸会大学联合国际学院	UIC 思成·筑梦——大学生实践团体	思成·筑梦2012贵州希望小学筹建计划
		兰州大学	文化行者团队	白马藏族留守妇女能力建设与儿童教育示范——妈妈黑板报 & 听妈妈的歌
		清华大学	学生教育扶贫公益协会（SAEPA）	梦想课堂
		武汉大学	大山里的魔法教室	"魔法教室"建设——农村学校教室改造
	MCA 特别奖	大连理工大学	山人行贵州公益协会	山人行贵州公益协会赴贵州毕节暑期支教
2014	金奖	复旦大学	TECC 科技教育文化交流协会	2013YAPM 重庆秀山民族文化传承夏令营
		兰州大学	敦煌组	文化小巷——重要文化遗产地社区居民友好传承教育行动
		清华大学	科技教育交流协会（TECC）	TECC暑期支教项目（TSI）
		同济大学	彩云支南协会	健康现在,启明未来——云南大理东莲花村回民斋月营养健康调查
		浙江大学	学生心系西部协会	成熟支教模式
	MCA 特别奖	哈尔滨工业大学	学生绿色协会	绿色教育系列项目:小学生绿色教育、青年绿色论坛、熄灯嘉年华
	Interpon 特别奖	苏州大学	星儿关爱协会	星儿计划·自闭症儿童教育支持与服务

续 表

年份	奖项	高校	社 团	项 目
2015	金奖	四川大学	"五彩石"志愿团	"五彩石"新型长效支教
		天津财经大学	创行	Lucky star
		西安交通大学	无止桥	重庆市溪口村周大福无止桥
		同济大学	彩云支南协会	同寻古村梦,共承翰墨香——诺邓古村乡土文化夏令营
		重庆医科大学	附属永川医院青年志愿者协会	青盾计划
	MCA 特别奖	兰州大学	乡村实践与调研协会	被拉长的求学路——基于陕西省陕南地区"撤点并校"过程中农村教育发展现状的调研
	Interpon 特别奖	广西民族大学	大学生发展公益组	话剧中的性教育,话剧《安安》
	Intersleek 特别奖	中南大学	悦音之眼公益组织	关爱盲童有声读物录制公益行动暨悦音 APP 应用
	Elotex 特别奖	浙江工商大学	创行(Enactus)团队	助梦绘心

【经典推荐】

书籍:《行动改变生存》①

　　人人都是传播者,所以,我们每天都可以听到很多新段子,而且很多是在用调侃的方式来表达对现实的不满。确实,有些人喜欢做社会发展的旁观者、评论者,有些人愿意做改变这个社会的践行者,而后者才是真正推动社会前进的积极力量。本书记录的正是一群把理想付诸行动者的故事。改变生存是他们的理想,行动就是他们表达理想的语言。从他们的行动中,我们可以感受到引领社会的正能量。这种能量也终将影响更多旁观者,使他们成为脚踏实地的行动者、改变未来的新力量。

　　书中讲述了 25 个真实的故事,故事里的人都不甘平庸,积极行动,他们坚信,每个人都可以推动改变,每一个行动都可能成为推动社会进步的力量。

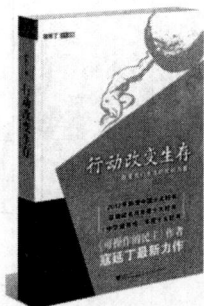

---

① 寇延丁.行动改变生存[M].杭州:浙江大学出版社,2013.

影片：《乐团狂飙》

　　《乐团狂飙》又名《摇滚斗阵》，是由托德·格拉夫执导，盖南·科内尔、凡妮莎·哈金斯、艾莉森·米夏卡主演的音乐喜剧电影，于 2009 年 8 月 14 日在美国上映。

　　该片讲述了性格内向的高中生维尔·波顿在音乐和爱情的双重作用下决心改变自我，最终实现梦想的故事。《乐团狂飙》上映后得到了媒体和观众的好评，音乐的魅力跟针对青少年的故事被有效调和，作为一部青春片却有着引发人生思考的大智慧。

成 长 驿 站

大学一年级生活的主要任务是要尽快适应新的生活。了解专业,认真对待通识教育及专业基础课的学习;学会独立,自我管理,参加不同组织提升能力;培养习惯、加强锻炼,养成健康的生活方式。

一、大一知识目标——了解专业 打好基础

大学生入学后,在一个新的学习环境下常常不知道如何安排自己的学习,这主要是因为缺乏对专业发展方向的认知。因此,尽快了解自己的专业,确立好学习的目标,培养自己的学习能力是非常重要的。

(一)尽快确立知识目标

知识目标一:尽快了解你的专业。按照教育部颁发的《普通高等学校本科专业目录(2012年)》中本科专业有 506 种、92 个专业类,按照所属类别划分为哲学、经济学、法学、教育学、文学、历史学、理学、工学、农学、医学、管理学和艺术学 12 大门类。在这些大门类下设置一级学科和二级学科,在学科下设置专业,具体专业开设课程依照国家规定和各个学校的实际情况而定,所以尽管专业相同,不同的高校在专业课程上会存在不同,但总的来说大同小异。大学新生要利用入学教育等渠道尽快了解自己所在学校所学专业的发展历史、特点、人才培养方案、培养目标等,了解课程设置、学分制、师资力量、培养方式、就业前景等,了解专业学习任务、学习难点、学习技巧、注意事项等。

知识目标二:确保不挂科前提下力争获得奖学金。专业学习上的目标必须保证能够学好专业知识,包括理论知识和实践知识。不但要知道,更要理解和会应用。可以将诚信考试不挂科作为大一学年专业学习的底线,将至少获得一次奖学金作为大一学年专业学习的目标。

知识目标三:大学英语四级考试。虽然在校学生可以重复考很多次四级考试,而且和商务英语、托福、雅思等这些考试比起来,四级报名费用低廉,但是随着年级的增长,专业课程难度加大,各类活动、考证也接踵而来,四级通过的难度也就越来越大,所以会出现有些学生从大二一直考到大四,分数却越来越低。因此,对于大一学生而言,四级考试可以作为大一上学期重要的学习目标。

(二)正确理解兴趣与专业

大学生要明确一个观念,"专业无好坏"。有些同学高考时报志愿往往是选"热门专业",或是遵从父母之命,更有甚者也不懂得专业的含义是什么,看着较顺眼就报上了。进入大学学习一段时间之后,一些同学发现自己并不喜欢所学专业,后悔抱怨、成绩下降,甚至逃课不及格。

要避免这种情况,同学们应该及早进行自我调整。首先,不要急着下定论。在未深入了解一个专业的情况下,仅靠表面印象是无法探究专业深处的奥秘的。兴趣很重要,但是大部分的兴趣很大程度上都是表层的、易变的。只有和生涯动机结合起来,兴趣才会内化为一种深层的动机。你抵触的专业,或许只是因为在学习过程中遇到困难而导致的,并不是你真正在抵触这个专业。所以,不要急着下定论,在对专业知识更深入了解后,也许你会另有发现。其次,在学习过程中,把专业知识与专业外知识结合起来。如果专业转不成,总不能郁闷地生活四年,"既来之则安之",积极调整心态,珍惜时光,好好学下去。很多成功人士从事的职业并不是他们喜欢的行业,照样成绩卓著。

二、大一能力目标——学会独立 自我管理

拥有独立自主的个性和自理能力,是立足社会、参与竞争的基础。对于每一位大学生而言,进入大学都是一个新的起点,应该开始全新的生活,学会独立是大学生入学的第一课。

1. 学会独立首先需要有长大的思想准备

不管你愿不愿意,人都是要长大的,你必须自觉、自主地让自身社会化。在这个过程当中,大学生既要通过社会、家庭和学校的教化,自我内化接受社会规范、价值观念、文化知识、专业技能,发展和完善个性,获得独立的人格;又要以自身的才学、能力积极参与社会生活,传承民族文化,有选择地吸纳外来文化,珍惜和利用一切条件和机会,有意识地在学习和实践的结合中,锻炼自己、成就自己。

2. 学会独立需要有积极的心态和战胜困难的勇气

独立意味着事情都要自己打理,要有战胜困难的勇气,永远积极主动。没有什么东西像积极主动的态度一样更能展示你自己的独立人格。对待新的环境,要以一种积极的心态去适应,积极的心态是打开一切大门的金钥匙。李开复在写给中国大学生的信中讲:"不要再只是被动地等待别人告诉你应该做什么,而是应该主动去了解自己要做什么,并且规划它们,然后全力以赴地去完成。"

3. 学会独立需要有合理的生活规划

大学的生活在内容、方式上都发生了很大的变化。要让自己忙碌起来,同时让自己得到锻炼。双休日你可以选修音乐、绘画,可以应聘做家教或者志愿者。清晨你可以跑步、晨读,傍晚可以打球、散步、写字,晚上去听各类学术报告、专题讲座等。你可以根据自己的兴趣爱好,有选择地参加一些社团活动,在活动中获得友谊和快乐。你可以积极参加学生干部竞选或成为某个活动的组织者,以班级、宿舍为单位,开展交流活动。有的大学推行了"大学生生涯规划书"编写活动,其目的就是为了帮助新生快速适应大学生活,合理规划大学生活。渐渐你就会发现对他人的依赖没有了,自己独立自主的能力提高了。

4. 学会独立更需要有合理的计划和方法

对于大一新生来说,首先要学会合理地支配和利用好课余时间,如课前预习和自学,可以安排在每天的晚自习进行。如果自学中对一些问题感到疑惑不解,就可以有目的地在课堂上听老师讲授此问题,或主动提出问题请老师解答,从而大大提高听课效率。另外,还要学会利用图书馆的图书或电子资源,实验、实习、科研活动等专业性训练场地,各类讲座、志愿服务、社会实践等平台资源,以及老师、学长、同学等人际资源。最后,还要学会理财,根据收支总量,做

好短期预算和长期预算,开源节流、量入为出,稳定吃、穿、用、行等生存性消费,规划培训费、考试费等发展性消费,拒绝做"月光公主"或"花净一郎"。

三、大一素质目标——养成健康的生活方式

曾经有人用"1000000"来比喻人的一生,其中"1"代表健康,各个"0"代表生命中的事业、金钱、地位、权利、快乐、家庭、爱情、房子……各个"0"充斥了人们的生活,"1"常常被忽略,但是"1"一旦失去,剩下的"0"也就失去了意义,所有的浮华都将沉寂于世。人生最可贵的是健康,所以,我们都应该珍惜人生的第一资源,从大一开始管理好自己的生活,掌握正确的原则和方法,养成健康的生活方式,拥有一个强健的体魄、健康的生活。

1. 培养良好的生活习惯

良好的生活方式是人类身心健康的重要保证。大部分的高校都要求大一上早自习,一些学生因为起床不及时或者动作比较慢,经常不吃早饭,到上午 3、4 节课就会精力不足,其课堂效率可想而知。一些学生喜欢边吃饭边看书,表面看似乎吃饭、学习两不误,可实际上却挑起了大脑和肠胃争夺血液的"内战",结果大脑供血不足导致学习效率降低,肠胃供血不足诱发胃炎或胃溃疡。有相当一部分学生喜欢晚睡,不到晚上 12 点不睡觉,或者在考前"开夜车",打乱了学习和生活的规律,从而导致生长激素分泌紊乱,影响身体的正常发育。因此,为了拥有健康的身体,必须改掉恶习,养成良好的学习、生活习惯。

2. 坚持合适的体育锻炼

体育锻炼对改善人体的心血管系统、运动系统、内分泌系统、神经系统、免疫系统的功能有良好的促进作用,不但可以强身健体,而且还可以磨炼意志、愉悦心情。大一新生要利用好新生军训的机会,培养自己坚韧不拔、不屈不挠的意志品质,增强自己克服困难的信心和勇气。另外,也可以在体育课上选择合适的体育项目,如男生可以选择足球、篮球、武术,女生可以选择体育舞蹈、乒乓球、羽毛球等。与同学、朋友结伴跑步、打球,一起参加某个体育活动等,相互支持,相互督促,从而把体育锻炼当成大学期间乃至人生的必需品,常练不息,持之以恒。需要说明的是,进行锻炼要结合自身实际,科学合理地安排好运动项目和强度,不能急于求成,还应该掌握一定的生理、饮食、卫生相关知识。另外在锻炼过程中注意保护自己,做到安全第一。

3. 遵循科学的饮食原则

大学生活的自由在饮食上得到了充分展示,存在的不良习惯主要有:一是吃饭没有规律。想吃就吃,不管时间不管几顿,不想吃就不吃,不管营养不足体能不够;长期不吃早饭,就为了多睡十分钟,或者随便以面包、汉堡、零食充饥,消化功能逐渐紊乱。二是进餐方式不科学。早晨,浩浩荡荡的学生大军匆忙将吃完或者没吃的食物、食品袋塞进垃圾桶,后面依然是边走边吃的人流;中午,餐厅里狼吞虎咽一族不到十分钟结束战斗;下午,教室里、图书馆用功的学生看书吃饭合二为一。这些不科学的进餐方式影响消化吸收,破坏生理规律。三是暴饮暴食或过分节食。遇到同学聚会、生日派对或聚餐等,有好吃的一扫而光,有些女生为了保持窈窕三餐只吃两餐,甚至不吃主食,这些都会造成机体代谢紊乱,导致抵抗力下降。

4. 保证规律的睡眠休息

吃好的同时还要睡好,通过睡眠,消除一天的疲劳,身体得到放松,体能得到恢复,才能保证学习时的清醒头脑和旺盛精力。大学生或是由于无边无际的长夜卧谈,或是由于影视、网游

的外界刺激，普遍存在睡眠缺乏、瞌睡不断的现象。所以大一新生应该从入学开始就养成良好的作息习惯，为了保证睡眠，主要从下列几方面做起：一是创造良好的睡眠环境。保持宿舍安静、清爽、整洁，关掉电脑、手机。二是养成按时作息的好习惯。按时入睡，按时起床，睡前避免剧烈体育运动，可以喝杯热牛奶，用热水泡泡脚，坚持在同一时间上床睡觉，就会形成熄灯入睡的条件反射。三是用科学的方法辅助入眠，睡觉是个放松的过程，白天的事情已经过去，要把所有的情绪放下，尽量向右侧卧或仰卧，舒展四肢，静静呼吸，进入梦乡。

大学一年级是大学的起步阶段，也是大学生活奠定基础的关键期。无论是知识目标、能力目标还是素质目标，都需要有平台载体和实际行动才能得以实现。团总支、学生会、自管会、心理健康协会、中国特色社会主义理论研究会、社团组织、广播台等学校和院系学生组织，以及班级班委会、团支部，都是有效的锻炼平台，大一新生可以根据自己的实际情况，坚持多学不如精学的原则，参加一两个锻炼自己。而"挑战杯"全国大学生课外学术科技作品竞赛、暑期社会实践、志愿服务类活动、主题教育类活动、大学生科技竞赛类活动，以及社会实践类活动等，则是自我锻炼最好的载体，多参加此类活动，是大一新生迅速提升自我素质、培养创新能力和实践能力最好的途径。

总之，只有具有清晰的目标，整个大学学习才有动力，大学生才能在大学期间真正有所收获。

大学磨砺篇

有人说，进入大学就相当于有一只脚已经踏入了社会，现在我们已经大二，我们走到哪儿了？大家是否有这种感觉：不知不觉，一晃神大一就结束了，尽管所发生的点滴还历历在目，仿佛就在昨天。事实上，大二、大三会以更快的速度流逝，并正向社会靠近。大二时，一些同学仍然有些许迷茫，好吃的美食吃过了，好玩的地方也玩过了，学习不慌不忙，不知该做什么？有的人真的就这么浑浑噩噩地度过了大二的时光；而有的人在迷惘中却没有忘记思考自己大学生活的意义，他们禁不住问自己：我大二的时光都去哪了？

作为刚刚进入大二的学子，是否曾想过，经过大二一年的努力，自己无论是在专业学习上、在学校工作中、或者是集体生活里，还是在知识、能力或者是思想素质等各方面都能有所收获、有所提高，应该怎么做，才能使自己如愿以偿。

大二定位　费思量

　　现在的你对大学环境已经熟悉，有了一些相对稳定的交际圈子，同时对大学生活和就业有了一些自己的认识和看法，并且觉得即将到来的学期会很忙，可是却总是零零碎碎的想不起到底应该做些什么？

　　首先，我们要对大二时期赋予我们的使命有一个直观的了解，在大学四年中大二阶段的作用非凡，主要表现在一是需要在通识学习的基础上确定专业发展领域并深入学习，这是大二学生的核心使命；二是在了解职业、行业中确定自我工作发展方向，要一手抓学业，一手抓职业，在以学业为重的情况下兼顾职业的学习、准备；其三是以能力为本位的实践，通过实践检验学业、体验职业。很显然，大二是大学四年中承上启下、继往开来的一年。尤其是对大学生在自身的专业定位、职业发展，乃至生涯成长上都有着举足轻重的作用。那么，无论在专业上、还是在将来的职业发展上，如何让自己不再迷茫，这是每一位大二学生都需要花心思认真深入考虑的问题。

♥ 模块一　关系应对　稳步求发展

　　大二正处于大学生活的关键阶段，是最容易出现分化的阶段。到了大二，有的同学工作、学习、生活和个人兴趣拓展都得到了很好的发展和锻炼；同样也有很多同学出现挂科、补考、重修甚至被处分等现象。大二一旦出现分化现象，可能会对于学生本人的整个大学生涯发展趋势产生影响，所以完善阶段发展目标，正确把握大二时期的知识、能力和素质目标，并为之努力实现，可以有效避免和减少分化情况的发生。那么，你是否已经觉察到学习上的变化？是否已经建立起相对良好的同学关系、室友关系，已经习惯了大学的集体生活？

【想一想】

1. 进入大二阶段,你感觉学习上有哪些变化呢?
2. 是否已经建立起相对良好的同学关系、室友关系,如何评价呢?
3. 目前为止,已经习惯了大学的集体生活了吗?你还是"单身狗"么?为什么?

【知识链接】

◉ 一、同学关系处理

(一)尊重对方、学会宽容

每个人都有自己的个性、爱好、特点,因此要尽可能理解同学的需要,要尊重别人的兴趣爱好,承认同学与自己之间的差异,不要轻易贬低同学的某些特性,更不能对同学的穿着打扮指指点点、品头论足。

(二)加强沟通、摆脱孤独

正值青春期的青年学生,文化知识和生活阅历很有限,人际交往的能力还不成熟,有时不能把握好与同学之间的关系。所以,同学之间平时要加强沟通,经常在一起谈谈心,充分表达自己的思想,让同学们能够互相了解各人的个性和特点,在彼此的心目中树立良好的形象。请永记一句话:要求别人宽恕自己过失的人,自己也应当这样对待别人,这样才是合乎情理的。

(三)保持良好的心态

要做到沉着冷静,变"热处理"为"冷处理",时刻记住"遏止冲突"。要知道一味责怪对方,以牙还牙是有害无益的愚蠢行为。心理学研究表明,人的情感达到一定的程度就要"发泄",发泄过了,就会处于相对平衡的状态。因此如果有人因事向你挑衅或攻击,你一定要沉着冷静,让对方将冲动的情绪发泄出来,心态平和之后,你再寻找处理的方法不迟,"后发制人"往往更为有利。

(四)学会宽容和忍耐

宽容、忍耐并不是要我们放弃原则,放弃解决问题的权利和责任,也不是要我们害怕和回避冲突,而是要我们以良好的心态控制自己的情感,选择处理问题的最佳方法。对于一时难以澄清事实的误解,你可以直言表白、解释原委。如果对方不肯接受,就需要忍耐、等待,让事实来说话,时机到了,误解不辩自明。

(五)勇敢、主动地认错

及时赔个不是,并纠正自己的过错。已经无法纠正的错误主动承担,诚心接受别人的责难,这样对方就不好意思对你大动干戈。如果对方不明真相,或者纯属巧合而产生误解,你不便直接解释,除了耐心等待之外,还可以求助于老师和同学,让他们出面疏通。

二、宿舍关系处理

宿舍关系就像军队中的战友关系一样,总是让人记忆深刻,成为人生中最难忘的回忆。无论大学期间的相处过程如何,等到毕业后,所有同学都会无比怀念这份室友之情,因为除了父母、配偶和孩子,我们很少会有机会和陌生人在一起共同生活学习四年,而且还是在无忧无虑和单纯的环境下。毕竟世界那么大,人口那么多,真正认识你、了解你的人并不多,所以请珍惜这样的室友和这样的缘分。我们应该感谢自己的室友陪伴自己成长,而不是因为矛盾影响了和自己共同生活学习四年的室友之情。

三、师生关系处理

(一)遵循理解原则

师生关系的一些裂痕,往往是由于彼此缺乏理解造成的。一次,一位教师发现一个学生故意让旁边的一个同学抄作业,便在全班同学面前严厉地批评了他,说他这样做是害了那个同学。挨批评的学生很不服气,下课后主动找到老师说:"我知道让他抄作业不好,可是他说看看我怎么做的,我想让他看看也没什么不对。"听学生一说,老师意识到自己调查了解不够,没完全弄清楚事情的真相就批评他是不对的,便诚恳地做了自我批评,及时解决了出现的矛盾。学生认为让同学"参考"一下自己的作业"没什么",教师却把这类事看得很严重,这就是认识上的差异。其实,学生实在不会做作业,看看别人怎样做的,再动脑思考不是坏事,学生的学习愿望还是值得肯定的。不过对于一点不动脑筋、完全照抄别人作业的学生还是要坚决批评,绝不能听之任之。诸如此类事情,师生双方如果相互理解,就会避免许多不必要的矛盾。

(二)坚持尊重原则

相互尊重不是一件容易的事情。如果说理解是建立民主、平等的师生关系的基础,那么,尊重就是这一关系的核心。一位教育家在论述教育的功能时说:"教育成功的秘密在于学生和老师的相互尊重。"教师不尊重、爱护学生,便得不到学生的尊重。许多学生在调查问卷中说:喜欢和佩服尊重学生的教师。一个学生在投入"友好信箱"的信中写道:"老师,您讲课时我在下面小声说话,您不但没批评我,还让同学们听听我有什么看法,使我很感动,我觉得您这样做很好!"所以相互尊重是维持良好师生关系的核心。

四、恋爱关系处理

(一)处理好恋爱与学业的关系

要把学业放在首位,恋爱服从学业。只有正确处理好恋爱与学习的关系,才能使爱情的力量成为促进学习的动力,而学习的成功又会使爱情得到巩固和发展。关于恋爱对大学生将产生什么影响,有三种代表性的观点:一是动力论,认为利多弊少,恋爱可以产生动力,促进学习、陶冶情感、丰富精神生活,激发大学生的潜能;二是阻力论,认为弊多利少,大学阶段学习紧张、时间有限,恋爱花费时间、耗费精力,妨碍学习、影响团结,不利于全面发展;三是均衡论,认为利弊均衡。在现实生活中,恋爱对大学生学习和事业的作用具有两种可能性:一是恋爱关系处理得当,可以成为学习和事业的催化剂,使人学习努力、成绩上升;二是恋爱关系处理不当,可能分散精力、浪费时间、情绪波动、成绩下降。

(二)正确看待大学恋爱的利弊

有利的一面:谈恋爱虽占用了一部分时间,但却让人在恋爱过程中学会了如何相处,以及责任意识的培养,学会关心人和耐心做事,也会为了共同的目标努力奋斗。爱情的力量是巨大的,往往面对困难时,可以迸发出巨大的能量,可以达到更高的目标。它是一种人与人的密切相处,这种相处会暴露一个人的缺点,在相处中会让彼此学会修正自己,包容别人,促进两个人的成长。知识学习需要灵感,而恋爱是灵感的最好来源之一,并有助于培养人际交往技巧等。都说恋爱是学习调剂品,学习是恋爱的支持。但凡事都有个"度",恋爱也不例外。如果能把握好这个"度",正确处理好学业与爱情的关系,那么,在大学中谈恋爱也未必是一件坏事。爱情具有巨大的鼓舞力量,它能够振奋人的精神,使人把爱情作为奋发学习的动力。

不利的一面:大学生能够真正在客观上、行为上正确处理好学业与爱情关系的非常少。更多的时候是一旦坠入情网就不能自拔,有些大学生整天沉浸在卿卿我我的甜言蜜语中,这样做的后果是导致大家无意于学习,荒废了学业。甚至可能会因失恋等问题引发极端事件的发生,从而毁掉整个学业甚至人生。可见,摆正学业与爱情的关系,是大学生难以控制而又必须正确处理的问题。所以我们要选择合适的时机,选择理想的对象,要正确地处理好学业与爱情的关系,分清主次。只有形成了正确的恋爱观,才能实现学业和爱情双丰收。

【探索训练】

人际关系好感度测试

1. 你和同学们在一起时过得很愉快,是不是因为( )

A. 你发现他们很有趣,既爱玩又会玩　　　　B. 同学们都很喜欢你

C. 你认为你不得不这样做

2. 当你放假的时候,你是否( )

A. 很容易交上新朋友　　　　　　　　　　B. 比较喜欢自己一个人消磨时间

C. 想交朋友,但发现这不是一件很容易的事

3. 当你约好见一个同学,但你又感到很疲倦,却不能让同学知道你这种状况时,你是否( )

A. 希望他会谅解你,尽管你没有到同学那儿去

B. 还是尽力去赴约,并试图让自己过得愉快

C. 到同学那儿去了,并且问他如果你想早回家,他是否会介意

4. 你和要好的同学的关系一般能维持多长时间( )

A. 一般情况下有三个学期以上

B. 有共同感兴趣的东西时,也可能一起相处很长时间

C. 一般时间都不长

5. 一位同学向你吐露了一个非常有趣的个人小秘密时,你是否(　　)

A. 尽自己最大努力不让别人知道它　　　　B. 根本没有想过把它传给别人听

C. 当同学刚离开,你就马上找别人来议论这个问题

6. 当你有问题的时候,你是不是(　　)

A. 感到自己完全能够应付这个问题　　　　B. 向你所能依靠的同学请求帮助

C. 只有问题十分严重时,才找要好的同学

7. 当你同学有困难时,你是否发现(　　)

A. 他们马上来找你帮助　　　　　　　　　B. 只有那些和你关系密切的同学才来找你

C. 通常同学都不会麻烦你

8. 你要交新朋友时,是不是(　　)

A. 通过你的父母和同学　　　　　　　　　B. 在各种场合都可以

C. 仅仅是在一段较长时间观察后,才交朋友

9. 在这里的三种品质中,哪一种你认为是你的朋友应该具备的(　　)

A. 使你感到快乐的能力　　　　　　　　　B. 为人可靠、值得信赖

C. 对你感兴趣的事情他也感兴趣

10. 下面哪一种情况对你最为合适,或者接近你的实际情况(　　)

A. 我通常让同学们高兴地大笑

B. 我经常让同学们认真地思考

C. 只要有我在场,同学们会感到很舒服、愉快

11. 假如让你参加一次活动,你是否(　　)

A. 找借口不去

B. 有兴趣再去参加

C. 当场就表示不愿意参加

12. 对你来说,下面哪个是真实的(　　)

A. 我喜欢称赞和夸奖我的同学

B. 我认为诚实是最重要的,所以我常常不得不持有与众不同的看法

C. 我不奉承但也不批评我的同学

13. 你是否发现(　　)

A. 你只是同那些能够与你分担忧愁和欢乐的同学们相处得很好

B. 一般来说,你几乎和所有的同学都能够相处得比较融洽

C. 有时候你甚至和对你漠不关心、不负责任的同学都能相处下去

14. 假如同学对你恶作剧,你是否(　　)

A. 跟他们一起大笑

B. 感到气愤,但不溢于言表

C. 可能大笑,也可能发火,这取决于情绪

15. 假如同学想让你帮助他,你有什么想法?(　　)

A. 在某种程度上不在乎,但还是希望能够和同学保持距离,有一定独立性

B. 很不错,我喜欢帮助别人,让同学认为我是一个可靠的人

C. 我对此持谨慎的态度,比较倾向于避开可能要我承担的某些责任

题号	1	2	3	4	5	6	7	8
选项								
题号	9	10	11	12	13	14	15	
选项								

[结果评分与解释]

题号	A	B	C	题号	A	B	C	题号	A	B	C	题号	A	B	C
1	3	2	1	5	2	3	1	9	3	2	1	13	1	3	2
2	3	2	1	6	1	2	3	10	2	1	3	14	3	1	2
3	1	3	2	7	3	2	1	11	2	3	1	15	2	3	1
4	3	2	1	8	2	3	1	12	3	1	2	合计			

36—45分,你对周围的同学都很好,你们相处得不错,而且你能够从平凡的生活中得到很多乐趣。你的生活是比较丰富多彩而且充实的,你很可能在同学中有一定的威信,他们很信任你。总之,你会交朋友,人缘很好。

26—35分,你的人缘不怎么好,你和同学们的关系不牢固,时好时坏,经常处于一种起伏波动的状态中。这就表明,一方面你确实想让别人喜欢你,想多交一些朋友,尽管你做出很大努力,但是别人并不一定喜欢你,同学跟你在一起可能不会感到轻松愉快。你只有认真坚持自己的言行,虚心听取那些逆耳忠言,真诚对待同学,学会正确地待人处事,你的处境才会改变。

15—25分,你很可能是一个孤僻的人,思想不活跃,不开朗,喜欢独来独往。但是,这一切并不意味着你不会交朋友,更不能武断地说你人缘差。其主要原因在于,你对人和人之间的关系不感兴趣。但是请记住,一个人生活在社会中就不可能不和人交往,认识到这一点,你就会积极地改善自己的交友方式了。

探寻你的亲密关系

1. 请写出在你心目中最重要的五个亲人。

_____

2. 请回忆你与他们一起做过最开心的一件事。

_____

3. 请写出你与他们最后通电话或者见面的时间。

_____

4. 如果让你在这五个人中划去一个人,你会划掉谁,理由是?

_____

5. 如果你在学校遇到了困难,必须要联系亲人,你第一个想到谁,请给出理由。

_____

6. 请描述一下自己的家庭氛围,把好的和不好的都可以写出来。

_____

生活案例你我他

来自宿舍的"战争"

某大二女生宿舍住着小张、小黄、小许、小夏四名女生,分别来自不同的地方。小黄自小在农村长大,母亲是退休教师,家庭经济比较困难,学习成绩和综合测评在班级一直处于下游。因与其他三名城市里长大的女生在性格和生活习惯上有一定差异,所以一向独来独往,很少与舍友交流。四名女生共同生活一年后,原本相对平静的宿舍关系出现了问题,并且矛盾不断激化。因为最近小黄经常在宿舍里放恐怖片,有时深夜还大声放音乐,室友让她把声音关小,她听不进去,反而更加不顾其他同学的感受,自己打电话时还不允许室友发出声响。生活中的一系列矛盾不断激化,终于有一天,小夏、小张、小许实在难以忍受,强烈要求把小黄调出该宿舍。

我的观点:_____

_____

失恋之后

小张是一名大二女生,入学以来,学习成绩优秀,性格活泼开朗,有文艺才能,在班级担任文艺委员,与班级和宿舍同学关系融洽,并且在大二与班级一名男生确立了恋爱关系。可是前不久,小张出现了莫名的逃课、和宿舍同学闹矛盾,甚至连老师安排的工作也只是随便应付。小王的辅导员发现这一情况后找其谈话,发现原来是因为失恋导致的,小张的男友与其分手后,又与其他女生确立了恋爱关系,这让小张不能接受。于是小张开始出现一些极端想法,甚至想到过要割腕自杀。辅导员认为小张在面对恋爱问题时,没有树立一个正确的恋爱观。请问如果你是小张,你该如何正确处理恋爱关系?

我的观点:_____

_____

【拓展阅读】

聚焦"大二低潮"现象:学生中间现"两极分化"①

"大二低潮"谁来排解

当大学沉溺于声势浩大的迎新活动狂欢,更深层次的教育却缺位了。

"最近好多人都在秀,都不敢打开空间。可怜的我不仅没有男友,连个基友都没有!最近

———————————

① 《聚焦"大二低潮"现象:学生中间现"两极分化"》:HTTP://www.edu.cn/zhong_guo_jiao_yu/gao_deng/gao_jiao_news/201510/t20151022_1329394.shtml.

很浮躁，书看不进，CET6单词不想背，文稿也写不出！"这是笔者教过的一个大二学生最近发的状态，"好多人都在秀"指的是秀"恩爱"。

这不过是一种典型的"大二心态"，也从侧面反映出部分大二学生的生活状态。依笔者的经验，到了大二，学生中间就会出现"两极分化"，很多人对大学的新鲜感逐渐退却，大一刚进校时候的激情已然消逝，"堕落"的序幕或许正式拉开：大班上课，课堂上有些人会带自己的"另一半"来旁听；有些开始迟到、早退，课堂上玩手机，思想开小差，甚至逃课；大一时坚持的早、晚自习也完全放弃了，有的睡懒觉，在宿舍打游戏；还有的学生看到身边的同学恋爱了，自己也浮躁起来，很容易受他人影响……

据《麦可思研究》的消息，《哈佛深红报》曾在报道学生"大二低潮"时指出，对许多大二学生来说，虽然哈佛提供给了他们非常灵活的专业选择空间，但他们依然会有压力。因为他们进入了一个对自己专业选择需要深入思考的阶段，从大二开始，他们逐渐意识到自己现在的选择或许会决定未来的职业生涯。

大学各个年级的学生受到的待遇真是天壤之别。新生入学，有开学典礼、校长致辞、迎新晚会、专业介绍会、职业生涯规划等系列"连番轰炸"，各种教育和引导主动送到学生面前。可是，对大二的学生，还有多少人会主动去关注、关心他们？很多学生不得不自己摸索，或私下里去打听、询问教师，大二学生遇到的"低潮"和疑惑，又由谁来帮助引导和排解？

同时，笔者也有些怀疑，学校一开始对新生所做的入学激励究竟能维持多长时间，能够起到多大效用。到了大二，新生开学典礼上的校长演讲致辞还会在耳畔萦绕吗？新生班会上，每个人的发言还会有多少人清楚记得？专业带头人给新生做的专业介绍，还能不能帮助学生走出迷茫，如今学生是不是对专业的认识更加清晰了？还有多少学生能不忘初心，不受周遭各种诱惑的影响，始终坚持自己最初的目标不动摇？

平心而论，新生开学季，一些轰轰烈烈的入学教育恐怕只是起到了"热热闹闹"的作用，只有"三分钟"热度，无法持续发力，因为许多内容对新生来说是脱离实际的。毕竟，新生还没有具体适应大学生活，没有接触专业课程，没有任何实践经验，许多教育只是将理论"空对空"强加给学生，恐怕一时难以消化，还需要在实践中去体验，才能帮助学生更加清晰地认知。

就拿专业引导和介绍来说，不论是大类招生，还是填报志愿时选专业，入学第一年基本都是在上公共基础课，很少会接触专业课程，学生对专业的认知还是模糊。等到大二上专业课，很多人才会真正思考专业和未来职业的关系。再拿谈恋爱来说，新生和准毕业生的心态是不一样的，准毕业生们可能会后悔没有谈过一场恋爱，而新生对恋爱可能并不积极，很多学生在第一年还保留着高中阶段的思想和生活方式，甚至以为自己不会在大学里谈恋爱，而且在教师眼里，新生也是大学里"最听话"的一届学生，大二、大三才是最容易发生恋情的时间段。

笔者认为，大量的教育和引导都在新生入学季一股脑儿推给他们，其实并不适宜。各种教育合理分配在大学里的每个时间段，可能更加科学——在学生最需要的时候，提供最合适的引导，使得大学里各个学年的教育真正不断线，让学生始终保留些激情和余热。遗憾的是，当下本该是在最适当的时机出手，我们的大学往往却无意识地缺位了。当大学沉溺于声势浩大的迎新活动狂欢之时，更应该准备好各种个性化、阶段化、深层次的活动，有针对性地面向其他年级的学生，不能对他们视而不见，这需要校长、领导、班主任、辅导员、专业导师和任课教师们同心协力，让专业化的教育活动制度化、常态化。

【经典推荐】

书籍:《人际关系:职业发展与个人成功心理学》①

人际关系是一门提高与人相处的能力、开展工作和提升职业效率的艺术,它不仅是"友善待人",而且也是以系统的知识指导人们用一种更加得体的方式与人相处,使对方感觉更好,并起到激励的作用。

《人际关系:职业发展与个人成功心理学》是畅销美国 30 年的人际关系书,最受美国大学生欢迎的人际关系课。美国著名心理学家、人际关系专家安德鲁·J·杜布林将帮你有效提升工作场所和生活中的人际关系。如何通过有关人际关系的知识和技巧使工作和生活更有成效,书中提供了许多关于人际关系的有价值信息,涵盖职业发展、培养良好的工作习惯与管理压力和个人问题等主题。通过阅读它,你将有能力做到:成为受欢迎的人;应付难缠的人;完成看上去无法完成的工作;应对失业问题,克服工作中的不自信;成功地说服他人;平衡工作和生活中的各种冲突;成为一个幸福感很高的人。

影片:《风雨哈佛路》

《风雨哈佛路》(*Homeless to Harvard:The Liz Murray Story*)是美国一部催人警醒的励志电影。影片由 Peter Levi 执导,索拉·伯奇(Thora Birch)、迈克·里雷(Michael Riley)等主演。影片于 2003 年 4 月 7 日在美国上映。

这是一部很简单的电影,介绍了一位生长在纽约的女孩莉斯(Liz)经历人生的艰辛和辛酸,凭借自已的努力,最终走进了最高学府的经历。一个好听的声线将她的故事娓娓道来,叙述了一个真实、努力女孩的人生经历、一段自强不息昂扬奋斗的生命历程,传递给人的除了心灵的震撼,还有深深的感动。

模块二 效能提升 树专业根基

专业课是为培养各类专门人才而设置的在专业上有特殊要求的课程,是专业知识和技能的核心课程,具有一定的专业深度和难度。从现代社会发展的需求来看,专业是最重要的,随着社会的发展,竞争在日渐激烈,专业已成为经济发展的主要驱动力,专业是推动社会发展的核心引擎之一。

---

① (美)安德鲁·J·杜布林著.人际关系:职业发展与个人成功心理学[M].姚翔等译.北京:机械工业出版社,2014.

迅速形成专业意识,及时提高专业兴趣,用专业化的视角来读书,以专业化眼光选择学习内容是大学学习的最基本要求之一。虽然不是每个人都能及时实现专业化学习思路,但是我们一定不能还停留在中学阶段的读书范围、层次和兴趣层面。比如学习建筑学的同学,有多少人会在多大程度上还在沿着建筑专业——建筑概览与鉴赏、建筑反思与批评、建筑传承与发扬的专业化角度在读书和讨论问题呢?我们应该时时记住我们是学什么专业的,并且应该牢牢记得我们还应肩负不断超越和创新的使命。作为在校大学生,我们毕竟是要走向社会、适应社会、服务社会,因此我们更要在学习过程中学好专业并适应社会发展的需要,让自己在社会中更容易立足。

【想一想】

1. 你知道你的专业属于哪一个学科吗?
2. 你所学专业的基础课程和专业课程分别有哪些呢?
3. 本专业的就业去向主要有哪几个呢?

【知识链接】

一、明确专业基础课的重要性与价值

专业课学习是大学学习的核心部分。一般来说,进入大学就要先选定专业,然后围绕专业设计课程学习体系。专业的不同,学习的主体任务和知识内容也会不同,只有完成专业基础课程的学习才能达到毕业的基本条件,才可以授予相应的学历学位。所以每一位大学生都应该重视专业课学习,专业就是大学生安身立命的法宝。专业课的学习不仅影响着自己本专业的就业,同时对于想考研和留学的同学至关重要,因为此时专业课的水平将会占很大比重,在面试过程中也非常重要,所以打好专业基础是我们在专业方面深造的前提和保证。

当前,针对大学生招聘就业都是以专业为前提的,社会上大部分的招聘都是有专业限制和要求的,有些企业还对于工作经验和实习经历有明确要求。所以,专业能力直接影响着就业能力,如果想找到一份好的工作,必须要有扎实的专业基础知识和实践技能,否则,将会在庞大的大学毕业生群体中失去竞争力。

二、提升专业自信和专业效能感

心理学上,把人对自己进行某一活动能力的主观判断称之为效能感。提升专业自信、专业效能感也就是让大学生在对待所学专业要重视并充满自信,并认真地加以学习。专业是每个大学生以后的就业潜在方向,也是大学生在大学阶段学习重要任务和专业水平能力的象征。每一位大学生都应该重视专业知识的学习,切忌因个人等主观因素放弃或不重视自己的专业学习。比如有些大学生对所学专业不感兴趣,或者所学专业是家长或高中老师所指导填报的,还有的大学生认为以后不会从事本专业就业等。这些思想都会影响专业课的学习,虽然这些想法都是片面的。专业课学习是系统学习,更重要的是学生在校学习的能力和系统性综合能

力的体现。任何专业的学习都不是孤立的,所以应该用整体的、联系的、发展的观念对待专业的学习。

三、掌握有效的学习方法

(一)把握大二时期特点,取长补短

不同年级的大学生在课堂体验和学习方式上存在一定差异,一是课堂教学效果和反馈上,大二要高于大三,但低于大一和大四,大四时期的教学效果最好,所以,应该要主动在课堂上与教师互动;二是课程作业负担,大二低于大一,但高于大三和大四,也就是我们要花大量时间来完成课程作业,而此时时间管理就非常重要,我们要进行合理时间规划,才能让学习、工作和生活平衡发展;三是学习自由度,大二高于大一,但低于大三和大四,也就是我们的学习自由度还处于一个较低的水平,这个时期的学习需要专业老师更多的指导,所以我们应该多参与到老师的指导项目和实践活动中去。

(二)重点规划专业课学习

通常大学生学习都将围绕一定的职业定向学习基础课和专业课,这些将决定学生的知识结构和智力结构,以及他们将来对工作的适应性。因此,大学生要充分意识到本专业的社会价值和重要性,培养对本专业的热爱,激发对本学科学习的兴趣,更要对本专业的某一方面有深入的钻研和了解。大二恰恰处于专业课学习的初始阶段,所以我们需要合理规划,做好开端,迅速融入专业学习当中去,为大三、大四专业课学习打下良好基础。

(三)学会自我管理,独立学习

与大学之前的生活学习不同,大学阶段生活上要自理,管理上要自治,思想上要自我教育,学习上要自主。据调查,大学有 45% 的时间是可以自主支配的,同学们可以用来学习、打工、参加实践活动、培养兴趣爱好,学习氛围基本是内紧外松的状态。针对这一特点,大学生应该要学会主动学习,在独立时间内,要阅读各种参考书和文献资料,扩大课堂外知识,选择学习喜欢的选修课和专业课,深化自己的专业知识层次,扩展知识范围。

(四)善于实践,勇于创新

课堂教学虽然是教学的主要形式,但不是唯一形式。大学学习还包括课外阅读、实验课、实践活动、各种竞赛活动、各种集体活动和社团、各类讲座、讲坛、社会调查和志愿服务活动,这些都是提高自身能力的途径和方式。

大学生要善于钻研,才能不断提升自身的理论水平,掌握牢固的专业知识。据调查,我国有 60%—80% 左右大学生没有认真做好大学规划,这使得大学生在进入社会和就业时压力很大。所以大学生更应该认真学习,做好规划,只有掌握真才实学和扎实的专业知识才能应对各种挑战。因此,创新能力的培养和提升对于大学生的发展越来越重要,同时创新也是激发学生学习很重要的方式。目前国家和学校都在积极开展大学生创业创新教育,并提供了积极的政策来帮助大学生进行创新创业。

【探索训练】

学习分化情况自我测验

1. 你现在所处的英语等级水平是（   ）
A. 英语四级   B. 英语六级   C. 都不是

2. 你现在所处的计算机等级水平是（   ）
A. 计算机一级   B. 计算机二级   C. 计算机三级   D. 计算机四级

3. 你在大二学年中有无不及格情况（   ）
A. 无不及格   B. 1—2门   C. 3—4门   D. 5门以上

4. 你在大二学年每周进图书馆次数（   ）
A. 3次以下   B. 3—6次   C. 7—10次   D. 10次以上

5. 你与宿舍舍友关系如何（   ）
A. 比较融洽   B. 偶有矛盾   C. 难以相处

6. 你认为恋爱对大学生涯发展（   ）
A. 有利的   B. 不利的   C. 双刃剑

7. 你有无参加社团或兴趣小组（   ）
A. 有   B. 没有   C. 准备参加   D. 不想参加

8. 你在大二总共读了多少本课外书（   ）
A. 0   B. 1—5本   C. 6—10本   D. 10本以上

9. 你每天花在手机或电脑网络时间是（   ）
A. 0—2小时   B. 3—5小时   C. 6—8小时   D. 8小时以上

10. 请你自己对大二做一个整体评价（   ）
A. 非常满意   B. 比较满意   C. 一般   D. 不满意

[自我评估]

本测验主要是对大二生活和学习的简单回顾和总结，前4题主要是对大二时期学习目标的检验，后面5题主要是对大二时期的人际关系、时间管理等方面的检验。通过学习目标的检验可以反映同学之间的学习分化程度，对人际关系、时间管理等方面的检验可以反映同学们在个人兴趣和能力素质提升方面的差距。

专业相关自我觉察表

_____专业开设的主要课程

类别	课程
基础课程	
专业课程	
实践课程	

职业	工作单位	起薪(元/月)	学历要求	工作内容

_____专业毕业生基本去向

生活案例你我他

被忽略的专业课

小李,2012级计算机科学与技术专业一名男生,到了大四还有多门专业课不及格,特别是C语言、数据结构。这两门课程经过几次补考和重修依然没有通过,最后把希望都放在清考上,但由于大四忙于找工作,也没有认真准备清考,最后还是没有通过。因此,无法顺利毕业,拿不到毕业证,而自己辛辛苦苦好不容易找到的工作也因此泡汤,自己非常后悔当初没有认真把专业课学好。(请分析一下该同学产生这种后果的主要原因。)

我的观点:_____

爱上专业课

小高,2009级软件工程专业一名学生,由于对网络和计算机技术的热爱而选择了软件工程专业。进入大学后就主动接触专业课老师,跟着老师参加各种实验项目和开发工作,平时自己也喜爱设计一些小的软件,而且也主动要求为班级制作ppt、视频作品等。大学期间也参加了多个专业技能竞赛并多次获奖,由于近年来互联网经济的红火和电商的发展,对于计算机类专业人才需求很大,很多企业都主动来学校招聘,小高特别受用人单位的欢迎。因为其扎实的专业基础和实践能力,虽然同学们基本上都能找到工作,但小高的工资远远高于其他一般的同学。(请分析一下出现这种现象的主要原因。)

我的观点:_____

【拓展阅读】

以专业为根基 理论联系实际
——全国大学生机器人大赛简介

"全国大学生机器人大赛"(Robocon)是"亚太大学生机器人大赛"的国内选拔赛,该项赛事是亚洲广播联合会(ABU)在2002年发起的一个大学生机器人创意和制作比赛。比赛每年发布一个新规则,需要参赛者综合运用机械、电子、控制等技术手段完成规则设置的任务。作为高技术门槛的机器人竞赛平台,自2002年来,全国大学生机器人大赛已经成功举办了十四届,国内先后有百余所院校踊跃参加。

目前,全国大学生机器人大赛由共青团中央学校部、全国学联秘书处、CCTV 共同主办,教育部高等学校机械类专业教学指导委员会、计算机类专业教学指导委员会协办。十年磨砺,在"让思维活跃起来 让智慧沸腾起来"口号的鼓励下,前后共约有 13000 名大学生投身这项高水平的机器人赛事中来。参赛学生的创新思维意识、工程实践能力、团队协作水平等方面均得到了极大提高,也培养出了一批爱创新、会动手、能协作、肯拼搏的科技精英人才。

各类理工科院校、综合类院校组建机器人团队,积极训练,参加全国、省市级比赛,这类比赛虽然完成的任务不尽相同,但是对参加比赛选手的知识结构都要求比较高——涉及机械、控制、计算机、数学、材料、仿生物学等专业。2016 年,以"清洁能源"为主题,全国 60 余所高校、2000 余名学生参加了大赛,有近 200 场紧张激烈竞技的比赛,参赛人数、大赛规模均创历届之最。各参赛团队的参赛队员需要综合应用机械制图、电子电路、单片机、传感技术、自动控制、图像处理、计算机编程语言、电机拖动等多门学科的知识,设计制作自动机器人。最终,东北大学夺冠,将代表中国出征今年在泰国举办的亚洲广播联合会(ABU)"亚太大学生机器人大赛"。电子科技大学、西安交通大学、哈尔滨工业大学与之位列全国大学生机器人大赛前四强团队。

【经典推荐】

书籍:《路》①

关于大学生,有学者曾把它们划分为三大类:待职者、求职者和创业者。待职者及大学生毕业后待在家里依靠父母找工作的人;求职者,是指毕业后能自己找到工作养活自己的人;创业者是大学生毕业后能自主创业的人。显然培养能够掌控和主宰自己命运的大学生是高等教育人才发展战略的必由之路,造就一大批能够自我求职者和自主创业者是高校人才培养的必然选择,而这一切又都要建立在大学 4 年的学习和生活之上,那么大学该如何度过? 本书中选择了 39 位优秀大学毕业生,并对他们进行了专访,把他们在大学时期走过的"路"记录下来。他们的"路"值得您一读。

影片:《美丽心灵》

导演朗·霍华德,主演罗素·克劳、詹妮弗·康纳利、艾德·哈里斯、克里斯托弗·普卢默、保罗·贝坦尼,电影于 2001 年上映。

《美丽心灵》(A Beautiful Mind)是一部关于一个真实天才的极富人性的剧情片。影片讲述了一位患有精神分裂症但却在博弈论和微分几何学领域潜心研究,最终获得诺贝尔经济学奖的数学家约翰·福布斯·纳什。同名传记由西尔维雅·娜萨儿撰写,于 1998 年出版。

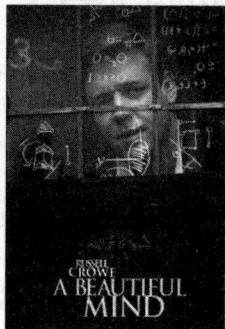

① 顾晓虎.路[M].苏州:苏州大学出版社,2008.

能力提升　重落实

能力是人们表现出来的解决问题可能性的个性心理特征,是完成任务、达到目标的必备条件。能力直接影响活动的效率,是活动顺利完成的最重要的内在因素。随着我国经济的飞速发展,我国高等教育已经逐渐普及化,高等学校的人才培养需要紧紧跟上社会的高速发展,所以提高大学生的综合能力,适应社会快速发展的需要成为当前高校人才培养的基本要求。

大学生的知识和能力有多少,是否符合社会的发展需要,这不仅体现了当代大学生的整体素养水平及当代大学的办学质量,从某种程度上还决定了我国高等教育未来的发展方向。因此,高等教育在落实人才培养质量的过程中着力加强大学生的能力建设,并且重点放在真正培养面向社会需求的各类人才,并对他们进行有针对性的培养。从大学生个人成长的实践历程来看,在大二阶段大学生侧重于基础技能、社会实践、人脉管理和创新思维等方面进行个人能力的提升和落实,有利于促进其正确价值观的形成,有利于促进其健全人格的形成,有利于其大学后期个人的成长与发展。

模块一　基础技能　生涯发展必备

进入 21 世纪,作为人才培养的摇篮,高校肩负着重大的社会责任,能否培养出一批富有创新精神、具有科研意识和实践能力的通用人才,将直接关系到人才素质教育的全面推进。虽然各个国家,每所大学在人才培养模式上各有特点,但是在对大学生通用能力和基本技能的教育方面基本上都是一致的。从某种意义上说,通用基础能力、基本技能的培养和我们通常所说的素质教育类似,而前者更偏向于技能型、实践型。学习和掌握基本的技能不仅有利于完善大学生的知识结构,提高大学生的动手能力,还有利于充分挖掘学生团体的力量,培养大学生的健全人格。显然,作为应用型高等学校的大学生,掌握基础技能是学习的核心任务之一。

【想一想】

1. 要想在社会有立足之地,应该具备哪些基本的能力呢?

2. 在二十一世纪竞争激烈的今天,我们必须具备哪些基础技能才能在这个时代脱颖而出呢?

3. 到目前为止,你已经掌握了哪些基本技能?

【知识链接】

一、演讲与口才

语言是交际的工具,能增加人与人之间的交流,语言是一门艺术,不仅能提升自己在众人心中的地位和形象,更能为自己日后的工作打下一个坚实的基础。古人云:"一言知其贤惠",通过一个人的言谈举止,不仅仅能表现出一个人的学识高低,更能反映出一个人的综合素质。因此,人们日益重视口语表达,一些西方国家如美国,早已把语言类教育作为中小学的必修课,部分大学也开设此类课程,全面发展与自我完善对于大学生而言是非常重要的,所以各高等院校都十分重视。具有超强演讲能力的人能吸引更多的人才加入到你的团队,使自己的团队更加壮大,也使你更加成功。所以二十一世纪,你一定要使自己成为一个超级演说家!

(一)演讲与口才的魅力

2012 年美国总统大选上,奥巴马与罗姆尼的演讲无疑是一场惊心动魄的辩论式演讲,尽显演讲与口才的魅力。21 世纪的今天,人们对口才的重视达到了一个新的高度,在一个人的各项技能里,口才扮演着一个重要的角色,有时候,它甚至决定着你的命运。比如,国内外大大小小的公司,面试是招收人才的必要途径,通过你的着装,你的举止,最重要的是谈吐就可以大体判断你的综合素质。有时候出言不当,会使你陷入"四面楚歌"的尴尬境地,难得一遇的机会也与你擦肩而过;笨嘴拙舌,言不达意只会给你留下一个不懂表达的坏印象;相反,如果语言精简,善于言辞,那么你就赢得了主动权,你也会得到更多的机会。因此,口才在大学生的生涯里扮演着一个重要的角色。

(二)演讲与口才的方法

世界上任何一位演讲家的演讲才能都不是与生俱来的,他们都是通过自己的不懈努力,才在演讲界取得一席之地。作为当代大学生,"演讲与口才"是我们的一项必备基础技能。通过演讲,能够锻炼人的意志,克服内心的胆怯,增强自信心。想要成为一名具有天赋的演说家并非是一件易事,如能做到以下几点,相信你会更加出色。

1. 敢于说

演讲是一门艺术,而现在那些优雅的演讲方式和动人心魄的声音也在渐渐消失。有些人缺乏自信、决心和实力,害怕当众演讲,总抱有一种出错就会丢脸的想法,故而不敢放开自己大胆地去演讲,面对很多人讲话时静不下心去思考。这时,为何不甩开别人的想法大大方方地表现自己呢? 演讲的根本在于释放自我,突破心理障碍并战胜自己。不要担心别人的看法,大胆地站上舞台,才能达到真正的效果,否则就是珍珠深埋,宝剑藏匿匣中。

2. 有目标

记得威廉·詹姆斯的一句话:"假如你对某个结果特别留意,你肯定能很自然地到达这个结果",给自己树立一个目标,然后一直向前走。目标不仅是奋斗的方向,更是对自己的一种鞭策。有目标的人注意力会集中起来,明白自己该怎样演讲,不会受他人影响,发挥出最好的自己。

3. 有好的心态

积极乐观,要知道自己的付出一定会得到回报,对自己在他人面前讲话的结果保持乐观的态度。有失败并不可怕,可怕的是被失败击倒,从此萎靡不振。演讲是培养人心态的一个很好的方法,能够克服自身对听众的恐惧感,使自己的心态积极起来,保持一颗向上的心。

4. 真情实感

用发自肺腑的真情实感打动听者,获得以情动人的效果。如果演讲者没有投入到内容当中去,感情平淡、语言贫乏,那他必然打动不了观众。精辟的语言、广博的知识、丰富的情感,往往能使聆听者浑然忘我。

二、应用文写作

"大学毕业生不一定能写小说诗歌,但是一定要能写工作和学习中实用的文章,而且非写得既通顺又扎实不可。"这是叶圣陶先生在 1981 年与《写作》杂志编辑谈话时说的一句话。现代社会应用文使用频率更高,使用范围更广,体裁形式更丰富。应用文写作是学生必须掌握的一项技能,是衡量学生写作素养和知识水平的重要标准。许多大学开设的应用文写作课程,就是为了在对学生进行文化素质教育的同时,培养其应用文写作的实际本领,提高学生的社会实践能力。

那么,该如何写应用文,又该如何写好一篇应用文呢?

(一)应用文概述

应用文是国家机关、企事业单位、社会团体和人民群众在处理事务、传递信息、沟通关系时使用的具有一定格式的文章的总称。应用文使用范围很广,种类很多。根据不同的分类标准,有不同的分类方法。就应用文的内容、功用和使用范围,分为通用类应用文和专用类应用文。其中,通用类应用文包含党政机关公文类应用文和日常事务类应用文两大类;专用类应用文包含经济类应用文、法律类应用文、科技类应用文和宣传类应用文四大类。随着人们活动范围的扩大,信息的交流和事务的处理更加频繁,应用文的重要性越来越明显,它有指导通报、宣传教育、交流信息、总结经验、凭证依据、资料积累等作用。

（二）怎样写好应用文

1. 兴趣

兴趣是最好的老师，没有写作兴趣，写作水平自然低。提高写作兴趣，通过写消息、通讯、简报并积极向校报投稿，不断获得成功，增强写作的自信心与激情。应用文并不是一道寡淡无味的菜，细细品尝，你会尝到里面的甘甜。提高自己的写作积极性，增加自己的兴趣，你的应用文写作能力一定会到达另一个高度。

2. 练习

勤写多练是所有写作课的共性，要想提高应用文的写作水平，一定要多做练习。应用文的写作材料、内容来源于社会实践，而大学生相对比较缺乏社会实践经验，积极参与写作类活动，可以极大调动学生进行应用文写作的积极性，从中能够积累很多写作经验，感受到写作的乐趣。

3. 积累

鲁迅说过："学习必须如蜜蜂一样，采过许多花，这才能酿出蜜来。"想要丰富写作知识，需要不断积累。多研读好的应用文可以快速提高应用文写作水平。应用文重在"事"，关注时事并与他人交流，能培养人的逻辑思维能力，能够辩证地对待事物并理性地分析矛盾，这些都是应用文写作的重要支柱。

三、体育技能

体育是对挫折和挫折教育的一种诠释。现在大学生基本是独生子女，很多学生承受不起挫折而轻生、犯罪、萎靡不振等。但有的人能积极、乐观地面对挫折，他们会从挫折中吸取教训，完善自我、克服困难、超越自我。体育教育可以教会学生在失败中品尝苦涩，在成功中享受甜的滋味。通过体育课的学习，不仅有利于增强体质、掌握技能，为养成锻炼身体的习惯和终身体育的能力打下良好的基础，同时还有利于提高学生学习兴趣，充分挖掘学生学习潜能，强化学生个性。

体育能提高心理素质。体育教育主要是以锻炼身体为主，然后对学生进行基本技能的培训和教育，同时也有责任和义务对学生的心理素质进行适当的调适。体育运动能改善人的情绪，缓解人的沮丧状态，减少焦虑状态，能有效地缓解人的压力。体育运动有益于个人的自我塑造和发展，增强人的自我观念，改善自尊和人生观。

体育运动增强体质，远离疾病。经常进行身体活动可预防疾病，对健康与幸福有着正面的影响。2000年美国政府发布了《通过运动来改善青少年的健康状况》报告，该报告显示"目前在美国空前肆虐的儿童肥胖症就是由于缺少身体锻炼。现在有太多的青少年不爱运动也不爱健身，身体超重，这些都增加了他们患上慢性病的危险"。研究发现，影响健康的危险因素主要为慢性疾病，缺乏体育锻炼会导致许多疾病的产生，在大量的慢性病研究中发现，久坐工作者患慢性病的概率和死亡的危险性会增加。

体育技能增加工作机会。现在就业已然成为大学生所面临的一大难题，而拥有良好的体育技能就为你增加许多就业机会。现代人追求高品质生活，闲来无事便会去健身房，自然而然的，健身教练就出现了，比如瑜伽教练，舞蹈教练等。

根据我国二十多年的体质调研结果表明,大学生的体质总体呈下降趋势。如何有效地提高学生体质和健康水平是一个重大问题。那么,当代大学生该如何加强训练?

自学:明确体育锻炼的意义,学习有关体育知识和方法,能够结合环境和自身条件,制定锻炼计划和方法,能够结合环境和自身条件,制定锻炼计划和方案,坚持经常持久地锻炼,并养成良好的锻炼习惯。

自练:即能把所学到的体育知识、技术和方法,综合运用到体育锻炼实践中去,使自练活动成为日常生活、学习中不可缺少的一部分。

自调:在身体锻炼的活动中,能够根据自己的身体条件、健康水平,掌握和合理安排运动负荷、运动强度及运动的时间,并能进行自我调节。

自控:指执行锻炼计划的自我控制能力,即在身体锻炼效果自我评价基础上不断修正并实施锻炼计划的能力。其中,培养自学能力是主要的,但是,不可忽视各要素之间相互联系、相互制约、互为补充的关系,必须有意识地全面培养。

踏入大学校门时,你还是一个忙碌的、青涩的、被动的、为分数读书的、被家庭保护着的中学毕业生;就读大学时,你应该掌握上面所说的三项技能,并能不断学习、实践和坚持,从学习中寻求真理,从实践中赢得价值,从坚持中获得力量,这样才能让我们在充满竞争的社会中脱颖而出,有立足之地。

【探索训练】

语言表达能力测试

1. 你觉得会说话对人一生的影响(　　)。

A. 重要　　　　　　　　B. 一般　　　　　　　　C. 不重要

2. 你和很多人在一起交谈时,你会(　　)。

A. 有时插上几句

B. 让别人说,自己只是旁听者

C. 善用言谈来增加别人对你的好感

3. 在公共场合,你的表现是(　　)。

A. 很善于言辞　　　　B. 不善言辞　　　　　C. 羞于言辞

4. 假如一个依赖性很强的朋友。打电话与你聊天,而你没有时间,你会(　　)。

A. 问他是否有重要事,如果没有,回头再打给他

B. 告诉他你很忙,不能和他聊天

C. 不接电话

5. 因为一次语言失误,在同学间产生了不好的影响,你会(　　)。

A. 一样的多说话

B. 以良好言行尽力寻找机会挽回形象

C. 害怕说话

6. 有人告诉你某某说过你的坏话,你会(　　)。

A. 处处提防他　　　B. 也说他坏话　　　C. 主动与他交谈

7. 在朋友的生日宴会上,你结识了朋友的同学,当你再次看到他时(　　)。

A. 匆匆打个招呼就过去了

B. 一张口就叫出他的名字,并热情地与之交谈

C. 聊了几句,并留下新的联系方式

8. 你说话被别人误解后,你会(　　)。

A. 多给予谅解　　　B. 忽略这个问题　　　C. 不再搭理人

题号	1	2	3	4	5	6	7	8
选项								

[结果评分与解释]

题号	A	B	C	题号	A	B	C	题号	A	B	C	题号	A	B	C
1	3	2	1	2	3	2	1	3	1	3	2	4	3	2	1
5	2	3	1	6	1	2	3	7	3	2	1	8	2	3	1

我的总分:＿＿＿＿＿＿＿

得分在0—5分之间,表明语商较低,语言表达能力和语言沟通能力还很欠缺。如果性格太内向,这会阻碍语言能力的提高,应该尽力改变这种状况,跳出自己的小圈子,多与外界人接触,寻找一些与别人言语交流的机会,努力培养自己的说话能力。只有这样,才有希望成为一个受欢迎的人。

得分在6—11分之间,表明语商良好,语言表达能力和语言沟通能力一般,如果再加把劲儿,就可以很自如地与人交流了。提高语言能力的法宝是主动出击,这样可以在语言交流中赢得主动权,语商能力自然会迈上一个新的台阶。

得分在12—16分之间,表明语商很高,清楚怎样表达自己的情感和思想,能够很好地理解和支持别人,不论同事还是朋友、上级还是下级,都能和他们保持良好的言谈关系。值得注意的是:千万不要炫耀自己的这种沟通和交流能力。那样会被人认为是故意讨好别人,是十分虚伪的表现。尤其是对那种不善于与人沟通的人,更要十分注意,要做到用真诚去打动别人。只有这样,才能长久地维持好人缘,语商才能表现得很高。

口才基础训练

1. 自我暗示:每天清晨默念10遍"我一定要最大胆地发言,我一定要最大声地说话,我一定要最流畅地演讲。我一定行! 今天一定是幸福快乐的一天!"(平常也自我暗示,默念或写出来,至少10遍。)

2. 心态训练:至少5分钟在镜前学习微笑,展示自己的手势及形态;培养微笑的习惯,要笑得灿烂、笑得真诚,锻炼亲和力;训练接受他人的视线、目光,培养自信和观察能力。

3. 朗读训练:二十分钟朗读(最大声,最清晰,最快速)。朗读的内容可以是古今中外的经典演说,尽量选择积极豪情的(当然这要根据你希望成为什么样的人来定),比如马丁路德"我

有一个梦",闻一多的"最后一次演讲",乔治巴顿的"战争造就英雄豪杰"等。每天训练自己"三分钟演讲"一次或"三分钟默讲"一次。每天练习10分钟的绕口令。

4. 辅助锻炼:每天至少20分钟阅读励志书籍或口才书籍,培养自己积极心态,学习一些技巧。学会检讨,每天总结得与失,写心得体会。每周要全面总结成效及不足,并确定下周的目标。

今日训练心得体会:＿＿＿＿＿＿＿＿＿＿＿＿＿＿＿＿＿＿＿＿＿＿＿＿＿＿＿＿

＿＿＿＿＿＿＿＿＿＿＿＿＿＿＿＿＿＿＿＿＿＿＿＿＿＿＿＿＿＿＿＿＿＿＿＿＿

应用文写作基础训练

1. 请向老师写一份请假条。

假如你是××学院××专业××班学生,突然因家里有事(或本人得病),需要请假三天,请向你的辅导员写一份请假条。要求:能用最少的字数在最短时间内将请假的理由写充分、请假的内容写清楚、请假条的格式写正确。

＿＿＿＿＿＿＿＿＿＿＿＿＿＿＿＿＿＿＿＿＿＿＿＿＿＿＿＿＿＿＿＿＿＿＿＿＿

2. 如果本周将举办迎新生晚会,请你作为大二学生代表写一篇欢迎词。要求:500字左右。

＿＿＿＿＿＿＿＿＿＿＿＿＿＿＿＿＿＿＿＿＿＿＿＿＿＿＿＿＿＿＿＿＿＿＿＿＿

3. 根据所给资料写一封求职信。

王磊以优异成绩毕业于某大学人力资源专业,并在某外企从事人力资源工作,现担任部门主管。现在王磊欲寻找机会,谋求更大发展空间。

＿＿＿＿＿＿＿＿＿＿＿＿＿＿＿＿＿＿＿＿＿＿＿＿＿＿＿＿＿＿＿＿＿＿＿＿＿

4. 根据如下要求写一篇总结。

结合自己的实际情况、真切感受写一篇总结。内容可以是专业学习、社团(学生会)工作、旅游考察、实践锻炼等方面。要求:在总结经验时,不仅要知其然,还要知其所以然。在标题形式使用上,请用小标题提纲挈领。

＿＿＿＿＿＿＿＿＿＿＿＿＿＿＿＿＿＿＿＿＿＿＿＿＿＿＿＿＿＿＿＿＿＿＿＿＿

体能训练一周计划

星期一:1. 慢跑2500—4000 m(有氧训练,改善心血管系统,增强耐力)

2. 拉伸活动(提高柔韧性,加速体能恢复)

3. 力量训练:仰卧起坐　20/组×3 组(腹肌)

双腿蹲伸　10/组×2 组(下肢)

跳台阶　20/组×2 组(下肢爆发力)

星期二:休息

星期三:重复星期一训练内容

星期四:1. 无氧运动:30 m 加速跑×2 组＋50 m 加速跑×2 组＋100 m 加速跑×2 组＋200 m 短跑×3 组

2. 有氧运动:慢跑1000 m

3. 运动结束后放松并拉伸肌肉

星期五：安排喜爱的体育活动，与同学打球（如篮球、羽毛球、乒乓球等）

星期六：1. 仰卧起坐　20 个/组×3 组（腹肌）

2. 双腿蹲伸　10 个/组×2 组（下肢）

3. 跳台阶　20 个/组×2 组（下肢爆发力）　力量练习后注意拉伸

星期日：充分休息不要进行过于剧烈活动，充分恢复

本周训练心得体会：＿＿＿＿＿＿＿＿＿＿＿＿＿＿＿＿＿＿＿＿＿＿＿

【拓展阅读】

国外高校咋练学生口才？[①]

美国俄亥俄州立大学（Ohio University）为大一新生专门开设了交流学公选课——"公众演讲概论"（Fundamentals of Public Speaking）。学校极其重视这门课程，每学期会开设多个小班，每位任课老师负责一个或两个班级。

为了方便教师指导学生，俄亥俄州立大学要求每班人数不得超过 25 人。每位学生一学期内都要在全班同学面前进行 5 次公开演讲。这 5 次演讲包括演讲的不同种类——特定场合演说、"我相信"演说、出席演说、信息演说和说服演说。这不仅训练了学生的演讲能力，更让他们明白根据交流目的的不同应采取相应的表达方式。演说类型虽由学校规定，但具体的演讲题目学生可以自行选择。

除了演讲课上常规的课堂学习和讨论，俄亥俄州立大学还为学生演讲配备了"周边设施"。如果学生在准备演讲期间遇到疑问，除了咨询任课老师外，还可以向学校的公众演讲实验室（Public Speech Lab）寻求帮助。此实验室的主要职责就是为学生提供演讲方面的一对一辅导。此外，学校图书馆还派专人指导学生搜集演讲素材。学生只要到图书馆前台说明来意，自会有相应的图书管理员出面接待，根据学生的演讲题目推荐素材。

对当代大学生而言，除了参加专门的课程外，平时还可以多多参加学生社团活动、演讲比赛、文娱活动、实践实习活动等，试着做做外联，拉拉赞助，哪怕是和专业无关的兼职促销，都可以从中学习与客户沟通的技巧，学会如何接近他人。当然，无论训练沟通能力的形式如何，最重要的是抓住了锻炼口才能力的机会。

东南大学学霸一年减肥 90 斤 被同学赞为励志哥[②]

"男神！""畅神！""太励志了！"……东南大学土木工程专业的大二学生盂畅成了明星人物。三年前，他还是一个体重 230 多斤的胖子，但是在 2014 年，他已成功甩掉 90 多斤肉，还被评为

---

①　来源华商网：http://edu.hsw.cn/system/2015/0716/16282.shtml.

②　来源人民网：http://js.people.com.cn/n/2014/1127/c360307—23024556.html.

东大 2014"自强之星"。

让孟畅实现大变身的秘诀,就是每天跑步。每天大约跑 7 公里,一年多下来,他跑的总里程达到 2300 多公里,相当于在老家河南开封和南京之间跑了两个来回。

很难想象,这个身高 1 米 84 的瘦削小伙,三年多以前还是 230 多斤的胖子。孟畅有点不好意思地说,减肥前,他一直是班上最胖的,不管是跑步还是玩游戏,他永远是最落后的那一个。

真正让他下决心跑步减肥的,是一部微电影。微电影还没拍完,孟畅就开始绕着 400 米一圈的操场跑了起来,他给自己定的目标是 8 圈。一个月后,身体差不多适应了,孟畅又定了个新目标——18 圈,也就是 7200 米。

对于孟畅来说,变化的不仅仅是体重。刚进东大时,他是几个河南老乡中成绩垫底的,刚开学的英语分级考试,他只考了个二级,而他想考的丁大钧班要求三级以上,他决心要把成绩给"补"上去,于是,开始泡自习室和图书馆。一年下来,孟畅的成绩排到班级第一、年级第八。他不仅获得了国家奖学金、中南集团奖学金等奖项,还被评为东大 2014"自强之星"。

【经典推荐】

书籍:《这本书叫什么》①

美国著名逻辑学家斯穆里安这本脍炙人口的通俗逻辑读物,是一个逐步展开、层层深入的逻辑谜题系统。它从古老的逻辑悖论入门,引进 200 多则趣闻、故事和奇诡的谜题,最后到达有史以来最了不起的逻辑发现(歌德尔不完全性定理)的洞口。阅读这本兼具科学性、知识性和趣味性的小书,能使您了解基本的逻辑常识,在饶有兴味的解题过程中测验、训练您的思考、推理能力。

作者斯穆里安除拥有普林斯顿大学博士学位外,他还是一位魔术师和钢琴家。

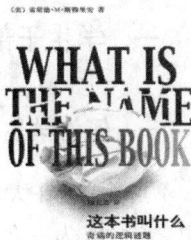

影片:《国王的演讲》

《国王的演讲》(The King's Speech)是汤姆·霍珀执导,科林·费斯、杰弗里·拉什主演的英国电影。影片于 2010 年 9 月 6 日在美国上映。

影片讲述了 1936 年英王乔治五世逝世,王位留给了患严重口吃的艾伯特王子,后在语言治疗师莱纳尔罗格的治疗下,克服障碍,在二战前发表鼓舞人心的演讲。

该影片于第 35 届多伦多电影节获得了最高荣誉观众选择大奖。在 2011 年第 83 届奥斯卡上获得 12 项提名,并最终拿到最佳影片、最佳导演、最佳男主角、最佳原创剧本四项大奖。影片还获得金球奖、美国制片人公会、导演公会和影视演员公会奖等多项提名和奖项。

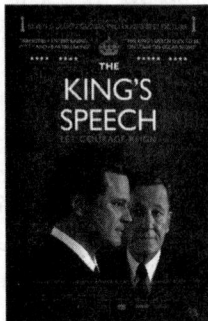

---

① (美)斯穆里安著.这本书叫什么[M].康宏逵译.上海:上海辞书出版社,2011.

模块二　深耕实践　素养提升助力

随着社会经济的不断发展,社会对人才的要求也越来越急迫、越来越高。大学生是社会建设的核心力量和生力军,同时社会的发展对当代大学生提出了更高的要求。因此,对于即将踏入社会的大学生来说,仅仅拥有不错的成绩已远不能满足社会的需求,社会更需要的是具有良好的综合素质的人才。综合素质包括思想政治素质、知识文化素质、身心健康素质和能力素质等,在能力素质中实践能力尤为重要,它是大学生成长的基石。那么,一起来了解学生干部、志愿服务、社会实践、社会兼职等层面的相关知识。

【想一想】

1. 据你了解,现阶段大学生实践的主要内容有哪些?
2. 你希望现在从事哪些方面的实践内容呢? 理由是什么?
3. 你参加过何种类型的社会兼职,有何收获?

【知识链接】

一、学生干部

(一)何为学生干部

不可否认,在大学里,要想自己的实践能力得到快速提升,最好的办法之一便是加入学生组织之中,成为一名学生干部并接受锻炼。作为一名学生干部,首先是学生,是受教育者,学习是学生的天职和第一要务,当然这里的学习并不单单指书本上的知识,也包括了从实践中汲取知识;其次,是干部,干部的使命是紧紧围绕促进学生学习这个中心,牢牢抓住培养学生成才这条主线,协助老师、带领同伴、服务同学、同时提高自己的综合素质和能力;最后,才是学生干部,是一名有一种或几种社会工作身份的管理者和教育者。当然学生干部不同于社会上的干部,学生干部更注重于服务、奉献与锻炼,以提高自身综合能力和培养社会责任感。

(二)如何提升学生干部的能力

作为一名合格的学生干部,需要不断提高自己的组织协调能力,增强自我的团队合作能力,优化自我的学习能力,培养自我管理、自我约束能力。除此之外,还需要对新的工作模式不断尝试,勇于并乐于创新,不断培养自我的创新精神,切不可故步自封、不知变通。

当然,加强政治理论的学习,提高政治素质也是很有必要。有了这些知识作基础,学生干部看事物的角度和层次就会发生变化,看事物与认识问题的能力会有一个质的提升,同时较强的政治素质对抵御不良风气,形成正确的利益观帮助极大。

（三）培养学生干部的实践能力

1. 应该增加实践深度，加强"大学生"的角色意识

我们所做的志愿服务不应该仅仅局限于给社区打扫卫生，去孤儿院、敬老院送温暖之类的事情，更应该结合自身专业做一些体现大学生学生干部自身价值的事，比如法律系同学可以进行社区普法教育，机电系同学可以为居民免费维修家电等，或做些精神文明普及工作。这样既能体现大学生特色和价值，又能巩固课本知识，既扩宽了知识面，拓展了思路，又培养了敏锐的洞察力，更加深了对大学教育的理解，增强了大学生的角色意识。

2. 重视社交素质，突出公关能力

公关能力表现为一个人在社交场合处理公共关系的能力，主要包括介入能力、交往能力、适应能力、宣传能力、控制能力、开拓能力、策划和组织能力以及协调性等，它直接关系着学生干部的工作开展。

3. 学生干部也应该注重书面表达，训练公文写作能力

学生干部组织开展各种活动，很多信息需要上传下达，因此公文的运用必不可少。目前，学生干部在公文写作能力上与实际工作中干部公文写作能力还有一定的差距，一方面学生干部没有意识到公文的重要性，他们更乐意采用大众化的交流方式；另一方面，学生干部缺乏必要的技术指导，写出的公文质量难以过关。因此，在学生干部能力提升的过程中，应该注重公文写作能力的培养。

二、志愿服务

（一）志愿服务是培养大学生实践能力的有效途径

大学生通过运用自己所学的知识和技能参与专业服务，会产生较高的自我成就感和更好的自我实现愿望。把专业学习的意识转变为努力刻苦学习专业知识与专业技能的现实信念，同时也会对自己的专业学习情况有更为清醒的认识。理论与实践相结合，进一步强化与完善自己的知识结构，提升实践操作能力，增加工作经验和人生阅历。对于当代大学生而言，随着社会的发展，书本上所学的知识已远远无法满足社会的需求，因此志愿服务对于当代大学生培养实践能力有着不可或缺的重要作用。

（二）志愿服务是大学生实现自我价值的重要方式

对于参加志愿服务有何初衷，大学生普遍认为"能够增加人生阅历，自我完善"、"可以提高自身的综合能力"、"做有益于社会的事情，很快乐"、"我觉得社会需要，我就做"、"令生活更加充实"、"很多人帮助过我，我也要用我的方式帮助他人"。实现自我价值是属务实的理性选择，实现社会价值是志愿精神的核心思想，两者的有机结合是志愿行为得以延续的动因之一。因此，大学生参与志愿服务便不仅是实现自我价值与社会价值的体现，同时也对自身发展有着积极的作用。

在志愿者服务过程中，社会可以提供给大学生多种多样的实践机会，同时让大学生接触到社会更多群体的真实情况，从而能够锻炼大学生的社会实践能力，培养大学生们的社会责任感,陶冶情操,提升个人的整体素质。

三、社会实践

提高社会实践能力不仅是大学生将知识转化为能力的重要环节,还是大学生综合素质全面发展的内在需要。大学生实践能力的培养已经成为国际教育教学关注的重点,用人单位要求大学生有较强的社会适应性和实践能力。受高等教育进入大众化阶段的影响,大学生尤其是本科生面临着巨大的就业压力,社会用人单位越来越青睐拥有丰富的社会实践经历、较强的社会实践能力的大学生。

(一)何为社会实践

哲学上的社会实践是指人类认识世界、改造世界的各种活动的总和。即全人类、大多数人从事的各种活动,包括认识世界和改造世界所进行的活动。而针对在校大学生来说,社会实践则是以了解社会、服务社会为主要内容,以形式多样的活动为载体,以实践基地为依托,使自己走出校门、深入实际,开展和参与教学实践、专业实习、社会调查、生产劳动、志愿服务、科技实践类发明和勤工助学等活动,并在实践中受教育、长才干、做贡献,树立正确的世界观、人生观和价值观。大学生社会实践的主要类别则分为便民服务、文化辅导活动或者是法律宣传与咨询活动、社会调查活动、义务劳动、文艺下乡、勤工俭学活动、环境保护、考察实践、科技活动等。

(二)社会实践对于大学生的好处

大学生的社会实践能力是指大学生在有目的、有针对性地参加社会实践活动过程中,了解、研究社会,主动参与社会生活及社会建设的能力,它的本质是社会素质,服从于社会对大学生素质的总体期望和要求。

大学生在参与社会实践的过程中能够不断得到锻炼,其社会实践能力能够得到很大提升,包括表达能力、人际交往能力、团队合作能力、环境适应能力、组织协调能力等。当前社会环境复杂多变,合适的社会实践能够帮助大学生提升环境适应能力,社会实践使学生通过实践的检验,看到了课堂教学和自身知识、能力结构的缺陷,主动调整知识和能力结构,培养学生不断追求新知识的科学精神,激发学生的学习积极性和主动性。通过使学生把知识运用于实践,帮助学生巩固和深化在课堂上学到的知识,锻炼实际动手能力,为大学生日后真正步入社会打下坚实的基础。

四、社会兼职

大学生"兼职"主要指在校大学生利用课余时间所从事的有报酬的工作活动,有时也称之为"打工"。"兼职"、"打工"早已成为当代大学生的热门话题,数以万计的大学生纷纷走出校园,汇入"兼职"、"打工"的潮流。调查显示,大学生中超过60%的人热衷于兼职,75%以上的有过兼职经历。由此可见,兼职已成为当代大学生学习生活中不可或缺的一部分,对其评价也褒贬不一。有人认为做兼职会占用学习时间,会一味想赚钱而无心向学,还不如努力学习,等自己学到本领再去赚更多的钱;也有人觉得,在学校利用自己课余时间去赚钱,既能提高自己的社会能力,又充实了大学生活。

(一)社会兼职的正面影响

从物质角度看,打工无疑成为学生减轻家庭负担并缓解经济压力的有效途径。做兼职,不仅能补贴日常的生活、学习之需,最重要的是带给学生全新的体验和认知,这些经历是在校园内无法得到的。

从精神角度来看,现代大学生绝大多数都是独生子女,是父母的掌上明珠,在蜜罐中长大,经不得风雨,没吃过什么苦头,受不了打击。打工可以让他们更好地了解社会、融入社会,在社会中学会与人交往,学会坚强面对困难,学会如何保护自己。

从动手能力上看,做兼职不仅积累了社会经验,同时也培养了动手能力,具有多方面的综合效应,具有现实而深远的意义。

(二)社会兼职的负面影响

做兼职的时间与上课时间发生冲突,但为了兼职,却常常出现逃课的现象,这些都说明有相当一部分学生对学习的认识不到位。

有些学生只是把兼职看作是一个赚钱的平台,无所顾忌地去挣钱,那便是对兼职理解的最大谬误。

(三)社会兼职的取舍

对于大学生来说,学习才是主要任务,固然社会兼职能让你收获一些东西,但是在当前阶段你所需要的大部分知识还是需要你靠学习与在学校的生活中来获取。因此,切不可捡了芝麻丢了西瓜,现在学好知识,以后就有个更高的起点,至于参加工作积累经验是迟早的事,只要打好了基础,同样不影响日后经验的积累。

【探索训练】

你是个有领导能力的人吗?

你是一个领导者,或是一个跟随者?请你选择答案。

1. 别人拜托你帮忙,你很少拒绝吗?   ① 是   ② 否

2. 为了避免与人发生争执,即使你是对的,你也不愿发表意见吗?   ① 是   ② 否

3. 你遵守一般的法规吗?   ① 是   ② 否

4. 你经常向别人说抱歉吗?   ① 是   ② 否

5. 如果有人笑你身上的衣服,你会再穿它一遍吗?   ① 是   ② 否

6. 你永远走在时髦的前列吗?   ① 是   ② 否

7. 你曾经穿那种好看却不舒服的衣服吗?   ① 是   ② 否

8. 开车或坐车时,你曾经咒骂别的驾驶者吗?   ① 是   ② 否

9. 你对反应较慢的人没有耐心吗?   ① 是   ② 否

10. 你经常对人发誓吗？ ① 是 ② 否
11. 你经常让对方觉得不如你或比你差劲吗？ ① 是 ② 否
12. 你曾经大力批评电视上的言论吗？ ① 是 ② 否
13. 如果请的工人没有做好，你会反映吗？ ① 是 ② 否
14. 惯于坦白自己的想法，而不考虑后果吗？ ① 是 ② 否
15. 你是个不轻易忍受别人的人吗？ ① 是 ② 否
16. 与人争论时，你总爱争赢吗？ ① 是 ② 否
17. 你总是让别人替你做重要的事吗？ ① 是 ② 否
18. 你喜欢将钱投资在财富上，而胜过于个人成长吗？ ① 是 ② 否
19. 你故意在穿着上吸引他人的注意吗？ ① 是 ② 否
20. 你不喜欢标新立异吗？ ① 是 ② 否

[结果评分与解释]

评分标准：回答"是"得1分，回答"否"得0分。

分数为14—20：你是个标准的跟随者，不适合领导别人。你喜欢被动地听人指挥。在紧急的情况下，你多半不会主动出头带领群众，但你很愿意跟大家配合。

分数为7—13：你是个介于领导者和跟随者之间的人。你可以随时带头，或指挥别人该怎么做。不过，因为你的个性不够积极，冲劲不足，所以常常是扮演跟随者的角色。

分数为6以下：你是个天生的领导者。你的个性很强，不愿接受别人的指挥。你喜欢使唤别人，如果别人不愿听从的话，你就会变得很叛逆，不肯轻易服从别人。

执行力测试[①]

请对下面的问题做出最适合你的选择，"是"或"否"。

1. 工作很忙，每天都心神不安。
2. 认为别人的计划不完善，总要找出毛病来。
3. 在教育别人的时候，总是没有信心，最终委托他人。
4. 制定计划是力求考虑全面，力求谨慎，但在实行时惴惴不安，失败的时候多。
5. 把众多的资料集中在一起整理，用明确易懂的形式表示。
6. 即使是一家人出门旅行也要制定计划。
7. 在订计划时一定会考虑周全，准备几种替补方案。
8. 在集体中工作时，经常关心其他人的工作。
9. 对于指派、委托他人干活很擅长。
10. 在员工聚众闹事时，可以自然地提出意见指挥，使事情平息。
11. 不论做什么事情都公私分明。
12. 计划什么事，都可以抓住重点，找到根源。
13. 善于对别人的能力、技术的弱点进行评价。

① 郭瑞增.经典心理测试[M].天津：天津科学技术出版社，2010.

14. 一旦接受工作之后就会尽力而为。

15. 懂得随时随地跟着变化而改变,不拘泥于开始的计划。

[结果评分与解释]

1—10题为"是",11—15题为"否"。

答对一题得10分,然后计算总分。

得分0—70分,说明你的执行能力差;

得分80—110分,说明你的执行能力是一般水平;

得分120分以上,说明你的执行能力很强。

实践能力自我觉察测试

1. 你想做学生干部么?理由是什么?

请列举3条以上:_____

_____

2. 在你看来,提升学生干部能力最好的方法是什么?

请列举3条以上:_____

_____

3. 在你的大学生活中你参加过哪些志愿服务,你从这些志愿服务中收获了什么?

请列举:_____

_____

4. 你知道你身边有哪些志愿活动?

请列举5种以上:_____

_____

5. 如果学校组织一次社会实践,你是否愿意参加?在你看来社会实践应该有些什么内容?

请列举3条以上:_____

_____

6. 社会实践能够给你带来哪些方面的提升?

请列举3条以上:_____

_____

7. 你是否从事过兼职,在你看来兼职能够带给你什么?

请列举3条以上:_____

_____

8. 如果你所寻找到的兼职与你学生工作有了冲突,你该如何取舍?

请列举你的应对措施_____

_____

9. 以下是一个志愿者协会的项目简介,请从一位学生管理者的角度谈谈你对这个项目的看法。

宿迁学院蒲公英志愿者协会"零头行动"项目简介

宿迁学院蒲公英志愿者协会"零头行动"是微公益的一种创新活动形式,拥有注册大学生志愿者 315 名,志愿服务达 5000 余人次、累计服务超过 10000 个小时。"零头行动"有两层含义:一是代表线上、线下的公益形式无论大小,每一份都弥足珍贵;二是志愿者奉献的爱心积少成多,成就微公益。

项目由三个方面紧密结合。第一是打造创新型公益捐助平台——宿迁学院蒲公英志愿者淘宝公益店(http://sqcsa.taobao.com)。提供不限时间、地域的捐赠途径,捐赠者在淘宝店拍下希望捐赠的物品,由志愿者负责购买并将物品捐赠给小学生,到 2013 年底已募集物资 1 万元。第二是实施配套的课外读物供给方案。协会与扬帆计划工作组达成协议,为长胜小学搭建爱心图书馆。通过合作扬帆计划来提供适合学生阅读的包含科技、文化等方面的少儿图书。第三是落实七彩课堂行动。宿迁学院蒲公英志愿者协会线下落实包括学业辅导、亲情陪伴、感受城市、自护教育、文体活动,帮助学生身心健康发展,感受社会关爱。每周三开展活动,一学年不少于 50 次,每次不少于 6 小时。

2014 年项目预期招募志愿者 500 名,自筹钱物 1 万余元,服务时间总计 1 万小时左右,新增帮扶学校 3 所,覆盖农民工子女 200 名,竭力打造具有示范性的品牌志愿服务项目。

请简述:_____

_____

_____

_____

【拓展阅读】

中国青年志愿者协会简介[①]

一、概述

中国青年志愿者协会(英文名 Chinese Young Volunteers Associasion,简称 CYVA)成立于 1994 年 12 月 5 日,是由志愿从事社会公益事业与社会保障事业的各界青年组成的全国性社会团体,是中国共产主义青年团中央指导下的,由依法成立的省、自治区、直辖市青年志愿者组织和全国性的专业、行业青年志愿者组织和个人自愿结成的全国性的非营利性社会组织,是全国青联团体会员,联合国国际志愿服务协调委员会(CCIVS)联席会员组织。本协会通过组织和指导全国青年志愿服务活动,努力弘扬"奉献、友爱、互助、进步"的志愿精神,推动社会主义精神文明建设,促进社会主义市场经济体制的建立和完善,提高青年的整体素质,为经济社会的协调发展和全面进步贡献力量。本协会在宪法和法律许可的范围内开展工作。

2010 年 5 月,中国青年志愿者协会获得了联合国经济及社会理事会特别咨商地位。

二、基本任务

改善社会风气和人际关系,为发展社会主义市场经济创造良好的社会环境;适应社会主义市场经济发展的需要,推动青年志愿服务体系和多层次社会保障体系的建立和完善;培养青年的公民意识、奉献精神和服务能力,促进青年健康成长;为城乡发展、社区建设、扶贫开发、抢险救灾以及大型社会活动等公益事业提供志愿服务;为具有特殊困难以及需要帮助的社会成员提供服务;规划、组织青年志愿服务活动,协调、指导全国各地、各类青年志愿者组织开展工作;培训青年志愿者;开展与海内外志愿者组织和团体的交流活动。

三、团体会员和个人会员

中国青年志愿者协会现有团体会员 340 个,包括常务理事单位 38 名、理事单位 119 个。现有个人会员 717 名,包括常务理事 55 名,理事 224 名。

四、工作机构

协会秘书处设在团中央青年志愿者工作部,负责处理协会日常事务。秘书处下设 5 个部。

宿迁学院志愿者队伍——宿迁学院绿队环保协会

宿迁学院环保协会,全称宿迁学院绿队环保协会(LDE, LvDui Environmental Conservation Association),成立于 2002 年 11 月 23 日,是学生自发成立的公益性非政府环保组织,注册于宿迁学院团委,由共青团宿迁市委员会、宿迁市环保局、宿迁市环境监测中心站和宿迁学院机电工程系支持的学生社团。

她的成立是为了维护生态环境并创造美好舒适、多彩多姿的生活环境。她以"保护环境,美化校园"为原则,以"创造绿色文化、享受多彩人生"为宗旨,以"热爱环保、投身环保、倡导环保"为信念,以"团结一致,艰苦奋斗"为精神,以"绿色,我们用爱来创造"为口号,以"团结绿色力量,推广绿色理念,交流绿色文化,共建绿色家园"为目标。

[①] 来源中国青年志愿者网:http://www.zgzyz.org.cn/.

主要任务:以宣传教育为中心,开展和组织各类活动,在活动中达到会员自我教育及教育他人的目的,使绿色文明的概念深入人心。通过宣传环保知识,组织环保活动,丰富人们的环保知识,提高全民环保意识;以用自己的实际行动传达我们的环保呼声、增强人们的环保意识为己任,美化我们的校园,使宿迁学院成为绿色环保的模范先锋。

在社团志愿者的努力下,社团取得了多项荣誉:

2011年,协会组建"苏北大学生环保志愿者联盟",该联盟项目被评为江苏省第二批"百优志愿服务项目";

2012年,"绿旗传递"项目被评为江苏省优秀志愿服务项目;

2013年,社团荣获第二届江苏省"母亲河奖"组织类奖;

2013年,"保护母亲河"项目被评为宿迁市首届志愿服务公益创投大赛三类项目;

2015年,社团获得首届宿迁市"母亲河奖"项目奖;

2015年,"保护母亲河"项目获宿迁市第二届志愿服务公益创投大赛三等奖;

2015年度,社团被评为宿迁市优秀志愿服务组织。绿队环保协会在星级社团评比中获得"五星级社团"称号,并在校社团巡礼节中多次获得"优秀社团活动"。

志愿者们在这些活动中接受了自我教育,在服务社会的过程中享受了成功的喜悦,在自助助人过程中加深了对社会的理解,走上工作岗位依然在坚持环保理念的传播。正是因为这样,我们在此呼吁:朋友们,保护环境是我们每一个公民的责任与义务,让我们携起手来,不断进取、继续努力,在建设美丽家园的道路上贡献自己的一份力量,让美丽、阳光的江苏永远前行!

【经典推荐】

书籍:《燃情岁月——西部志愿者日记》①

《燃情岁月——西部志愿者日记》是一部不同寻常的日记。日记的作者说普通又不普通,他们是一群充满理想、充满激情的热血青年,同时都有着一个非常响亮的名字:青年志愿者。日记记述的都是志愿者每天的工作、生活情况以及所思所感,这在有些人看来也许很平常,但是对于刚刚走出校园的大学生而言,却是一个截然不同的世界,这是他们踏上社会的第一个舞台,在这里他们演出了一幕幕鲜活的青春诗剧。读了这些日记,我分明感到,青年志愿者既是用笔写日记,同时也是在用心写日记,这里有幸福与快乐,有寂寞与无奈,更多的则是充盈在其中的沉甸甸的思索与收获,这是志愿者内心思想境界的生动写照。

---

① 《燃情岁月——西部志愿者日记》编委会.燃情岁月——西部志愿者日记[M].北京:中国青年出版社,2004.

书籍:《我与微笑的故事》①

为进一步做好奥运志愿者的遗产转化工作,分享志愿服务经验,树立志愿服务典型,弘扬志愿服务精神,推动志愿服务事业发展,共青团北京林业大学委员会将优秀志愿者的事迹、广大志愿者在志愿服务期间的精彩瞬间、服务感言、各大媒体对该校志愿者的报道汇编成《我与微笑的故事》。

志愿服务是一项崇高的事业,需要广大青年和更多的社会公众积极参与,让我们秉承2008北京奥运志愿者展现出的让世人赞叹的崇高精神和优秀品质,并以此为契机,弘扬志愿精神,实施志愿行动,在构建社会主义和谐社会的道路上,用奉献的青春谱写出更加辉煌的篇章。

模块三   人脉管理   扩大社交网络

人脉通常是经由人际关系而形成的人际脉络,是人缘资本,体现人的人缘、社会关系,通过各种渠道所达到的领域。经常用于政治和商业领域,但其实不论做什么行业,人人都会使用人脉。斯坦福研究中心曾经发表过一份调查报告,结论指出:一个人赚的钱,12.5%来自于知识,87.5%来自关系。如此看来,"人脉是一个人通往财富、成功的门票"。正所谓"天时地利,还需人和",善于使用人脉、经营人脉,才能更好的发展和开创自己的职业道路,乃至事业。在大学生职业生涯规划中,除了个人的性格、技能、职业意向之外,人脉也是影响生涯规划的一个重要因素,人脉管理是生涯规划中重要的模块之一。简单地说,人脉管理主要是通过一系列的手段结识在道德、知识、能力等各方面优于自身的人群。人脉管理是对人际关系进行有效的管理,使之朝着个人预期的方向发展,以利于人生目标的达成。人脉不仅仅是市场竞争中的核心要素,同时是内部管理的重要支撑。它不仅有助于了解市场、寻求机遇,同时还是熟悉工作、获取资源的桥梁,在组织或者社会中,各种人际关系能帮助实现规划目标。管理好人脉,让它成为自己工作时的锦囊,能够达到事半功倍的效果。没有人脉资源落地生根的人际关系是空泛的、毫无任何意义的,而人脉资源的开花结果则依赖于良好的人际关系基础。显然每一位大学生都需要处理好自身的人际关系,做自己的人脉管理专家。

【想一想】

1. 在你看来,人脉管理对未来的职业发展、人生发展有怎样的意义?

2. 你是否觉察到自己人脉管理中存在的问题,你将如何改进?

3. 你已经掌握了哪些人脉管理的技巧呢?

---

① 共青团北京林业大学委员会编.我与微笑的故事[M].北京:中国环境科学出版社,2009.

【知识链接】

▶ 一、良好人脉：让人生充满正能量

卡耐基说过，一个人事业的成功只有 15％ 是靠专业技术，另外 85％ 是靠人际关系与处事技巧。如果说血脉是人的生理生命支持系统的话，那么人脉则是人的社会生命支持系统。建立良好的人脉是大学生活中的一门必修课，作为新时代大学生应通过学习提高人脉管理的技巧。

（一）良好的人脉有利于保持大学生心理健康

新精神分析学家霍尼认为，神经症是人际关系紊乱的表现。人类的心理病态，主要是由于人际关系失调、人脉管理混乱引起的。也就是说不善于人脉管理的人会产生众多心理问题，陷入极大的痛苦之中。良好的人脉会使人有安全感和归属感，正确地对待自己和对待他人，摆正自己在人脉关系中的位置是处理好人脉的重要环节。

（二）良好的人脉有利于提高学习效率

常言道"一个好汉三个帮，一个篱笆三个桩"，"一人成木，二人成林，三人成森林"，都是说要想做成大事，必定要有做成大事的人脉网络和人脉支持系统。可见，人脉是将我们推向成功的无敌竞争力。在稳定、良好、欢乐的人脉关系中生活的大学生，乐于与人交往。在这种气氛下我们能够注重学习与成就，有效开展学习等各类活动，从而提高学习效率。

（三）良好的人脉有利于提升大学生个人品质与性格

人际交往中，个性品质始终具有无与伦比的吸引力，而且这种吸引力非常持久、稳定而深刻，从根本上提升与人交往的人格品质是大学生建立良好人际关系的关键和核心。有了良好的人脉，可以使人经常处在一个团结、友爱、宽松、融洽的环境中，使人易于养成乐观、开朗、活泼的个性，个性得以发展、完善和优化。

（四）良好的人脉有利于促进事业的成功

事业的成功离不开社会交往，在彼此的交往中，相互交流心得、经验、倾诉感情。同时这也是人与人之间沟通和交流信息的过程，可以使人快速地获得信息，顺利地展开工作，容易得到广泛的支持，工作效率大大提高，从而增强自信心，工作成果容易得到社会的认可。因此，对于当代大学生，良好的人脉管理更是其顺利融入社会，参与竞争的第一核心要素。能有效地管理人脉，未来的职业道路才会更加通畅。

▶ 二、学会沟通与倾听

（一）沟通与倾听

沟通是人与人之间、人与群体之间思想与感情的传递和反馈的过程，以求思想达成一致和

情感的传递。倾听属于有效沟通的必要部分。狭义的倾听是指凭助听觉器官接受言语信息，进而通过思维活动达到认知、理解的全过程；广义的倾听包括文字交流等方式。

正如温德尔·霍姆兹说："说是属于知识的范畴而听是智慧的特权"，沟通包括表达能力和倾听能力。前者一直受到人们的普遍重视，但后者却一直被忽视。"沟通之道，贵在于先学会少说话"，倾听是能够使人们良好沟通的最重要的一步。美国心理学家罗杰斯认为，与人交往的时候，首先要认真地听、深深地听，听出"深埋在他表面语言下面的心的呼唤"。专心倾听别人讲话的态度，是我们所能给予别人的最大赞美。权威性的研究表明，我们日常沟通中，有85％都是非语言性的！所以，倾听是最基础、重要的一部分。人与人之间都需要沟通、交流、协作。一个人善于倾听，不仅体现他的道德修养水平，还关系到他能否与他人建立正常和谐的人际关系。

（二）沟通的类型与注意事项

1. 沟通的类型

通常我们把沟通分为单向沟通和双向沟通。单向沟通是不允许对方提问，就是一方发送一个信息，对方只接受就可以，这种沟通的模式在日常工作中很普遍。如公司领导布置任务，或者交代工作等。在进行单向沟通时，要特别注意沟通渠道和接受者的接受能力，你是不是完整地表达出了你要传达的意思。

在正常情况下沟通应该是双向的，沟通应该是一个反复的过程，你先传达过去，对方有什么不理解，有什么意见，反馈回来；然后再传达过去，再反馈回来，这是一个循环往复的过程。只有做到了这些，才能保证你所传达的信息准确无误。

2. 沟通的注意事项

（1）尊重对方

"你想要别人怎么对待你，你首先要怎么对待别人。"要想获得他人的尊重，首先要学会尊重他人。诸如说话的语气要舒缓，有情绪要学会调节和控制，不能随便打断别人的说话，时刻保持微笑等。

（2）专注于内容

"言不在多，达意则灵"。所以要对自己所表达的内容进行认真揣摩和推敲，用简单的语言表达出丰富的思想，会让交流简洁明朗，对方也会欣然接受。

（3）求同存异

在沟通中，难免会遇到双方价值观或是方法论的冲突与对立，因此需要摸清对方的底细并积极寻找共同点，然后从共同点入手进行沟通，顺利实现合作共赢，实现沟通的目的。

（三）学会倾听

"学会倾听"：一是要求听人讲话要用心、要细心，能表达对说话者的尊重；二是要"会听"，是对听觉过程重要性的解释和领悟，所以大学生们应努力学会倾听。我们不仅要用耳朵听，还要全身心地去感受对方谈话过程中表达的言语信息和非言语信息。

1. 要专注同时表示诚意

倾听别人谈话需要消耗时间与精力，用真诚去倾听是对说话者最大的尊重。通过适宜的躯体活动、目光接触、眼神交流向正在谈话的人表达你的关注,倾听者更容易与谈话者产生共振,从而更有效地倾听。

2. 要有耐心,避免不良习惯

倾听者最基本的任务就是不去干扰谈话者,从而更好地与谈话者感同身受。在倾听过程中切忌随意打断别人的谈话或借机把谈话主题转移,任意地加入自己的观点做出评论都是不尊重对方的表现。我们应该试着去理解谈话者的心情,一定要耐心把话听完,才能达到倾听的目的。

3. 适时地尽情鼓励和表示理解

倾听者的任务是留给谈话者充分的时间去说他的所见、所闻、所思、所感。谈话者往往都是希望自己的经历受到理解和支持,因此给谈话者简单的回应、鼓励,可以使他以更开放的心态继续讲述自己的故事。如"对的"、"是这样"、"你说得对"等或点头都能达到鼓励的效果并引起共鸣。

4. 适时做出反馈

倾听的艺术在于能够做出恰当的反馈。一个阶段后准确地反馈会激励谈话者继续进行,给他极大的鼓舞。用准确的语言,将谈话者在沟通中所思、所感与情绪反馈给他,进而能将重点转移到问题的解决上来。

三、学会表达与拒绝

表达是通过思维用语言、表情、动作等方式反映出来的一种行为,是用系统的方法去知会/说服/教导/培训/娱乐他人,促使其接收或采取行动的过程。良好的表达能力体现一个人的涵养,可以促进有效沟通,形成良好的人际关系圈——人脉。那么我们在表达过程中应遵循哪些原则呢? 每个人都应有接纳与宽容之心,但也要学会拒绝。

在人际关系中我们必须学会巧妙地表达自己和拒绝他人,我们只有学会巧妙地说"不",才能在冲突情境中顺利表达自己的想法,而不会引发更激烈的冲突。生活在这个世界上,每个人都有独立的思想,我们不可能让所有人都满意,因此我们应该有自己的原则和底线。通过适宜地表达与拒绝,更好地与人相处。学会拒绝才能减少不必要的麻烦,而我们的人际关系也会因为懂得拒绝而变得更加合理。合理的表达与必要的拒绝也是一种尊重,它是完善人格的一个重要组成部分,从而自觉地、恰当地使用这个权利与别人交往,保持良好的人际关系,不断建立和扩充自己的人脉。得体的表达与拒绝是一门艺术,也是一种智慧。

(一)有效表达的技巧

1. 真诚地表达想法,坦诚交往

真诚即真实诚恳。真心实意、坦诚相待,以从心底感动他人而最终获得他人的信任。人与人之间,只有真诚相待,才是真正的朋友。人与人之间信任的建立,需要真诚的日积月累,但是,真诚并不意味着可以不分场合、不分情境指责别人的缺点,也要适时、适地、适宜地表达自我想法与感受。

2. 树立信心,端正态度,报以微笑

表达之前,为了给人留下好印象,一定要自信且保持积极的态度;在与人沟通时表达要有逻辑,层次分明。表达时要做到从容、行为得体且充满自信;微笑可以创造奇迹,人类向来有投射他人情绪的倾向,如果你微笑,对方多半也会报以微笑。

3. 有效运用同理心

同理心又叫换位思考,就是在人际交往过程中,能够体会他人的情感和想法、理解他人的立场和感受,并站在对方的角度和位置上思考和处理问题,理解对方的感受,走进其内心世界,同时将这种理解传达、反馈给他人的一种技术和能力。事实上,人们常说的"己所不欲,勿施于人","将心比心"正是有效运用同理心的表达。把自己置身于既定发生的事件上,想象自己因为什么心理以致有这种方式,从而触发这样的事件。因为自己已经接纳了这种心理,所以也就接纳了别人的这种心理。以对方有兴趣的方式,做对方认为重要的事情。听到说者想说,说到听者想听。

4. 发挥语言的魅力

在表达的过程中,注意说话时的语气、语调、面部表情还需要充分发挥语言的魅力。通过"我们"来代替"你们"拉近双方间的距离,给人留下亲近的印象。

5. 提前做好准备,培养有效表达的思维习惯

提前对表达内容进行分析,突出重点,避免主次不分,泛泛而谈;注意逻辑,合理安排,有序展开;表达内容要考虑到对方的认知能力和接受能力。

在先觉察自己真正感受的基础上,选择适当的时机进行表达,事先列好目标,以保证清楚具体的表达,注意行为/感觉/理由的使用,更多地进行正面情绪的表达,更好地增进良好关系的建立与稳固。充分把握有效表达的基本层次,即事前要很好地处理好自己的感受,在过程中处理好内容,而事后要很好地关注到表达对象的所思、所想、所感。培养自己有效表达的思维习惯,做到充分、形象、生动的表达。

(二) 拒绝应遵循的基本原则

表达拒绝也是一种人际交往的能力,体现人的一种底线、边界,也直接影响人际关系的质量、人脉圈的稳定。每每遇到一些自己不愿接受、不能接受的事件,但又不能很好地表达拒绝,经常使自己内心陷于一种冲突中,在交往中体验不到快乐,满是纠结。因而,有效合理地表达拒绝也是要锻炼的,这里至少要充分把握好三个原则。

1. 拒绝的坚定性,态度要明确

拒绝不坚定,模棱两可,很容易给对方希望和期待。时常会导致求助者三番五次来催促使你处于进退两难境地;反之,如果在最初就把话说清楚,打破对方的幻想空等,或许还能帮助他及早找到更好的解决办法。因此,"该拒绝时就拒绝",不失为一剂良方。

2. 换位思考,不要因为拒绝伤害别人

首先要坚持理解的原则,就是要将心比心,设身处地、主动站在对方的角度来思考问题。拒绝是每个人的权利,但在行使自己的权利时候,应当照顾对方的感受。对方有求于你,怀抱希望而来,总企求满载而归。针对这一心理,应该以理为先,既要明确表明自己的态度,更要注

意自己的措辞和语气,降低给对方带去的伤害,以诚恳代表尊重。

3. 能做的事尽量做,反之给出理由

在与人相处过程中,我们应乐于助人。这样可以帮我们树立良好的形象,同时可以建立良好的人际关系。并且当所求之事超出你的能力范围,你说"不"时就不会产生负罪感了。要让对方知道,自己是心有余而力不足,给对方一个合理的理由,这样便能互相理解。

三、学会经营人脉

人脉是一种资源和资本,其重要性众所周知。无论你从事什么职业,学会处理人际关系,掌握并拥有丰厚的人脉资源,你就在成功路上走了85%的路程,在个人幸福的路上走了99%的路程了。因为人脉是你终身受用的无形资产和潜在财富。因此,一定要在认识人脉类别基础上,制定人脉经营计划,学会经营你的人脉。

(一)人脉的分类

人脉从不同的视角可以划分为不同的类别:

(1)形成过程视角:血缘人脉、地缘人脉、学缘人脉、事缘人脉、客缘人脉、随缘人脉等。

(2)发挥作用视角:政府人脉资源、金融人脉资源、行业人脉资源、技术人脉资源、思想智慧人脉资源、媒体人脉资源、客户人脉资源、高层人脉资源(比如老板、上司)、低层人脉资源(比如同事、下属)等。

(3)重要程度视角:核心层人脉资源、紧密层人脉资源、松散备用层人脉资源。

从人脉的分类看,各种人际资源都可以成为我们人脉集合中的一部分,除了亲缘关系、地缘关系,其他几乎都与自己的成长轨迹紧密相连,如同学关系,这是一个庞大的群体,我们有小学、初中、高中、大学等不同时期的同学关系、师生关系、校友关系等;如专业关系,有学习某个专业到从事某个职业,处理与专业或职业有关的事宜等,都可以不断拓展我们的人脉圈。因此,应该重视大学这个阶段对人脉关系的价值与意义,有意识地进行人脉经营与管理。

(二)制定人脉经营计划

在制定人脉资源经营行动计划时,应注意人脉资源要兼顾职业、事业和生活的需要,要平衡物质和精神方面的需要,要重视心理方面的需要。人脉资源结构要科学合理,比如,性别结构、年龄结构、行业结构、学历与知识素养结构、高低层次结构、内外结构、现在和未来的结构等。人脉圈子结构不宜太单一、单调,导致人脉资源的质量不高。

制定人脉资源规划的步骤:明确职业生涯规划——评估人脉资源现状——明确人脉资源的需求——设计人脉资源结构——制定人脉资源规划——制定行动计划。在拓展你的人脉资源的过程中,要注意人脉资源的深度、广度和关联度。人脉的深度即人脉关系纵向延伸的情况,达到了什么级别;人脉的广度即人际关系横向延伸的情况,范围(区域与行业)有多广;人脉的关联度即人脉关系与个人所从事行业的相关性和人脉资源直接的相关性。人脉资源既要有广度、深度,有需要关联度,利用朋友的朋友或他人的介绍等去拓展你的人脉资源,从长远考虑,千万不要有人脉"近视症"需要关注成长性和延伸空间。把握经营人脉资源的"互惠、互利、互赖、分享、坚持、'用心'"六大原则。

（三）经营人脉的两大要义

1. 专心打造自己的价值

可以说，人脉是吸引，是缘于你自身价值对目标人脉资源的吸引。因此，一个人与其匆忙花费精力漫无目的地认识朋友，不如专心打造自己，把自己打造成一个优秀的人，一个有价值的人，这比什么都重要。这里的"价值"，也就是"让别人愿意认识你的原因"。所以，在经营人脉之前，我们应该先冷静地问问自己："你对别人有用吗？"比如，就算我认识了李嘉诚，他也不会对我有兴趣。人不可能一开始就拥有"被李嘉诚认识"的价值，但每个人在人生的每个阶段，都有自己特有的价值。

当你还是一个大学生，你的价值可能在于你成绩很棒，或者是足球踢得特别好，也可能是你长得很帅。工作后，或许你是一个电脑高手，或许是一个品牌营销专家，或者你在生产制造方面很有经验。而工作后你进行的"职业规划"，无非是提升你的"被雇佣价值"。故而，建立自己的独特价值，这是经营人脉的第一步，也是最重要的一步。它关系到别人是否乐意认识你，哪一类人乐意认识你。

2. 向别人传递你的价值

人脉经营的目标，就是为自己创造"机遇"。而将自己的能力、价值广泛传播出去，被"关键"人物所了解，这才是获得机遇的关键。仔细观察周围，我们会发现：很多有能力、有经验、有业绩、有资源的人士，因为不重视人脉的经营，羞于"传播自己的价值"，所以他们在职场的人际关系中，总是"不起眼"，引不起别人注意，白白浪费了自己的才能。建立自己的价值并进行广泛传播，也就相当于是个人品牌的建立与营销。这些才是人脉经营的本质，对那些职业履历尚浅、又热切盼望机遇的年轻人来说，明白了经营人脉的实质，就可以少走很多弯路。

（四）赢得好人脉的五大法则

法则一：给掌声，有些人一生都没给过别人掌声。每个人都需要来自他人的掌声；为他人喝彩是每个人的责任；不懂鼓掌的人生太狭隘。

法则二：给面子，不给面子是最大的无礼。中国人最讲究的是面子，伤什么，都别伤人面子；任何时候，给对方一个体面的台阶；看破别说破，面上好过，千万不要揭人老底。

法则三：给方便，给人方便，自己方便。在他人最需要的时候轻轻扶一把；为对方着想，替自己打算。

法则四：给谦让，锋芒毕露者处处树暗敌。放下身段，降低自己；勿在失意者面前谈论你的得意；人前勿张狂，待人应低调。

法则五：给信任，生性多疑的人不可能有真朋友。被人信任是一种幸福；有多少信任，就有多少成功的机会，士为知己者死。

【探索训练】

你是人脉经营的高手吗?①

将下面与你对于人脉的看法相一致的观点勾选出来,了解下自己经营人脉的特点。

1. 人脉好＝攀关系,我才不做这种事。

2. 凡事不求人,我靠自己哪需要人脉?

3. 工作都忙不完了,哪有时间建立人脉?

4. 现在努力加强专业就好,建立人脉是以后的事。

5. 我脸皮薄怕被人拒绝,建立人脉太难。

6. 别人讲话我只有听的份,怎么建立人脉?

7. 生活＝办公室＋我家,去哪里建立人脉?

8. 周末只想睡大觉,别说人脉,连出门都懒!

9. 有人脉＝好办事,我做事最吃得开!

10. 有人脉,升迁就像坐电梯;没人脉,升迁就像爬楼梯!

11. 人脉要过滤,没利用价值的人,不用浪费时间!

12. 我认识许多大老板,人脉好得不得了!

13. 朋友有难,两肋插刀,我用血泪换人脉。

14. 别人都躲着我,人脉出现大危机。

15. 每次提出要求都石沉大海,人脉实在不可靠!

[结果分析]

1—4项归类为铁齿型;5—8项归类为软脚型;9—12项归类为唬烂型;13—15项归类为全灭型,勾选类别项目居多的一种人脉经营的类型,就是你目前经营人脉的类型。

属于铁齿型的你很有工作实力,做事有自己的一套,但是别忘了,现在是一个讲究团队工作的时代,单打独斗既不能拓展格局又不能持久,所以,适时地分享你的经验,或是帮助其他人,会对你事业上的提升有很大帮助。

属于软脚型的你比较内向、不善交际,但经营人脉并不是要你当花蝴蝶,其实你可以从当一个好的倾听者开始,建立别人对你的信赖感,而工作之外的时间,也可以参加跟自己嗜好有关的社团活动,例如登山社、旅行团、美术馆义工等,增加认识朋友的机会,这将对你今后的发展起到重要作用。

属于唬烂型的你,最好放下身段、脚踏实地经营自己的专业实力,才能走得远,走得稳,不要整天计算周遭人的利用价值,这种功利心态真的很让人讨厌! 不要忘了,你利用别人一次,人家不但会永远记得还会告诉别人,就算你认识的人再多,别人提到你的名字都嗤之以鼻,这样恶质的人脉不如没有。

属于全灭型的你基本上人脉已经亮起红灯,你用错误的观念去经营人脉,不但危及自己的工作,信用扫地,甚至可能有触犯机构、组织规定或犯法的可能,劝你及时刹车,重新检视自己

---

① http://www.sina.com.cn 2006年10月10日 16:50 新浪财经

对于人脉的定义,用正确的态度找到人脉入口,重新出发!

自我人际交往技巧小反思

1. 想一下你认为是出色的倾听者的某个人,这个人表现出的哪些行为是你认为他/她是一个出色的倾听者?

请说出你的理由:_____

2. 出色的倾听者是怎么样做、怎样说,使你意识到他们有效倾听的?

请分别说出你认为的方法:_____

_____

3. 作为倾听者,你的朋友如何评价你?

请列举3条:_____

4. 对于当代大学生,倾听与沟通对成人成才有何重要性?

请列举3条:_____

5. 表达能力测验:

每人一分钟时间,在喜、怒、哀、乐的情绪中,讲一件令你情绪波动的事;透过讲述的过程,将你的情绪充分表达出来。

6. 案例分析,罗斯福以幽默拒绝好友,如果是你,你会用哪种方式拒绝朋友的要求?

请举例说明,列举3条:_____

_____

7. 一场特殊的面试

有一家很出名的企业在面试员工时,让甲、乙、丙3位候选人在一个空荡的会议室里做一个小游戏,面试官则一直在他们身边看,不在意他们说的是什么,也不在意他们说的是否正确。游戏开始,甲非常爱表现自己,话也很多,总是在喋喋不休地说。乙坐在那儿静静地思考着,不主动说,也不问。丙则不一样,他在听甲说一会儿,思考一段时间,又主动和甲、乙探讨了一些问题。游戏还未结束,甲就被请出了考场。游戏结束后,乙也被淘汰。

(请分析原因)

_____

_____

_____

_____

【拓展阅读】

六度空间理论①

"六度空间"理论又称作六度分隔(Six Degrees of Separation)理论。这个理论可以通俗

---

① 黄晞建,夏柏平.大学生职业生涯规划训练教程[M].北京:现代教育出版社,2010.

地阐述为："你和任何一个陌生人之间所间隔的人不会超过六个，也就是说，最多通过六个人你就能够认识任何一个陌生人。"该理论产生于 20 世纪 60 年代，由美国心理学家米尔格伦提出。

"六度分隔"说明了社会中普遍存在一些"弱链接"关系，但是却发挥着非常强大的作用。对人类社会来讲，通过网络使"六度分隔"理论对人人之间都可以构成弱纽带。社会中普遍存在的"弱纽带"，使人与人之间的距离变得非常"相近"，这在社会关系中发挥着巨大的作用。

根据"六度空间"理论，假设一个人能认识 25 个人以上，那经过 7 次介绍之后（间隔六人）一个人可以被介绍给 25 的七次方，等于 6103515625 人，超过 60 亿！而 25 只是个保守的数字，所以事实上结果会更大，绝对超出地球人口。

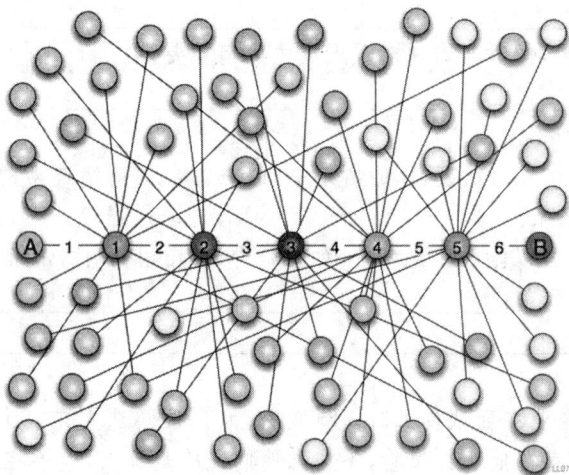

"六度空间"理论图

周恩来幽默待客①

1965 年 11 月，著名的美国女作家、记者斯特朗 80 寿辰，周恩来总理在上海为她举行宴会祝寿。周总理在祝词的开场白说："今天为我们的老朋友斯特朗庆贺 40 公岁诞辰。"外宾迷惑不解。周总理接着解释道："在中国，'公'字是紧跟它的量词的两倍，40 公斤等于 80 市斤，40 公岁也就是说 80 岁。几百万中外来宾被这一番风趣话逗乐了，爆发出一阵欢笑声。总理接着说："40 公岁，这不是老年，而是中年。斯特朗女士为中国人民和世界人民做了大量的工作，写了大量的文章，她的精神还很年轻！"斯特朗听了，心里十分高兴。

周恩来总理灵活的用语，巧妙的解释，处理好人际关系就等于是最能把握住人心。工作成果容易被社会承认，同时促进了他事业的成功。无论是同时人民群众还是外国人都能保持良好的关系。可见，建立良好的社会关系对自己成才之路的重要性。

---

① 来源中国组织人事报：http://www.zuzhirenshi.com/dianzibao/2016 - 07 - 08/1/index.htm.

【经典推荐】

书籍：《漫画幽默谈吐》①

幽默是人类文明与文化发达的标志之一，也是现代生活中深受人们喜爱和推崇的一种时尚。作为语言艺术，幽默不失人际交往，特别是活跃社交活动气氛，促进人与人之间关系的绝佳媒介。谈吐幽默风趣，不仅是一个人内在气质美和魅力的体现，更是一个人自信心的体现，它甚至可以影响周围人的情绪。拥有幽默的气质，是走向成功的重要条件。本书从心理调节、颠倒逻辑、歪曲推理、文人幽默逸事、缩短心理距离等十四方面来向你阐述了幽默的谈吐。

书籍：《说话的技巧》②

本书用通俗易懂的语言，娓娓动人的故事，实际有效的例证，向读者介绍了说话滴水不漏的原则及在日常生活、社交应酬、谈情说爱、交朋结友、职场环境、求职面试、赞美批评、说服拒绝等十几个方面的说话技巧。其内容易懂易学，便于解释，方便实用，可借鉴和可操作性强。掌握了书中的方法和技巧，你就能在朋友面前谈笑风生，侃侃而谈；在恋人面前蜜语甜言，爱意无限；在上司面前不卑不亢，应付自如；在陌生人面前落落大方，彬彬有礼；在演讲台上，妙语生花，潇洒自如；在论辩坛上雄智多辩，巧舌能战。

模块四　创新思维　培养前瞻视野

2015年11月15日，习近平出席二十国集团领导人第十次峰会并发表题为《创新增长路径　共享发展成果》的重要讲话，并指出"世界经济长远发展的动力源自创新。总结历史经验，我们会发现，体制机制变革释放出的活力和创造力，科技进步造就的新产业和新产品，是历次重大危机后世界经济走出困境、实现复苏的根本。"创新在人类发展历史中起着不可估量的作用。

创新能力的培养已经成为国家强大、社会进步和时代发展的永恒主题。纵观人类发展历程，其实就是科技创新不断进行的过程。在当代，科学技术突飞猛进，新发明、新技术、新材料、新工艺层出不穷，社会也在科技的带动下飞速发展，而创新又使这个速度不断加快。研究表

---

① 孙绍振.漫画幽默谈吐[M].北京：首都经济贸易大学出版社，2008.
② 石言.说话的技巧[M].北京：西苑出版社，2006.

明,创造的最佳年龄段是 20～45 岁,大学生正处在这一时期的准备阶段。大学生在常规性思维继续发展的同时,创造性思维也有显著的发展。当代大学生应注重对自身创新能力的培养,使国家拥有强大的国力和旺盛的生命力,也才能使中国在未来的发展中立于不败之地。拥有创新思维和创新能力的重要性已经获得了社会的普遍认可,甚至已经成为用人单位人才选拔的标准之一。

【想一想】

1. 你认为什么叫作创新思维、创新意识? 它具备哪些特点呢?
2. 你具有创新思维吗? 你的创新思维水平怎么样?
3. 如何培养自己的创新意识?

【知识链接】

一、何谓创新意识

在 20 世纪初,著名经济学家熊彼特首次提出创新概念之后,众多学者对创新的诠释可谓"仁者见仁、智者见智"。但有一点是共同的,即创新是在前人已经发现、发明的成果的基础上做出新发现、提出新见解、开拓新领域、解决新问题、创造新事物的过程,是人类不断拓展对客观世界及其自身的认知与行为的过程和结果的活动。

创新意识是创新实践的思想前提,它激发我们能够一起进行创新实践,创新意识对于我们来说是一种对创新的欲望和心理取向,是主动发现问题并积极探求解决问题新路径的思路与方法。在这种心理欲望的驱使以及独到的思路和方法的指引下,我们便会主动去抓住机会培育自己的创新能力,将所学理论知识创造性地应用于实践进而缔造创新成果。创新意识还能帮助我们树立起强烈的社会责任感和事业心。因为它体现着以实践为基础的改变客观事物的一种积极进取的人生态度和个性素养。

创新意识大致包括以下三个方面:

第一,主体意识。主体性是人在同客体的相互作用中所表现出来的独立性、自主性、能动性,它是个人生活的灵魂,唤起人的主体意识,弘扬人的主体精神,是我们当代大学生时代精神的最核心内容。培养主体意识,就是要唤醒和凸现我们的个体价值观,自己做自己的主人,树立"天生我材必有用"的自信;树立"天将降大任于斯人也"的责任感和使命感。

第二,问题意识。培养问题意识,就是培养自身的好奇性、挑战性和独立性。问题意识即质疑意识,是创新的根本要素。"学贵有疑",李政道曾说过:"最重要的是会提出问题,否则将来就做不了第一流的工作。"这种精神比考试成绩对我们更加重要。

第三,集体意识。培养集体意识,就是要培养我们的团体意识、行为和社会归属感。当今社会,人类的生产实践日益趋向于全球性、复杂系统性,其生产要求的范围越来越广阔,这就要求个体的、局部的生产活动互相依赖、互相结合成一个集体。而信息技术的飞快发展,共享各地域以及各个体、团体的信息与文化已成为现实,网络社会的进步与变化,比以往更高地要求社会成员具有人际交往的意愿与能力,这要求我们具有善于与其他成员相互交流、相互协作、相互尊重的合作精神。

二、创新思维的类型

创新思维的本质在于将创新意识的感性愿望提升到理性的探索上,实现创新活动由感性认识到理性思考的飞跃。创新思维是指以新颖独创的方法解决问题的思维过程,通过这种思维能突破常规思维的界限,以超常规甚至反常规的方法、视角去思考问题,提出与众不同的解决方法,从而产生新颖独到的、有社会意义的思维成果。

创新思维有以下几种类型:

第一种,扩散思维。扩散思维是一种开放性思维,它的过程是从某一点开始,任意向四面八方扩散出去,既无一定的方向,也无一定的范围。该思维主张敞开思维的大门,无限制地张开思维之网,冲破一切阻力与束缚,广泛地接收更多的信息。可以从不同的角度去海阔天空地思考,这样就能得到越来越多的创新机会。

第二种,集合思维。集合思维是指集中性思维,它的过程正好与扩散思维相反,是从四面八方集中到一点。该思维主张将思维从无数个方位收集在一起去主攻一个难题。特别是作为领导者,更需要应用这种集合思维,即能够集中群众的智慧,广泛吸收有益的意见,发动群众来想办法,就没有克服不了的困难。

第三种,逆向思维。逆向思维是针对常规思维而言,目的是把思考问题的思维方法作一个反方向的调整。因此,面对难题或从未碰到过的新问题时,最好的思维方法就是打破传统习惯和固有的思路,采取逆向思维之法,从相反的方面去寻找解决问题的最佳办法。

第四种,越障思维。顾名思义就是超越障碍的思维,也可以称之为超越思维。其含义是指在思考解决问题时,要摆脱原来的思维方法和经验形成的思维定势所展开的一种新的思维。

第五种,形象思维。形象思维一般是指人们在借助于图形或形象的刺激情况下,通过发挥想象力去解决问题的思维形式。爱因斯坦说过,"在我的思维结构中,书面的或口头的文字似乎不起任何作用,作为思想元素的心理的东西是一些记号和一定明晰程度的意象,它们可以由我'随意地'再生和组合,这种组合活动似乎是创造性思维的主要形式"。

第六种,超前思维。所谓超前思维是指人所特有的超前反映客观现实的高级思维形式。一个人一旦具有了这种超前思维,在做任何事之前不但看清了当天当时的情景,而且更重要的是看清了明天、后天的情景……甚至能预见到更远的发展趋势。

【探索训练】

你是个有创新思维的人吗?

下面 10 个题目,如果符合你的情况,则回答"是",不符合则回答"否",拿不准则回答"不确定"。

1. 你认为那些使用古怪和生僻词语的作家,纯粹是为了炫耀。

2. 无论什么问题,要让你产生兴趣,总比让别人产生兴趣要困难得多。

3. 对那些经常做没把握事情的人,你不看好他们。

4. 你常常凭直觉来判断问题的正确与错误。

5. 你善于分析问题,但不擅长对分析结果进行综合、提炼。

6. 你审美能力较强。

7. 你的兴趣在于不断提出新的建议,而不在于说服别人去接受这些建议。

8. 你喜欢那些一门心思埋头苦干的人。

9. 你不喜欢提那些显得无知的问题。

10. 你做事总是有的放矢,不盲目行事。

题号	1	2	3	4	5	6	7	8	9	10
选项										

【结果评分与解释】

题号	是	否	题号	是	否	题号	是	否	题号	是	否	题号	是	否
1	−1	0	2	0	1	3	0	1	4	4	0	5	−1	0
6	3	0	7	2	1	8	0	1	9	0	1	10	0	1

我的总分:_____

得分 22 分以上,你有较高的创造思维能力,适合从事环境较为自由,没有太多约束,对创新性有较高要求的职位,如美编、装潢设计、工程设计、软件编程人员等。

得分 21—11 分,你善于在创造性与习惯做法之间找出均衡,具有一定的创新意识,适合从事管理工作,也适合从事其他许多与人打交道的工作,如市场营销。

得分 10 分以下,你缺乏创新思维能力,属于循规蹈矩的人,做人总是有板有眼,一丝不苟,但也不要灰心,你所适合从事的是对纪律性要求较高的职位,如会计、质量监督员等职位。

集合思维训练

第一步:将发散思考中产生的想法,用卡片写下来,每张卡片上写一个。

第二步:分析每张卡片,将内容相关、内在联系比较紧密的卡片放到一起。

第三步:仔细思考内容相似的卡片的内在联系,将形成的新的思想材料,写成卡片,追加上去。

第四步:反复整理卡片,进行各种不同的排列。

第五步:这样不断地调整,不断地思考,我们的思想就会从发散思维时的不同方向,逐渐指向一个方向,进而指向一个中心点,直到我们满意为止。

创新思维训练题

1. 12 个等边三角形间距相等排成长方形,如下图所示。要求一笔连续画 4 条直线,把 12 个等边三角形连起来。如果成功了,可以继续尝试用 3 条直线把 12 个等边三角形连起来,行

不行？如果成功了,可以继续尝试用 2 条或者 1 条直线把 12 个等边三角形连起来,可能吗？(越障思维训练)

2. 现提供三组图案,如下图,请你组合成有意义的新图案,看你能组合成多少个有意义的新图案。(形象思维训练)

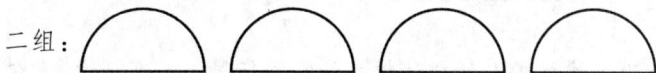

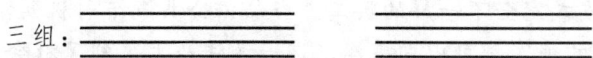

说明:以上三组图案的大小比例可以任意改变,但是其基本形状不能改变。图案组合后也可以稍作整合加工。

3. 金融家的远见卓识

亚洲首富、日本软件银行社长孙正义曾说,软件银行创业期什么都没有,没有人力、没有资金,也没有固定资产,有的只是做大事的志气和对大趋势的把握。当时,他认为必须掌握三大趋势:

第一大趋势:在所有产业中,信息产业将是今后最大的产业。

请分析,为什么说信息产业是今后最大的产业？

_____

第二大趋势:在信息产业中,个人计算机的成长幅度将远远超过大型计算机。

请分析,为什么说个人计算机的成长幅度将远远超过大型计算机？

_____

第三大趋势:在个人计算机领域中,软件的成长会高于硬件。

请分析,为什么说在个人计算机领域中,软件的成长会高于硬件？(超前思维训练)

_____

【拓展阅读】

领袖们的创新思维①

新中国第一代杰出领导人毛泽东就是一位善用集合思维的专家。在战争年代，毛泽东非常巧妙地运用集合思维，设计出人民战争的伟大战略思想，把分散的群众集中组织起来，武装起来，在人民战争史上创造了以"小米加步枪"打败了敌人"飞机加大炮"的奇迹。这是运用集合思维的光辉典范。

美国总统罗斯福在执政期间，每当遇到重大问题时，他总是把自己的一位助手请来，告诉他："请你独自研究一下这个问题，要注意保密。"然后，罗斯福又分别找来其他几位助手，对每个人都如此吩咐一番。最后，每位助手都把自己的独特研究成果呈报给总统先生。在分析比较、广泛吸纳各人意见的基础上，罗斯福再提出最终决策。这往往是更为全面而且是最佳的决策。这个事例同样说明，美国总统罗斯福运用了集合思维，很巧妙地充分发挥了他手下几位助手的作用，达到了最佳的执政效果。

一次特别的罢工②

在澳大利亚，公共服务业工会为了维护工人的合法权益经常举行罢工。有一次，墨尔本公共汽车公司的司机举行了一次与往常方式完全不一样的罢工。当每位公共汽车司机驾车前，他们一律拒绝收取乘客的车费，让所有的乘客都可以白乘车。这一做法马上得到了社会民众的热烈欢迎，并一致地大力支持他们的罢工。这样一来，资方立即感到极大的压力，很快就答应跟工人代表谈判，并迅速解决了工人的待遇问题。

公共服务与一般工厂生产劳动不同，如果在公共服务方面罢工有时候不但不会引起社会民众的同情，反而会引起社会民众的不满，因为这种罢工不但会给社会民众带来诸多不便，而且还会对社会造成麻烦和产生不利影响。当罢工引发民愤时，资方老板就会趁机煽动民众，导致罢工失败。

以上这一事例，证明了澳大利亚的这位公共服务工会的负责人在罢工这个问题上巧妙地运用了逆向思维的方法，达到了理想的罢工效果。

小发明解决大问题③

政府机关、中国人民解放军部队、大中小学校、各类企事业单位经常要举行升国旗仪式，但在升国旗过程中，经常会出现国歌奏完了，国旗还没有升到旗杆顶部，而且不能保证每次都不出现误差，这个难题被成都市24中14岁学生赵露解决了。他的解决方法是在升旗的绳上按国歌的旋律定出适当的间隔，再逐字写上歌词，边拉边看歌词。后来又改进用塑料珠按一定间隔固定在绳子上，并在每颗珠子上写上一句歌词，最终制成"与国歌乐曲同步的升旗绳"。这项

①②③　吴维亚，吴海云.创新学[M].南京：东南大学出版社，2008.

小发明在批量生产和推广中获得了许多单位的赞誉。

刚满3岁的儿童,在没有大人的提示和没有效仿的前提下,自己生来第一次去拿了小凳子,然后再站在小凳子上去拿原本站在地板上拿不到的玩具,3岁儿童的这种行为表现,对他来说就是一个了不起的创举。

创新思维是人类心理活动的高级过程,创新产品都是从这个过程中产生的。不同的领域创新活动有不同的特点,但其基本的思维形式都属于创新思维。

【经典推荐】

书籍:《创新思维训练游戏》①

"创新思维之父"爱德华·德博诺揭开了创造力的神秘面纱,开创性地指出创造力就是一种技能,这种技能就像游泳、打网球、烹饪或算术一样,每个人都可以通过学习掌握。正如打网球,如果你不练习,就不可能学会或打得更好,创造力同样需要练习。在本书中,德博诺基于他的"水平思考"理论,设计了62个随机词练习,帮助我们培养水平思考的能力,从而获取创造力。

这些练习富有趣味性,也可称之为"游戏"。你可以把这本书看作一个运动场,在书中找到乐趣! 但这并不只是随便玩玩,创造力是一种非常重要的技能,它需要你的努力。从现在开始,一切将由你做主。你使用本书时投入的努力直接关系着你能否从本书中得到收获。

《创新者——英雄生于联盟之中》②

乔布斯曾经准备了一份很长的单子,上面列着全美国最好的传记作家,准备从中挑选一个人来写自己的生平。他最终选择了本书的作者艾萨克森。

艾萨克森从第一个计算机程序的创造者、诗人拜伦侄女埃达说起,细数了这一群站在科学与人文交叉路口的创新者。本书探究了是什么让他们把富有远见的创意变为颠覆性的现实,讲述了他们如何协作创新从而实现创造性的飞跃。此外,艾萨克森还探讨了为创新提供土壤的社会和文化力量。

---

① (英)爱德华·德博诺.创新思维训练游戏[M].北京:中信出版社,2009.

② (美)沃尔特·艾萨克森.创新者——英雄生于联盟之中[M].北京:中信出版社,2014.

成 长 驿 站

一、大二知识目标——理解专业 深化学习

（一）正确认识专业学习

专业课程是大学课程设置系统中最核心、最重要的部分,专业课的学习成绩也是衡量大学生在本专业学业水平的重要因素,专业课的学习能力和水平将决定我们以后在专业方面的发展潜力和前景,所以大学生都应该重视专业课的学习。专业课的学习一般贯穿整个大学四年,尤其大二阶段是专业课程学习起始阶段、关键时期。专业课程学习是一个完整的体系,所以每一门专业课都是整个专业知识体系的一部分。学好专业课不仅有利于提高专业素质,对考研同样也有很大帮助。

（二）不要忽视非专业知识的学习

大学是一个开放的学习平台,虽然我们有各自的专业设置,但我们的学习绝不仅仅局限于专业学习,大二阶段是我们全面提升自身综合知识的最佳时期,对于那些自身感兴趣的、积极向上的知识,我们都可以涉猎。我们极力推荐每一位大学生一定要利用好图书馆的资源。图书馆是知识的海洋,是每一位大学生都应该经常去的地方,一个高校的图书馆氛围一定程度上反映了这个学校的学风状况。大学生可以在图书馆获得各种知识,当你真正爱上这个地方的时候,你会发现自己的知识体系已经越来越丰富。从一定意义上可以说,凡是喜爱去图书馆的同学,学习成绩和学习能力一般都不会差。

二、大二能力目标——独立学习

（一）正确认识独立学习能力

独立学习的能力是大二学生的一种重要的学习能力。大一的生活和学习被很多新生比喻成"高四",因为大一阶段更多的是要适应大学的生活,学校对大一学生的管理也相对更严格,而大二将处于一个由被动学习向主动学习转变的关键时期,所以这个时期独立学习能力的培养和提高对于后期大学生活和学习将发挥重要作用。

（二）培养独立学习能力

大学学习是一种开放式的学习,不仅仅只是课堂的学习,工作、生活和各种社会实践活动

都是提升学习能力的途径。大学二年级时,每个人都应该积极参加学生组织、社团、兴趣小组等,通过工作和实践活动来有效提升自己的独立学习能力。

　　每个大学生独立学习能力高低不等,每个人都有自己的特长和短处,所以大家都应该力争让长处更长,让短处不再短,这就要求大学生要有针对性地提高自己各方面的能力,比如有些同学需要加强交际能力,有些同学则应该提高自己的自理能力等。

三、大二素质目标——提升团队素养

(一)正确认识团队素质

　　大二阶段是大学生个人素质发展的重要时期,大学生的积极性处于较高水平,可以通过各种手段和方式来提升个人的素质。但有少数同学表现出消极状态,不愿意参加各种集体活动和实践活动,这都是因为过分热衷于个人发展而忽视团队意识和素质的重要性。

(二)培养团队素质

　　大二学生可以通过参加特色类学习组织来培养自己的团队精神和质素,比如小微学习型组织中的机器人团队、航模队等,也可以参加嵌入式学习中的创业计划大赛、营销大赛等,这些活动和组织都是大学里常见的锻炼团队素质非常有效的途径。

大学发展篇

若高考是人生的第一次转折性的选择，那么大三就是关乎人生的又一次重大抉择，从入学到离校，要完美地实现从学生到职场人的转化，需要面临诸多的任务与挑战。然而，大三是我们大学生涯的关键期，从公共、通识课程的学习向专业化课程的深入研究学习，从稚嫩的学生角色逐步向成熟的社会职业人过度。是通过就业直接进入职场，或是考研、留学继续深造，或是考公、考编步入仕途或事业单位，又或是创业等成了眼前面临的极为实际的抉择性问题。在这一年里，我们将会遇到一系列的问题，如专业知识的不精通，不了解毕业后的选择，不知道如何去寻找实习机会，无目的地考研，盲目的为未来就业做准备等。面对这一系列的问题，我们应当做好哪些准备，确立怎样的目标，制定何种计划，完成什么任务？

大三分化 找方向

大三是大学四年的关键期,无论是准备考研、找工作还是出国,都要在这一年进行决策。大三是大学四年发展方向的分化期,各位同学务必要保持清醒的头脑,认清自己的人生目标,要有主见,确定适合自己性格、能力和兴趣的发展方向,并脚踏实地去实现它。

模块一 反思总结 梳理成长问题

知己知彼,百战百胜。总结和回顾大一、大二的学习与生活,以思想、学习、生活、工作、能力等方面作为考察点,回顾这两年的成果就是为了做到知己知彼,为了在大三这个发展的分化时期能够做好自己的人生规划,找准方向,全力前行。过半的大学生活,总有这样或那样的过往是需要反思、需要总结的。结合下面的三个问题,认真思考一下,以便于我们及时发现问题,分析原因,找寻有效途径,解决具体问题。

【想一想】

1. 你是否还记得刚迈进大学时立下的目标是什么? 现在有没有动摇?
2. 现在的目标又是什么? 是否已经有了实现这一目标的具体计划?
3. 怎样使这一目标坚持下来,需要调整的部分是什么?

【知识链接】

一、思想方面

大学生的思想变化是一个动态系统,不同年级学生特点不同,面临的问题也不同。大一、大二正处于大学四年的前半段时期,学生思想的变化幅度也相对较大。如大一学生处于过渡适应阶段，面临着生活上的自理、管理上的自治、目标上的自我选择、学习上的自觉、思想上的自我教育等一系列问题，这些问题使他们在入学后处于苦闷、压抑、焦虑、消沉等消极心理状态，更有甚者导致心理问题、心理疾病，严重影响正常生活。大二学生基本上适应了大学的学习和生活，世界观、人生观、价值观逐步确立，大部分学生对自身定位和发展目标有初步规划。在这个阶段，大学生有选择地参加社团活动和社会活动，班集体荣誉感和合作精神不断增强。但是人际关系开始变得复杂，容易出现冲突，部分同学开始出现了朦胧的爱情，但恋爱观尚未成熟。

造成这些问题的原因是多方面的，如家庭环境的熏陶——当代大学生大多是独生子女，甚至他们的父母也是独生子女，于是这些大学生的成长环境就会出现非常"6＋1"模式，即爷爷奶奶、外公外婆及父母照顾一个孩子，在这样的环境中，他们的成长无疑会受到过多的呵护和溺爱，使他们从小就有一种优越感，常以自我为中心，不懂得尊重他人，依赖性极强，在遇到挫折时不知所措，缺乏自制能力和自信心。如学生自我主观因素的影响——随着生理和心理的快速发展，大学生自我意识觉醒，人格相对独立，自我发展和完善的愿望日益强烈。但是由于年龄小，个人的世界观、人生观和价值观初步建立，可变性和可塑性大，价值取向产生多元、多变、矛盾的特点，难以全面把握事物本质，思想上容易出现脱离实际、迷茫和失衡，容易被外界所左右。

［案例］小宋，美术（师范）专业。小宋是独生子女，家庭经济条件比较富裕，专业成绩还可以，交际广泛，但有一个其舍友公认的不太好的习惯，就是喜欢随意地在宿舍里放歌放视频，有时候舍友想休息，小宋也不戴上耳机，兀自地播放手机里的音乐和视频。其舍友曾经不止一次地和她商量此事，但她隔一段时间又会犯同样的毛病。渐渐的，小宋的这个不良习惯在班里传开了，她的那些本来玩得比较好的同学也和她开始有些疏远。

二、学习方面

抱着对大学的向往和憧憬，大一学生进入到大学，对学校的憧憬是象牙塔的学术气氛和无限的丰富和自由。但经历了大学初体验后，纷纷感到了巨大的失落和不适应。有些学生对自己大一的学习生活比较失落，认为自己由于业余时间的迅速增多和外界约束的减少，开始对上学不上心了，学习基础没打好，学习也不够深入；有些学生后悔自己没有良好的自我约束力，逃课上网玩得太多，以致影响了学习；另外还有些学生感觉自己学习不像以前那样出类拔萃，成绩不够理想，专业课不够好没有拿到奖学金。

大二学生对前途迷茫的同时不知道该如何利用现在的时间。他们有的觉得时间空虚无聊，有的觉得无从制定计划，学习无动力，感觉浪费了时光。

［案例］小徐，小学教育专业。大一刚进校时由于高考成绩在全院中处于前列，拿到了新生特等奖学金。之后面临的第一场非常重要的等级性考试就是英语四级考试，小张每天坚持听听力、背单词、做真题，对专业课的学习也没有放松，最终一次性通过了英语四级考试，并拿到了一等奖学金。在大一下学期，小徐的学习劲头依然很足，所以专业成绩还是名列前茅。可是从大二开始，小徐开始谈恋爱，对学习有所松懈，课余花在学习上的时间变少了，有时候甚至不知道如何打发时间，久而久之，学习成绩出现了连续下降趋势。

三、工作方面

大一学生刚刚在班级或其他组织部门中担任干部，做事的热情和积极性还是比较高的，遇到不明白的地方也会及时请教老师或询问其他相关的同学。但是在做事方法上还有待考量，比如做事的灵活性不够、做事的认真细致程度不够等等。这些常常与个人的行事风格以及老师的安排是否到位等有关。

大二学生对待工作明显要比大一学生成熟得多，具体表现在心态的放松、各种方法的灵活运用以及处理工作的效率提高等方面。但也存在一定问题，比如态度不如以往严谨和认真。

［案例］小张，中师专业。大一时，小张在系团总支学生会学习部担任干事，虽然经常面临着学业和部门里一些活动、事务在时间上的冲突，但还是熬过了一年。到了大二，小张成了新闻部的副部长以及 2013 级新生班的班助。小张很喜欢自己所带班级的学生，也倾注了很多时间给予他们生活、学习上的帮助，自然对于学习部的事情花的时间就相对减少了。有时候，小张得很晚才能打开电脑审核新闻稿，安排干事拍照片、写稿、发稿等，渐渐地感觉越来越累，对学习部的工作便产生了抵触情绪。

四、生活方面

大一学生感觉自己在人际交往方面存在困惑，很多学生不知如何与同学交流，同学之间缺乏顺畅的沟通，感到孤独，没有知心朋友。有些学生认为大学的人际关系有利益关系，感到不习惯。而在处理与异性的友情和爱情方面感到困惑，不知道如何与异性相处。有的学生遗憾自己在大一没找到女朋友，而有的学生则不满意自己在人多的场合羞涩，不会表达。

大二的学生处于大学阶段的中间，马上就要进入大三，他们对自己的个性发展充满困惑，有人发现不了自己"出人头地"的优势，有人不知道如何处理学生干部工作和自己学习之间的关系，他们也在为恋爱和人际中的问题感到困惑。

［案例］小朱，数学专业。小朱是个爱唱歌的女孩，对生活也比较乐观向上，很有自己的主见。但小朱同时又是个特立独行的女孩，常常给人一种难以靠近的感觉。小朱自己也觉察到了这一点，就是不知道如何去改变，有时候怕自己的一些行为会让别人觉得不舒服，所以就"自觉地"避开与他人接触，这样就更让同学觉得小朱的不易相处。小朱对此非常苦恼。

五、能力方面

大一学生刚入校，有很多技能性考试是学校或者社会上规定好的，一般学生都按部就班地去进行。再加之平时学业上的一些困难，学生鲜少会在规定的技能性考试之外再去考如会计证、驾照之类的证。

大二就是大学的青少年时期，既没有大一学生的懵懂，也没有大三、大四学生毕业的压力，所以在拓展自己的技能方面比较能施展拳脚。当然，也不能否认存在时间充裕、无所追求的现象。这部分学生没有树立长远的目光，即没有考虑到一些证书在今后的毕业求职中的重要性，从这点上说，他们的能力相较于其他积极考证的同学来说较弱。

［案例］小夏，小学教育专业。小夏在同学们眼里是个考证达人，基本上是同学们普遍有的证书她都有，同学们没有的她也有不少。小夏通过努力不仅通过了英语四级、计算机一级、普通话二甲、硬笔书法六级，后来又考取了驾照、心理咨询师、硬笔书法七级、英语六级、计算机二级等，一路上过关斩将。小夏的这种不懈追求的精神感染了班里很多同学，大家都向小夏看齐，为自己树立阶段性的考级目标，班里学习氛围一片浓郁。

【探索训练】

大一、大二认识结构量表

要点	原因与分析	学期			
		大一上学期	大一下学期	大二上学期	大二下学期
思想方面	存在问题				
	成因分析				
学习方面	存在问题				
	成因分析				
工作方面	存在问题				
	成因分析				
生活方面	存在问题				
	成因分析				
学习能力方面	存在问题				
	成因分析				

填写你的大学中期成果结构量表

下面的大学中期成果结构量表，帮助同学们分析大学中期成果。本结构量表主要设计了5个考察点、22项内容对同学们的大学中期成果进行总结回顾。同学们在这个结构量表上面还可以结合自身的实际进行补充与完善，以便适时地掌握自我动态。

考察点	主要内容	大一上/大一下/大二上/大二下		
		过去的自己	现在的自己	自我反思
思想	成为发展对象			
	成为预备党员			
	其他			
学习	英语四级			
	英语六级			
	计算机一级			
	计算机二级			
	普通话二甲/二乙			
	其他			

续 表

考察点	主要内容	大一上/大一下/大二上/大二下		
		过去的自己	现在的自己	自我反思
生活	结交朋友			
	独立坚强			
	有责任感			
	参加活动、竞赛			
	其他			
工作	优秀学生干部			
	优秀团干			
	其他			
能力	心理咨询师			
	驾照			
	教师资格证			
	会计证			
	其他			
自我补充				

【拓展阅读】

乔韩窗口理论[①]

苏格拉底在晚年的时候,曾想找一位年轻人来做自己的接班人。在他和弟子的长期接触中,觉得弟子莫利便是一个不错的人选,但他身上似乎还缺少点儿什么,于是便决定再考验考验他。有一天,他把莫利叫到面前说:"孩子,我年纪大了,所剩时日已经不多了。我希望你能帮我找一个优秀的年轻人来继承我的衣钵。这样,我的研究便能继续下去了。"莫利对自己的老师十分尊敬,对老师交代的事情也是尽心尽力地去办。他不辞劳苦地四处寻找,将一个又一个优秀的年轻人带到苏格拉底面前,可苏格拉底总是不满意。终于有一天,苏格拉底病倒了,他知道自己不久就要离开人世了,但自己喜爱的弟子却还没有省悟过来,不禁伤心地流下了眼泪。莫利见老师如此悲伤,满怀愧疚地说:"真对不起!我没能找到令您满意的年轻人。"苏格拉底摇了摇头说:"孩子,最优秀的人其实就是你呀!但因为你对自己缺乏足够的信心而始终没有意识到这一点。其实,每个人都是优秀的,差别就在于如何认识自己、如何发掘和重用自己……"话未说完,一代伟大的哲人就离开了这个世界。

---

① 来源 http://www.yimiwang.com/Reader/Reader/Book.00000699.3.html.

美国心理学家乔(Jone)和韩瑞(Hary)提出的关于自我认识的窗口理论,被称为乔韩窗口理论。他们认为人对自己的认识是一个不断探索的过程。因为每个人的自我都有四部分:公开的自我、盲目的自我、秘密的自我和未知的自我。通过与他人分享秘密的自我,通过他人的反馈减少盲目的自我,人对自己的了解就会更多,更客观。

那么如何认识自己呢? 认识自我的渠道主要有三种:

1. 从自己与他人的关系中认识自己

与他人的交往,是个人获得自我认识的重要来源,他人是反映自我的镜子。从幼年到成年,我们从简单的家庭关系扩展到外面的友爱关系,进入社会又体会到复杂的社会人际关系。聪明而善于思考的人能从这些关系中用心向别人学习,获得足够的经验,然后按照自己的需要去规划自己的前途。

2. 从"我"与事的关系中认识自我

从"我"与事的关系中认识自我,即从做事的经验中了解自己。我们可以通过自己做过的事、所取得的成果、所犯过的错误看到自己身上的优缺点。

3. 从"我"与自己的关系中认识自我

这一点看似容易,其实做到是非常困难的。我们可以从以下几个角度认识自己:

第一,自己眼中的我。个人眼中观察到的客观的我,包括身体、容貌、性别、年龄、职业、性格、气质、能力等;

第二,别人眼中的我。在与别人交往时,从别人对你的态度、情感反应而感觉到的我。不同关系的人,不同类型的人对自己的反应和评价是不同的,它是个人从多数人对自己的反应归纳出的认识;

第三,自己心中的我,也指自己对自己的期待,即理想中的我。

我们可以通过自己眼中的我、别人眼中的我、自己心中的我这三个"我"的比较分析来全面认识自己,进而完善自己。

【经典推荐】

优米网:创业的人都在这里①

北京优视米网络科技有限公司成立于 2010 年 3 月 17 日,是由著名制片人王利芬女士创办的,是经国家广播电影电视总局批准拥有视频节目制作权和视频试听许可证的民营机构。优米网是公司旗下的视频网站,现有的 500 多位知名企业家讲师,1000 多个在线课程旨在服务创业者,为他们提供独家商业智慧视频服务。

第一,在行业形态瞬息万变,知识折旧飞速,不快

① 优米网 http://www.youmi.cn/.

进就要被淘汰的当代,传统行业插上移动互联翅膀的唯一方式就是抓住科技变化。大数据、O2O、小米手机粉丝经济、微信营销卖桂花鸭、黄太吉煎饼颠覆传统餐饮……移动互联时代的弄潮儿,优米网"新趋势",一网打尽。

第二,改变的能力,即互联网的能力。移动互联时代的创业者,亟须赋予自身互联网的硬技能加软实力,才能在创业路上一直前行。微博、微信运营,交互设计,产品经理,品牌营销,时间管理……优米每周为创业者提供资源整合,产品运营等核心竞争力的相关视频。此外,优米帮助创业人士建立并对接属于他们自己的线下圈层及资源。

第三,全民创业的时代,无数人站在创业路口徘徊。小米雷军讲创业目标如何确立,万达集团王健林回顾创业所需的信仰;今年纳斯达克的宠儿阿里巴巴马云、京东商城刘强东、聚美优品陈欧等刚刚上市的CEO创业传记告诉你该不该创业,何时迈出第一步。

第四,史上最振奋的资源整合,最强大的大佬阵容:柳传志、史玉柱、冯仑、俞敏洪、徐小平……优米伴随许多年轻人共同成长,共同改变。

❤ 模块二　分析形势　明确发展方向

面对未知,时常令人迷茫,不知所措,没有方向感;也因未知而产生恐惧,时常不明情形与趋势,束手束脚,畏缩不前。当前,高校毕业生的就业形势不容乐观,因而我们要能够适时、适地、适宜地做好充分的准备,利用好各方面资源,不仅要全面自我分析,包括外部环境分析、自我优劣势分析,还要能够结合外部可为己所用的资源有效地确定自我的发展目标、方向,最终明确自我的发展思路,制定有效的可行性计划,才能减少未知带来的迷茫与恐惧。

【想一想】

1. 你了解当下的就业形势吗?

2. 当下的社会就业大背景下,你将如何扬长避短?

3. 对于未来的职业发展都做了哪些思考?

【知识链接】

一、大学生就业状况及趋势

毕业生供需矛盾突出是近年来社会公认的大学生就业难的一个直接原因。近年来,随着我国高校毕业生就业制度的改革和高等教育规模的不断扩大,高校毕业生的数量也在不断增加。目前,我国高等教育毛入学率达21%,在校生已超过2300万人,进入了国际公认的大众化发展阶段,就业压力日益突出。从公布的高校毕业生就业率看,1997—2010年分别为97.1%、76.8%、79.3%、82%、90%、80%、70%、73%、72.6%、71.8%、70.9%、68%、68%、72%,总体呈下降趋势。

从我国现实情况看,大学生就业难不是供给过多造成的人才过剩,而是就业结构性矛盾突出的表现。面对瞬息万变的市场经济,高等教育的反应相对滞后一些,使得高校在专业设置上有失平衡,培养出的相当一部分大学生的素质和能力不适应市场的需要,导致出现了结构性缺口现象。

目前我国一些地方出现了失业群体年轻化的趋势,一方面很多高校毕业生找不到工作,另一方面一些技校毕业生的就业率却一直居高不下,行情看好,甚至出现用人单位到一些职业教育学校"抢"人现象。另外,由于单位性质与从事的行业,可能对所从事工作人员的性别有所选择,有的单位行业需要男生,有的单位行业需要女生。还有一部分单位因女生就业后不久就会结婚、生子等原因,不喜欢招女生,这样也促使形成一种大学生就业难现象。实际上就业并不难,难的是大学生通过大学的学习与生活,对自己的定位不准确;难的在于对专业并不完全了解的情况下进行选择;难的是社会上对"男女平等"问题的不平等看待。

二、使用 SWOT 分析法明确自我优劣势

SWOT 对个人职业生涯设计是一种有效的工具,通过 SWOT 分析,个体能够确认个人职业生涯应该开发的战略区域,从而选择能够充分发挥个人优势和利用外部环境机会的个人职业生涯战略。运用 SWOT 分析法的不足是环境的可变性以及理性主义色彩下的主观性膨胀。

SWOT 是英文单词 strengths(优势)、weaknesses(劣势)、opportunities(机会)、threats(威胁)的简称,其中,S、W 是内部因素,O、T 是外部因素。SWOT 分析法(SWOT analysis)是战略研究设计学派的著名战略分析模型,是一种理性的组织发展战略管理工具。SWOT 最早由哈佛商学院的 K·J·安德鲁斯教授于 1971 年在其《公司战略概念》一书中提出,其他代表人物还有菲利浦·塞兹尼克(著有《经营中的领导能力》)和阿尔弗雷德·D·钱德勒(著有《战略与结构》)。基于环境是稳定的、可以领会并被控制的假设,SWOT 分析法侧重于开展组织内部环境和外部环境的综合分析,从而为组织构造发展战略提供选择。SWOT 矩阵提供了四种可供选择的战略,见下表:

内部因素 环境因素	优势(S)	劣势(W)
机会(O)	SO:(极大—极大战略) 尽可能地增加内部优势, 并利用外界机会	WO:(极小—极大战略) 尽可能地减少劣势, 并最大限度地增加机会
威胁(T)	ST:(极大—极小战略) 最大限度地增加优势, 并尽可能减少威胁	WT:(极小—极小战略) 尽可能地减少劣势和威胁

如表所示,SWOT 矩阵提供了四种组织发展战略备选,即 SO 战略、ST 战略、WO 战略和 WT 战略。下面简单解释:SO 战略(优势机会战略)是最理想的战略,即组织抓住了外部机会,同时又利用了自身内部的优势,SO 战略应优先安排。从另一个角度而言,通过 SWOT 的精确分析,组织可以从中获取有效信息,以实现"从矩阵的其他方位转移到 SO 战略项下"。面对自身的劣势,要努力克服,面对外部的威胁要泰然处之,以便能够将精力集中在机会上。

ST 战略(优势威胁战略)是一种内部取向战略,组织利用扩大自身的优势来减少外部带来

威胁的可能性。根据组织的自身优势,合理安排资源,以对付外部环境所带来的威胁,目的是将组织优势扩大到最大限度,把威胁减少到最低限度。ST 战略应重点安排。

WO 战略(劣势机会战略)是一种内外取向兼顾的战略,该战略力图使自身的劣势降到最低,同时使外部的环境机会增加到最大,克服自身的弱点以寻求发展的机会。WO 战略一搬运用在由于组织内部劣势避免的困难制约了组织利用一些外部机会的背景下。WO 战略应延期安排。

WT 战略(劣势威胁战略)是一种应付组织危机的战略,通常是企业面临着内忧外患,时时处在被并购或破产的危险时,企业制订一套防御性计划来克服内在劣势,同时回避外在的威胁。WT 战略属于暂不安排战略。

在利用 SWOT 对自己进行职业发展分析时,可以遵循以下五个步骤:

第一步,评估自己的长处和短处。每个人都有自己独特的技能、天赋和能力。在当今分工精细化的环境里,每个人擅长于某一领域,而不是样样精通。列出你认为自己所具备的很重要的强项和对你的学习选择产生影响的弱势,然后再标出那些你认为对你很重要的强弱势,做两种选择,或者努力去改正错误,提高你的技能,或是放弃那些对你不擅长的技能要求的学习。

第二步,找出你的职业机会和威胁。不同行业或职业、企业都面临不同的外部机会和威胁。有效分析这些外部机遇对于成功找到一份适合自己的工作尤为重要。尝试列出你感兴趣的一两个行业,然后认真地评估这些行业所面临的机会和威胁。

第三步,提纲式地列出今后 3—5 年内你的职业目标。列出 5 年内最想实现的四至五个职业目标,可以包括你想从事的职业?你将管理多少人?或者你希望拿到的薪水级别?并请时刻记住竭尽所能地发挥出你的优势,使之与行业提供的工作机会完满匹配。

第四步,提纲式地列出一份今后 3—5 年的职业行动计划。请拟出一份实现上述第三步列出的每一目标的行动计划,落实到具体详细的措施上。例如,你的个人 SWOT 分析可能表明,为了实现你理想中的职业目标,你需要进修更多的管理课程,那么,你的职业行动计划应说明要参加哪些课程、什么水平的课程以及何时进修这些课程等。

第五步,寻求专业帮助。结合自己职业发展的目标以及行动计划,寻求专业人士的指点与帮助,以进一步确定行动计划方向的准确性与可行性。

三、使用决策平衡单确定自我方向

在决策过程中对可能的选择进行评估排序时,需要详尽地考虑到该决定所涉及的各方面因素。在面临各种选择情境时,该如何去分析各项方案的利弊得失,然后再做最合宜的决定。在制作决策平衡单时,尽可能把所有的选择方案都列出来,理性地分析各项选择方案,以提高分析所得结果之参考价值。

决策平衡单步骤:
(1) 将有关此项决定的选择方案列出来。
(2) 此项决定所要考虑的项目有哪些?
(3) 分析各选择方案在每个项目上的得失,计分范围由你个人主观去评量。
(4) 合计各个选择方案的"得"、"失"总数。
(5) 计算"得失差数"。
(6) 找出"得失差数"最多的选择方案。

(7) 依各项考虑因素对你个人重要程度不同,分别给予 1 至 5 倍之加权,并写在表格的空格内,然后将你刚才完成平衡单的分数乘上括号内的分数,写在加权后的平衡单中,并把总分计算出来。

在使用决策平衡单的时候,要注意其目的不仅在于得出最后的排序结果,填写的过程也很重要。因为列举各项考虑因素、给各项价值观分配权重以及给各项选择打分的过程本身,就是在帮助个人理清自己的思维。这样一个仔细思索和反复推敲的过程,可能比单纯得出一个结果更为重要,更能够帮助个人做出适合于自己的决策。

决策平衡单应用典范

小徐是生物工程专业三年级的学生,在职业生涯规划的咨询中,首先确定了 INTP 的性格类型和 IES 的霍兰德兴趣码,结合其自身的特点及专业发展状况,小徐坚定地想要从事生物行业的技术岗位。然而他面临了最终决策的困境,即在考研和找工作之间如何做出选择? 小徐的决策平衡单如下图:

得失维度	考虑项目	权数	选项一:工作		选项二:考研	
		加权范围 1—5 倍	得(＋)	失(一)	得(＋)	失(一)
个人物质得失	个人收入	4	7			5
	健康状况	2	3		5	
	休闲时间	3		1		2
	未来发展	5	2		6	
	升迁状况	5	1		4	
	社交范围	3	3			1
他人物质得失	家庭收入	3	5			3
个人精神得失	所学应用	5	2		8	
	进修需求	3	3			1
	改变生活方式	2		4	6	
	富挑战性	4			6	
	成就感	4	4		7	
他人精神得失	父亲支持	5		3	5	
	母亲支持	4		2	4	
	女朋友支持	3	5		3	
合计			135	34	214	41
得失差数			101		173	

(注意:根据自己的真实想法作答,方可正确评估每个方案对自己的重要性)

根据以上决策平衡单,小徐很快做出了考研的决定,这也正符合了职业生涯规划中个体自己做出人生选择的宗旨,即我的人生路我自己选。

在职业生涯规划中,决策平衡单是做出职业选择最常用的方法,在日常的生活学习和工作中,决策平衡单也可以被广泛地应用。在使用过程中,使用者需要收集大量的信息,澄清概念,尤其当使用时出现各选项得分较为均衡的时候,来访者就必须要进一步对影响因素及其权数做出评估,甚至在咨询师的帮助下,做更为细致的权衡和评估。

【探索训练】

我的 SWOT 分析

姓名:_____,性别:_____,出生年月:_____,民族:_____,政治面貌:_____,

籍贯_____,学校:_____学院:_____,专业:_____,年级:_____,学历:_____,

学校背景:_____。

一、确定个人职业生涯目标

二、分析个人的能力和兴趣,剖析自身的优势和劣势

(简要说明自身性格,在生活、工作、学习、人际等方面的状态。)

(一)优势及其利用

1. 优势(Strengths)

(1)学习能力:

(2)社会实践:

(3)个人荣誉:

(4)科研能力:

(5)个人性格及能力:

(6)其他:

2. 优势的利用

```
┌─────────────────────────────────────────────────┐
│                                                 │
│                                                 │
│                                                 │
│                                                 │
│                                                 │
└─────────────────────────────────────────────────┘
```

（二）劣势及其弥补

1. 劣势（Weaknesses）

```
┌─────────────────────────────────────────────────┐
│ (1) 学习能力：                                    │
│                                                 │
│ (2) 个人性格及能力：                              │
│                                                 │
│ (3) 其他：                                        │
│                                                 │
└─────────────────────────────────────────────────┘
```

2. 劣势的弥补

```
┌─────────────────────────────────────────────────┐
│                                                 │
│                                                 │
│                                                 │
│                                                 │
│                                                 │
└─────────────────────────────────────────────────┘
```

三、分析外部环境：机会和威胁

```
┌─────────────────────────────────────────────────┐
│ (简要分析目前外部环境)                            │
│                                                 │
│                                                 │
└─────────────────────────────────────────────────┘
```

（一）机会及把握

1. 机会（Opportunities）

```
┌─────────────────────────────────────────────────┐
│ (1) 学校环境：                                    │
│                                                 │
│ (2) 社会环境：                                    │
│                                                 │
│ (3) 家庭环境：                                    │
│                                                 │
│ (4) 人际环境：                                    │
│                                                 │
│ (5) 相关政策：                                    │
│                                                 │
│ (6) 其他：                                        │
└─────────────────────────────────────────────────┘
```

2. 机会的把握

（二）挑战及应对之策

1. 挑战（Threats）

(1) 学校环境：

(2) 社会环境：

(3) 家庭环境：

(4) 人际环境：

(5) 相关政策：

(6) 其他：

2. 挑战的应对之策

四、提纲式地列出今后 5 年内自身的职业目标

五、今后 5 年的职业行动计划

【拓展阅读】

［报告精读］就业蓝皮书：2016 年中国大学生就业报告①

《2016 年中国大学生就业报告》即"就业蓝皮书"基于麦可思公司 2016 年度的大学毕业生跟踪数据而撰写。麦可思公司自 2007 年以来，连续十年每年对毕业半年后大学生的就业状态和工作能力进行全国性研究，从 2010 年开始，连续七年对之前跟踪研究过的全国 2006～2012 届大学毕业生进行毕业三年后的职业发展跟踪。

"就业蓝皮书"分为《2016 年中国本科生就业报告》、《2016 年中国高职高专生就业报告》两个分册。

【2015 届大学生就业率总体稳定，创业与深造是稳定大学生就业的主要因素】

2015 届大学生毕业半年后的就业率为 91.7%。其中，本科院校 2015 届毕业生半年后的就业率为 92.2%；高职高专 91.2%。2015 届大学生毕业半年后的就业率(91.7%)与 2014 届(92.1%)和 2013 届(91.4%)基本持平。

注意点：虽然去年与今年经济下行，但 2015 届大学生毕业半年后就业基本稳定，是因为大学毕业生的创业和深造比例上升，减少了需就业的基数。具体而言，自主创业的比例从 2013 届的 2.3%上升到 2015 届的 3.0%，本科毕业生读研加上高职高专毕业生读本的比例从 2013 届的 8.0%上升到 2015 届的 10.1%。另一因素是信息、教育、医疗等知识密集型产业近年来增长较快，大学毕业生在经济结构变化中的就业适应性更好，从而就业受传统经济的影响较其他人群小。

注意点：2015 届大学生未就业人群中，52%的人处于求职状态，31%准备国内外考研、考公务员、准备创业和参加职业培训，17%不求职也无其他计划。

【大学毕业生就业重心变化，民企、中小微企业、地级市及以下地区等成为主要就业去向】

大学毕业生在民营企业就业的比例从 2013 届的 54%上升为 2015 届的 59%，与此同时，在国有企业就业的比例从 2013 届的 22%下降到 2015 届的 18%，在中外合资/外资/独资企业就业的比例从 2013 届的 11%下降到 2015 届的 9%。

其中，本科毕业生在民营企业的就业比例从 2013 届的 45%上升为 2015 届的 52%。高职高专毕业生从 63%上升为 67%。本科毕业生在国有企业的就业比例从 2013 届的 26%下降到 2015 届的 20%，在中外合资/外资/独资企业的就业比例从 12%下降到 10%。高职高专毕业生在国有企业的就业比例从 2013 届的 19%下降到 2015 届的 16%，在中外合资/外资/独资企业的就业比例从 10%下降到 8%。

注意点：这些变化反映出国企正在经历新一轮的产能调整，外资企业也受劳动力成本上升等因素的影响，而民营企业对大学毕业生就业的支撑凸显重要。

2013～2015 届大学毕业生在 3000 人以上大型用人单位就业的比例从 23%下降到 21%，在 300 人以下的中小微用人单位就业的比例从 51%上升为 55%。

其中，2013～2015 届本科毕业生在 3000 人以上大型用人单位就业的比例从 27%下降到

---

① 来源中国社会科学网：http://ex.cssn.cn/dybg/gqdy_sh/201606/t20160623_3081988_4.shtml。

25%,在 300 人以下的中小微用人单位就业的比例从 45% 上升为 50%。2013～2015 届高职高专毕业生在 3000 人以上大型用人单位就业的比例从 19% 下降到 17%,在 300 人以下的中小微用人单位就业的比例从 56% 上升为 60%。

注意点:中小微企业雇用了超过一半的大学毕业生。

2013～2015 届大学毕业生在地级市及以下地区就业比例从 2013 届的 52% 上升为 2015 届的 55%。其中,2013～2015 届本科毕业生在地级市及以下地区就业比例从 2013 届的 46% 上升为 2015 届的 48%。高职高专毕业生就业比例从 58% 上升为 61%。

注意点:大学毕业生在地级市及以下地区的就业比例上升。

【连续三届大学毕业生就业反映了产业结构变化趋势。在前十位的就业行业中,信息、教育、医疗等知识密集型产业雇佣大学毕业生比例快速增加,建筑、制造等劳动密集型产业雇佣大学毕业生的比例下降】

在就业比例前十位行业中,与 2013 届相比,2015 届本科毕业生就业比例增加较多的行业类为"教育业"(增加 3.6 个百分点)、"医疗和社会护理服务业"(增加 2.8 个百分点)、"媒体、信息及通信产业"(增加 1.8 个百分点);就业比例降低最多的行业是"建筑业",降低了 2.4 个百分点,其次是"机械五金制造业",降低了 1.7 个百分点。

注意点:知识与服务密集型的现代产业(信息技术、教育和医疗等)发展强劲,而劳动密集型的传统产业(制造、建筑等)面临挑战。需要注意的是,少数行业(如金融)由于证券业等的影响产生人才需求的波动。

【大学毕业生的薪资涨幅超社会平均水平,高等教育的中期回报明显】

2012 届大学生毕业三年后平均月收入为 5696 元(本科为 6371 元,高职高专为 5020 元),与其毕业时相比涨幅比例为 87%。其中,本科涨幅比例为 89%,高职高专涨幅比例为 84%。

2012 届本科毕业生三年后从事"互联网开发及应用"职业类的三年后月收入最高,为 8527 元。2012 届高职高专毕业生三年后从事"经营管理"职业类的三年后月收入最高,为 6678 元。

注意点:2012 届大学毕业生工作三年后的薪资与入职时相比上涨了 87%,超过城市居民同期平均薪资涨幅(15.7%)(《2013 年中国统计年鉴》、《2014 年中国统计年鉴》、《2014 年国民经济和社会发展统计公报》、《2015 年国民经济和社会发展统计公报》),大学教育的中期回报明显,读大学比不读大学在收入的中期提升中有较大优势。

【2015 届大学生中自主创业者超过 20 万人,自主创业比例呈上升趋势】

自 2010 年《教育部关于大力推进高等学校创新创业教育和大学生自主创业工作的意见》发布之后,大学毕业生创业比例年年稳步提升。2015 届的自主创业比例是 3.0%,比 2014 届(2.9%)高出 0.1 个百分点,比文件发布之前的 2009 届(1.2%)高出 1.8 个百分点。2015 届高职高专毕业生自主创业的比例(3.9%)高于本科毕业生(2.1%)。

根据国家统计局《2015 年国民经济和社会发展统计公报》发布的普通本专科毕业生人数680.9 万估算,2015 届大学生中约有 20.4 万人选择了创业。大学毕业生创业的主要动因是"理想就是成为创业者"、"有好的创业项目",属于机会型创业(机会型创业包括:理想就是成为创业者、有好的创业项目、受他人邀请加入创业、未来收入好)的毕业生占创业总体的大多数(本科 87%,高职高专 86%)。

注意点:大学毕业生选择自主创业比例上升,大多数为机会型创业。

【就业绿牌专业与红牌专业】

2016年本科就业绿牌专业包括软件工程、网络工程、通信工程、电气工程及其自动化、审计学、广告学、车辆工程。其中，软件工程、网络工程、通信工程、车辆工程专业上届也是绿牌专业。2016年高职高专就业绿牌专业包括铁道工程技术、电力系统自动化技术、市场营销、房地产经营与估价、发电厂及电力系统、视觉传达。其中铁道工程技术、电力系统自动化技术上届也是绿牌专业。绿牌专业指的是失业量较小，就业率、薪资和就业满意度综合较高的专业，为需求增长型专业。

2016年本科就业红牌专业包括应用心理学、化学、音乐表演、生物技术、生物科学、美术学。其中应用心理学、生物科学、美术学、音乐表演上届也是红牌专业，美术学连续三届是红牌专业。2016年高职高专就业红牌专业包括法律事务、语文教育、工程监理、建筑工程管理、税务。其中法律事务和语文教育连续三届都是红牌专业。红牌专业指的是失业量较大，就业率、薪资和就业满意度综合较低的专业。各省区、各高校情况可能会有差别。

注意点：本科的美术学，高职高专的法律事务、语文教育连续三届是红牌专业。

【就业率最高和最低的主要专业】

2015届本科毕业生半年后就业率最高的学科门类是管理学（94.0%）；最低的是历史学（86.4%），其次是法学（86.9%）。就业率最高的专业类是护理学类（95.5%），最低的是物理学类（86.8%）。就业率前三位的专业是物流管理（96.6%）、电气工程及其自动化（96.4%）、软件工程（96.2%）。

2015届高职高专毕业生半年后就业率最高的专业大类是生化与药品大类（93.5%），最低的是资源开发与测绘大类（87.4%）。就业率最高的专业类是城市轨道运输类、港口运输类、公共管理类（均为94.4%），最低的是法律实务类（86.7%）。就业率前三位的专业是电力系统自动化技术（98.6%）、铁道工程技术（97.8%）、电力系统继电保护与自动化（96.0%）。

注意点：三届的就业率变化趋势可以看出，本科学科门类中的工学、农学、理学半年后就业率持续上升。高职高专专业大类中的生化与药品大类、交通运输大类、文化教育大类、艺术设计传媒大类半年后就业率持续上升。

【"十二五"期间大学毕业生对大学的满意度持续上升】

2011~2015届大学毕业生对母校的总体满意度从82%上升为89%，本科毕业生这一比例从84%上升为91%，高职高专从80%上升为88%。

注意点：从近五届的趋势可以看出，应届大学毕业生对母校的总体满意度呈现持续上升趋势。

【经典推荐】

书籍：《日子里的中国》[1]

《日子里的中国》，是袁岳协同他零点的同事，以及众多社会学专家、资深媒体人、企业家和普通民众，从零点公司积累20年的调查中精选出了最具代表性的数据，结合我们这20年社会

---

[1] 袁岳，张军.日子里的中国[M].北京：中国经济出版社，2013.

发展与个人生活变迁的种种趣事、热点、辛酸，梳理清楚了这段人们无暇思考的时光。

本书对影响中国人生活质量的现存的许多突出问题进行了分析，就其解决前景作了预判。全书围绕着"上紧发条的中国人""向上奋斗的中国人""等不及的中国人""拆除藩篱的中国人"，还有"不离方圆的中国人""'花'儿怒放的中国人""被网住的中国人"等话题，用详实的数据、精辟的分析、生动的文字，勾勒了一串今日中国背后的足迹，这是一份既闪现着理性的光辉，又有着真实生动的触感的珍贵记录。这里的中国人不是纯粹的符号，而是真正的行走着的、具体的中国人，是你，是我，是我们的兄弟姐妹、父亲母亲。《日子里的中国》用真实的数据和生动的例证，重新表达了民意，破除了那些关于中国的伪造、编造、扭曲的信息，让民众沉默的意见得到了真实的表达。"用 20 年时间让民众表达自己看到的社会与进步，也用 20 年时间展现这个社会还要改进与努力的空间，在这样的数算之中，每一个平凡的日子就有了意义，日子里的中国就变得生动而有根底。"

书籍：《没有任何借口》①

成功者找方法，失败者找借口。"没有任何借口"是西点军校一贯奉行的行为准则，强化的是让每一个学员想方设法去完成任何一项任务。"没有任何借口"首先是一种自我负责的精神，只有对自我负责的人才能对工作、对家庭、对社会负责。杰伊·瑞芬博瑞把"没有任何借口"理念细化为自我责任、目标、服从、正直、宽容、自尊等品质，每一种品质都是迈向成功和幸福的一级阶梯。正处于大改革、大开放、大发展时代的我们，不找借口、主动进取、责任担当、自觉自愿、善于合作、勇于执行，对做好任何一件事显得尤为重要。

---

① （美）瑞芬博瑞.没有任何借口[M].北京：中国青年出版社,2008.

定位分类　做准备

大三是个分岔口,大三也是全面提升自身专业素养的关键期。有些同学选择考研,有些同学选择就业,有些同学选择考公务员或者为各种证而奔波忙碌。还有同学为自己毕业后的方向不断纠结,很难给自己正确定位,也很难让自己下定决心去考研或者去工作,或者去考公务员。对于如何前行,眼前还是一片迷茫。那么,我们就来了解一下如何给自己找准方向,并为自己的方向增加成功的砝码吧!

模块一　面向就业　培养职业技能

大学,是进入社会前的缓冲区间。如果你想,你就可以在大学时代着力塑造自我;如果你想,你就可以在大学时代品味人生百态;如果你想,你就可以在大学时代培养自己做一个文凭能力兼备的人。每个人的能力都是多维的、多层次的。一般来说,各个不同的学科和专业对其毕业生有着不同的能力要求,即要具有从事本专业活动的某些专门能力。但是,无论什么专业的毕业生要想顺利就业并尽快有所成就,都必须具备一些共同的基本能力。

【想一想】

1. 面向就业,你准备好了吗?都需要做好哪些技能准备?

2. 你已经具备或者需要培养哪些通用技能,以便于满足不同岗位、行业对于人才的基本需求?

3. 你已经具备或者需要培养哪些专业技能,以便于更好地发挥专业优势满足职业的需求?

【知识链接】

一、通用技能准备

在当前人才竞争日益激烈情况下,有些学生毕业便沦为市场中的"滞销品",可有的学生还未毕业就成为用人单位争抢的对象,有多家不错的单位可以选择。这是什么原因呢? 显然,对于大学生自身来说,改变外因几乎是不可能的,想要在就业竞争大军中脱颖而出只能从改变内因着手。大学生要想在毕业时找到自己满意的工作,就必须尽早地为将来的择业做好准备,提前具备市场化的观念,充分了解用人单位的选人标准,按照用人单位和市场对人才的要求来提高自身的素质和能力。

(一)何为通用技能

通用技能是相对于专业技能而言的,是"通用性"的技能,适用于各种职业。具体来说,通用技能是人们在教育或工作等各种不同的环境中培养出来的可迁移的、从事任何职业都必不可少的技能。该技能可以提高人们工作的效率及灵活性、适应性和机动性,是个人获得就业机会、事业发展的重要保障。

(二)大学生需要具备哪些通用技能

大学生从校园步入职场,都要为自己准备什么样的职业能力呢? 职场上通用的职业能力要求是什么呢? 成功的职业人士身上都有什么共同的职业能力呢? 目前现代大学生最缺乏也是亟待重点培养和提高的,是下面这十种通用职业技能:

1. 终身学习能力

学习能力并不等同于毕业生在学校里所取得的专业成绩。只有不断吸收接受新的知识,新的技能,才能成为有潜力可挖有发展前途的员工。

[案例]某网络通信股份有限公司的人力资源经理表示:"我们公司不苛求名校和专业对口,即使是比较冷僻的专业,只要学生综合素质好,学习能力强,遇到问题能及时看到症结所在,并能及时调动自己的能力和所学的知识,迅速释放出自己的潜能,制定出可操作的方案,同样会受到欢迎。"

2. 主动适应能力

适应能力是指人随着外界环境和时代变迁而改变自己的行为方式、生活方式、交往范围、思维习惯、思想认识等的能力。一个人适应社会的能力是其素质、能力的综合反映。素质比较高、各方面能力比较强、身心健康的大学毕业生走上社会后,很快就能适应环境,适应工作,即使是在比较困难的条件下或比较差的环境中,也能通过自己的努力取得好的成绩,或变不利的环境为有利的环境。

3. 人际交往能力

在我们的日常生活中,什么样的人更容易受到大家的喜欢和欣赏,更容易拥有更多的朋友和机会,更容易获得别人的理解和支持呢? 可能答案会有很多种,但是,通过调查发现,这些人均有一个共同点,就是具有良好的人际交往能力。有的用人单位在面试求职者时,往往会问求职者最开心的事情是什么,如果求职者回答最开心的事情就是和朋友聚在一起,做好吃的与朋友一起分享,那么这个人的求职过程就会变得简单和容易。用人单位认为做出这一回答的人,一定具备良好的团队精神和人际交往能力,而且喜欢自己做事情。良好的人际关系既可以使自己尽快适应岗位的要求,也能扩大自己的交际面,获得比他人更多的机会。

4. 表达能力

表达能力是借助各种形式,如语言、文字、图标、数理符号等交流信息表达思想感情的本领。日常工作中的交流思想、讨论问题、胡同信息、表达观点、展示才华等,都离不开表达能力。培养表达能力,对于大学生来说,不仅在求职时能发挥重要的作用,为自己争取成功的机会,比如求职自荐信的撰写,个人材料的准备,回答招聘人员的问题,接受用人单位的面试等;在走上工作岗位以后更显得重要,如和同事的交流、向上级汇报以及和客户的谈判等。培养表达能力,关键在于提高表达的准确性、鲜明性和主动性,以利于准确的传递信息。

5. 决策能力

决策能力是对未来行为目标的判断和选择的能力。良好的决策能力可以实现对目标及其实现手段的最佳选择,它使人少走弯路、少犯错误,以较小的代价取得进步与成功。人的一生往往会碰到各种需要当机立断的事情,因此,训练和培养自身的决策能力十分重要。这要求自己从日常小事做起,遇事要勤思考,忌懒惰,不要事事都让别人拿主意,要养成多谋善断的习惯,这样日积月累,在遇到重大事情时,才不至于无所适从。

6. 时间管理能力

美国著名管理学家彼得说:"时间是最紧俏的资本,如果人们连时间都不会管理,何谈会管理其他。"管理学家唐纳德·C·伯纳姆提出当你处理任何工作时必须自问"能不能取消它?能不能与别的工作合并?能不能用简便的东西代替它?"即提高效率的三原则。大学生需要努力使自己对"时间"的价值引起足够的重视。在琐事缠身时,如何合理地将时间分配好,恰当地把每件任务都顺利完成,甚至完成得出色,这是一种本事,是一种只有优秀的人才具备的品质。能不能管理时间,关键在于会不会制定完善的、合理的工作计划。

7. 实际操作能力

它是指把学习活动、专业训练和生产实践中各种智力的、技巧的具体运作能力,这是把创造性思维变成实际的物质成果的能力,是专业工作者必须具备的一种能力。例如,作为一名教师,只有丰富的知识是不够的,还要有把自己的知识传递给学生的能力。许多学校在挑选教师时,最看重的也是教师的试讲效果。因此,大学生在学校学习阶段,要注意克服过于注重理论学习、轻视实践操作的倾向,多动手,多实践。一般而言,社会科学类专业学生应具备资料整理、社会调查、应用文写作的能力,自然科学类专业的学生应具备实验能力,艺术类学生应具备表演能力等。

8. 组织管理能力

这是一种综合能力,包括计划、决策、指挥、协调、平衡等多种能力,也是一种社会活动能力。虽然不是每一个大学生都会从事管理工作,但是在实际工作中,每个人都会不同程度地需要组织管理能力。目前,具有一定组织管理能力的大学毕业生越来越受到用人单位的欢迎,许多单位挑选大学生时在注重学生的学业成绩的同时,对学生是否担任过学生干部、承担过社会工作都很感兴趣。

9. 创新能力

创新能力是各种智力因素和能力品质有机结合后所形成的一种合力。它是利用已经掌握的信息,创造新颖独特的具有社会价值的新理论、新思维、新产品的能力。大学生在校期间,要不断加强个人开拓创新能力的锻炼,增强开拓创新意识,才能在千百万求职大军中成为幸运儿,才能为在今后的工作中有所发明、有所创造奠定良好的基础。

10.心理健康管理能力

心理健康的自我管理是指个人为维持心理健康需要自己所进行的自我管理活动。包括自我发现、自我认知、自我处理等为改进个人生活环境和维持个人心理状态而采取的一切行动和措施。走向社会之前,大学生需要好好利用大学这段宝贵的时光,培养自己对待问题的冷静态度,养成良好的心理健康管理习惯。

二、专业技能学习

(一)何为专业技能

专业技能是指在教育者的指导下,通过学习和训练,日渐形成的操作技巧和思维活动能力。如果你希望在今后的职业生涯发展道路上平坦无阻,那么在大学期间你就得着力打造自己的专业技能,并使之成为你求职的核心竞争力。

就大学生而言,专业技能包含了两个方面的内容:一是与所学专业知识相对应的知识性技能,具有较强的专业学科性,例如计算机专业学生所应具备的 PHP 编程、JS 编程、ASP 编程技能等;另一方面是与自己的目标工作岗位要求所对应的特殊性技能,具有较强的职业性,例如律师就应具有很强的逻辑推理能力,建筑师应有一定的空间判断能力等。因此,大学生不仅要以所学专业为依托,努力培养自己的知识性专业技能,还应根据自己的理想目标职业,着力打造与未来工作岗位相匹配的特殊性专业技能。

(二)专业技能培养途径

一般来说,大学生可以通过以下几个途径来培养自己的专业技能:

1.认真学好专业课程,夯实专业知识基础

尽管专业知识≠专业技能,但专业知识却是专业技能的基础,专业课程学习是最系统、最规范地获取专业知识的手段。扎实认真地学好所学专业中的核心课程,是未来你在某一专业领域自由驰骋的第一步。

2.积极参加学科竞赛,把专业知识转化为专业技能

参加各类大学生学科竞赛是培养锻炼专业技能的一种非常有效的方式,大学生可以根据自己所学专业选择参加某一种或几种学科竞赛。通过一次学科竞赛,你不仅会发现你的某项专业技能得到了提升,而且还会有不少意外的收获——创新精神、协作精神和实践能力都可能得到提升。

目前,教育部资助的全国大学生学科竞赛项目主要有:全国大学生电子设计竞赛、全国大学生数学建模竞赛、全国大学生智能汽车竞赛(飞思卡尔杯)、全国大学生结构设计竞赛、全国大学生机械创新设计大赛、全国航模科技实践锦标赛、全国信息安全大赛、全国大学生高等数学竞赛、全国文科计算机大赛、大学生节能减排社会实践与科技竞赛、全国大学生英语竞赛、全国周培源大学生力学竞赛、全国计算机仿真技术大奖赛、全国数控技术大赛、嵌入式系统专题邀请赛、中国机器人大赛、全国大学生物流设计大赛等竞赛、全国工业设计大赛等。大家可以参照选取相关的大赛参加,以更快、更有效地将专业知识转化为专业技能,贴近实践。

3. 理性选择专业性学生社团,努力成为社团骨干

专业性学生社团包括专业学术型、科技创新型两类社团,其成员为共同的专业任务而进行学习、交流和探索,形成一种集体性学习氛围,从而形成一个"学习型组织"。在专业性学生社团里,你不仅可以将所学专业知识付诸实践,还可以结交到一批志同道合的朋友,在互相砥砺中提升各自的专业技能。如参加"电子科技协会"一类的社团可以培养锻炼维修家电的技能;参加"法律协会"可以培养锻炼法律文书的撰写技能等。

4. 根据职业发展目标,有选择地参加资格认证考试

各行各业都有自己特有的资格证书,资格证书是一种参加某种工作或活动所应具备的条件或身份的证明,也是对我们所学习的专业的一种肯定。大学生参加资格认证考试,一方面可以检验专业知识的掌握程度,另一方面也可以检验专业技能的熟练程度。例如国际贸易单证员考试,其考试内容包括国际贸易实务和单证操作实务,以及外经贸英语函电两部分,具有很强的实践性。

5. 参加一些专业技术含量高的科研或实践项目

有道是"纸上学来终觉浅,绝知此事要躬行"。比如你所学专业是市场营销或电子商务,那么你就可以利用课余时间开一家网店,也可以参与到一个市场调研团队为某某公司做一次产品的市场调查,只有在实际的行动中你才可能培养某一方面的专业技能。当然,参加学校专门资助的学生科研项目,也不失为一种简单可行的锻炼专业技能的方法。目前各高校都有组织大学生创新创业训练计划,这类项目一般的流程可以参考如下:初期设想——确定指导老师——明确研究方向——进行相关实践——课题构思、确定项目——填写项目书——学院、学校初审——立项——中期检查——结项(后续活动)。

6. 参加课外培训、专业研讨会或讲座

大学的学习是多方位的,课堂学习仅仅是大学生学习生活中的一部分。课堂外的学习往往更让我们受益匪浅。适时地参加一些课外的专业技能培训、跟着老师参加一些专业领域类的会议、听一听行业专家的专业知识讲座,都可以扩充我们的专业视野,学到一些难得的专业技能经验。机会好的话,你还有可能遇到你的"职场贵人",在拓宽知识面的同时获得一些专业实践锻炼的机会。

此外,学校组织的寒暑假社会实践、专业实习以及青年志愿者服务等也是大学生培养锻炼自己专业技能的有效途径。

【探索训练】

你的综合能力如何?

1. 在 3、3、7、7 四个数字间加入恰当的数学符号,使算式的计算结果等于 24。

2. 一个西瓜切三刀最多能切成多少块?一块蛋糕竖着切三刀最多能切成多少块?五角星的一个角是多少度?一个正方形切去一个角还有几个角?……

3. 编写一则以猫、狗和老鼠为题材的寓言,不超过 500 字。

4. 有一个球队两拨人正在比赛,你也想参与比赛该怎么办?他们若是不同意该怎么办?

5. 一个地雷爆炸的红色图案,你能联想到什么?彩条图案,联想到什么?

6. 你感觉到幸福吗？你感觉到快乐吗？为什么？你知道什么是幸福吗？

7. 屏幕闪过一串数字。如，1382592308 而后完形填空，下面缺的是什么？1382（   ）92308 24375687910 请问上面有重复数字吗？是几？2013857523874 刚才这串数字的尾数是几？

8. 给你两个活动，一项较简单，有奖品，一项较复杂，有更多奖品，看你选什么参加，说出原因。

9. 谈一谈你熟悉的一位数学家，要求 200 字左右，时间：4 分钟。

10. 你喜欢旅游吗？请描述一下你去过的某个地方。

11. 用英语介绍自己的家庭、学校等基本情况。

12. 写出十本你所读过的中外文学名著，并选择自己最喜欢的一本推荐给大家。

13. 两年多来你上过很多课程，请描述给你印象最深的一节课，并就课上的内容进行介绍。

14. 选择一首古典七律或绝句想象一个小故事。

以上这些小试题你都能答出来吗？它们都考察了自己哪方面的能力呢？

每个题目都考察了你的一种能力，具体如下：

1. 运算能力；2.创新能力；3.表达能力、写作能力，以及创新能力；4.社会适应能力；5.联想能力；6.情商测试；7.注意力与记忆力；8.创造性、挑战性和学习能力；9.知识面和语言表达能力；10.社会实践能力；11.英语表达能力；12.文学素养测试；13.归纳总结能力；14.语言综合运用能力。

对照以上 14 种能力，总结反思自己的能力优势，思考增强提升某方面能力的方法，如何才能做到扬长避短，充分发挥专业优势，实现职业目标。

个人能力自我测评

请对照下面表格中的评分标准，结合自己实际情况，给自己的各项个人能力评个等级吧。

能力类别		A 级	B 级	C 级	D 级	自评等级
人际交往能力	关系建立	容易与他人建立可信赖的积极发展的长期关系	能够与他人建立可信赖的长期关系	较为自我，不易与他人建立长期关系	刚愎自用，不易与他人相处，自我封闭	
	团队合作	善于与他人合作共事，相互支持，充分发挥各自的优势，保持良好的团队工作氛围	能够与他人合作共事，相互支持，保证团队任务的完成	团队合作精神不强，对工作有影响	不能与他人很好合作，独断专行	
	解决矛盾	巧妙地和建设性地解决不同矛盾	能够解决已发生的矛盾，不致对工作产生大的负面影响	解决矛盾手法生硬，影响工作顺利进行	遇到矛盾不知如何解决	
	敏感性	对他人较关心，容易感知别人的想法，体谅他人，善于领会他人的请求，并付之于适当的言行	能关心他人，体谅他人，领会他人的请求，有时帮助想办法解决	有时能关心他人，体会人的苦衷	不太关心他人，对他人的需求毫无感觉	

能力类别		A 级	B 级	C 级	D 级	自评等级
影响力	团队发展	易于与他人沟通,积极促进团队协作,在团队中是自然的核心人物,并能引导团队达到组织目标	能够根据部门要求努力促进团队的协作和沟通,使工作顺利开展	尚能与人合作,但协调不善,影响工作	无法与人协调	
	说服力	能够表述自己的主张、论点及理由,比较容易说服别人接受某一看法与意见	能说服下级、同事、上级接受某一看法与意见	说服别人比较困难	无法说服别人,或咄咄逼人,或逃避退让	
	应变能力	待人处世很灵活,善于审时度势,很容易适应岗位、职位或管理的变化所带来的冲击,并能顺应其变化很快适应环境,取得主动	待人处世较灵活,能够根据部门要求,认可部门变化所带来的冲击,并能顺利地完成转变	对部门的变化或角色的转变不太适应,工作开展有困难	待人处世刻板,适应性差	
	影响能力	能积极影响他人的思维方式和发展方向	能以自己积极的言行带领大家努力工作	有时能影响他人	对他人几乎无影响力	
沟通能力	口头沟通	简明扼要,具有出色的谈话技巧,易于理解	抓住要点,表达意图,陈述意见,不太需要重复说明	语言欠清晰,但尚能表达意图,有时需反复解释	含糊其词,意图不明	
	倾听	能够很好地倾听别人的倾诉,很快明白倾诉人的想法和要求	能够注意倾听,力求明白	能够倾听,有时一知半解	不注意倾听,常常不知对方所云	
	书面沟通	表达清晰、简洁,易于理解,无可挑剔	几乎不需修改补充,比较准确地表达意见	文章不够通顺,但尚能表达清楚主要意图	文理不通,意图不清,需作大修改	
判断和决策能力	战略思考	能透过现象看清本质,把握组织面临的挑战和机会,兼顾短期和长远目标	能够根据现状,了解组织面临的挑战和机会	主要忙于事务性工作,有时也会注意部门的前景和对策等问题	对部门的将来不太关心,也不注意工作上可能出现的机会和挑战	
	创新能力	工作中能不断提出新想法、新措施,善于学习,注意规避风险,锐意求新,在工作中有较大创新	工作中能够努力学习,提出新想法、新措施与新的工作方法并有风险意识	按部就班,很少提出新想法、新措施与新的工作方法	因循守旧,墨守成规	

续　表

能力类别		A级	B级	C级	D级	自评等级
判断和决策能力	解决问题的能力	能迅速理解并把握复杂的事物,发现明确关键问题、找到解决办法	问题发生后,能够分辨关键问题,找到解决办法,并设法解决	发生问题,能够去想解决办法,但有时抓不注关键	遇到问题,束手无策	
	推断评估能力	对所做决策有良好的权衡和判断评估	大致能做出正确的判断和评估	对事物有大概的判断和评估,缺乏方法和手段,结果不能十分可信	对日常工作经常判断失误,耽误工作进程	
	决策能力	善于确定决策时机,提出可行方案,合理权衡、优化选择,对困难的事处理果断得当	善于确定决策时机,提出可行方案,但在权衡、选择时偶有失当,大多数日常事务处理果断得当	能够确定决策时机,但很少提出可行方案,常求助于幕僚	遇事优柔寡断,缺乏主见	
执行力	准确性	能够按照计划严格执行,并确保在每个细节上减少差错	能按照计划执行,比较注意细节,偶有差错发生并能迅速改正	能大致按计划执行,不太注意细节,偶有差错发生	工作无计划,随意,常出差错	
	效率	时间和资源的利用达到最佳,工作效率高,完成任务速度快,质量高,效益好	工作效率尚可,能分清主次,能够按时完成工作,基本保证质量	工作效率较低,需要别人帮助才能完成任务	工作不分主次、效率低,经常完不成任务	
	计划和组织	具有极强的制定计划的能力,能自如的指挥调度下属,通过有效的计划提高工作效率,以最佳的结果为目的	能根据部门的要求,制定相应程序和计划,在权限范围内配置资源,明确目标和方针,以及确保供应的保障	制定计划和组织实施有难度,需要别人帮助方能进行	做事无计划,缺乏组织能力	

你给自己评了(　　)个A,(　　)个B,(　　)个C,(　　)个D。

能够通过自己的努力将评了C或D的能力提升为A或B吗? 你将采取什么样的措施?

请你的老师、家长、父母、同学、朋友对照以上标准也给你评个等级吧,看看他们眼中的你能力如何呢?

【拓展阅读】

这样的人才哪个单位都欢迎

小张在一所应用型本科大学的计算机专业读书。大四那一年,通过父亲朋友的介绍,小张进入某大城市的一所著名科研机构实习。刚去的时候他除去帮忙打扫办公室卫生,打些开水,只能干坐着。领导看他有点可怜,就交给他一个材料说:"三个月内完成就行,到时候给你一个实习鉴定"。

后面的三天时间里,他干脆住在单位,日夜加班,终于完成了领导交给的任务。第四天上午,当他告诉领导任务已经完成时,领导吓了一跳,立即对他刮目相看。领导又给了他几个任务,并且规定在很短的时间完成,他都提前完成了。

实习结束,领导没多说什么,但不久便指示人事部门负责人要亲自去小张的学校点名要他。人事部门负责人很奇怪:"来我们这里求职的名牌大学本科生、硕士生十几个,还有博士生,你都不要,却非要一个普通本科学生,不是开玩笑吧?""不开玩笑,他有专长、有能力并且踏实。"

小张进入单位后工作很努力。后来,这个科研机构的主管部门临时借调他去帮忙。结果是:这个部门以前的报表都是最后一个交,并且经常返工,但这一次,小张不仅第一个送上报表,而且一次性顺利通过。于是上面点名要调他,而下面坚决不愿意放,但硬是被调走了。现在他已经成为一个部门的负责人,并且下属多是名牌高校的本科生、硕士生。

【分析】

在就业竞争激烈的形势下,小张何以如此轻松找到满意的工作?他总结的经验是:把自己所学的知识对应于社会职业的一个领域,并在这方面强化,找一切机会转化为实践能力。

职业能力是一个综合的能力,学习成绩仅是其中的一个方面,随机应变的能力,人际交往与自我表达的能力同样重要。在校的大学生切不可将学习成绩当成大学期间唯一的评价标准,而应在学习知识的同时,注重知识的运用,注重参加社会实践,全面培养职业能力。

部分专业技能培养途径

专业类别	专业竞赛	社会实践与专业实习	参加竞赛和实践实习获得的技能	相关证书及培训
经济学	模拟股市大赛、会计技能大赛	会计账务处理实训、银行实习	企业经营管理知识、专业技能、学会基本的账务处理、增强专业实践性	会计从业资格证书
法学	法庭对抗大赛	深入社区宣传法律知识、旁听庭审	提高专业知识和表达能力、提高专业知识、结合理论提高实践能力	法律职业资格证书
教育学	师范生技能大赛	支教活动、学校实习	说课、演课、两笔一话的能力,锻炼责任心、耐心等,锻炼授课综合技能	教师资格证

专业类别	专业竞赛	社会实践与专业实习	参加竞赛和实践实习获得的技能	相关证书及培训
文学	大学生广告艺术大赛、全国大学生英语竞赛、大学生英语演讲比赛、应用文写作大赛	新闻采访、文秘、专业见习、专业实习、支教	提升英语综合能力、公文写作技能等	普通话等级证书
理学	CAD大赛、全国大学生数学建模竞赛	C语言课程设计、专业见习	学习AUTOCAD软件、C语言的相关操作、加强对专业知识的理解	Pro/E、建筑CAD中级证书、普通话二级甲等
工学	网站设计大赛、电子设计大赛、CAD大赛、单片机竞赛、专业技能竞赛	"三下乡"科技植保、义务服务、练习专业技能	Word、Excel、PPT、AUTOCAD、单片机等专业技能，简单了解施工的程序、科技植保的重要性、数字测图原理与实验的实习	Windows程序设计、测量员、车工、钳工中级电工中、高级等各类证书
农学	CAD大赛	到家庭农场体验生活	AUTOCAD软件	农艺师
管理学	沙盘模拟大赛、点钞大赛	会计账务处理实训、社会调查研究、数据分析	学会基本的账务处理、社会调查、统计等	企业人力资源管理师、会计从业资格证书
艺术学	全国数字媒体技术专业大学生科技作品竞赛、全国大学生工业设计大赛	写生	能亲近自然，欣赏自然之美，增加绘画功底	各类考级证书

职业资格与技能等级考证参照

"多一个本本，就多一份就业保障。"考证的过程，也是提升或复合技能的过程，令你拥有更强的实力和自信。希望大家不但考证，而且有自己的"步步高"和证书组合计划。

（一）大学必备证书

英语证书	1. 大学英语四、六级证书(CET-4,CET-6)：极其重要； 2. 英语中高级口译：含金量很高； 3. 托福(TOFEL)：只有少数企业会问到是否考过托福，但同时会担心你工作不久后，可能会出国溜掉； 4. 雅思(IELTS)：少数英联邦国家企业会注意到你考过雅思，但绝不是必要条件； 5. 剑桥商务英语(BEC)：证书说明了你的英语能力，还有你在大学里很好学，懒惰的同学不会去学，或者学了考不过的。这是企业关注的。
计算机证书	1. Office操作是基本技能。 2. 全国计算机二级证书：有些大城市申请户口用，必要条件，如上海市。
学校证书	奖学金证书、三好学生、优秀毕业生、优秀学生干部等。

专业资格证书	1. 律师资格证书；　　　2. CAD 工程师认证证书；　　　3. 导游资格证书； 4. 报关员证书；　　　5. 人力资源从业资格证书；　　6. 国家司法考试证书； 7. 驾驶证；　　　　8. 会计从业资格证书；　　　9. 教师资格证书； 10. 心理咨询师
毕业证、学位证、第二学位	这是最重要的证书，存在三点区别：一是名牌院校和普通院校的区别；二是热门专业和冷门专业的区别；三是专科、本科、研究生的区别。 专业背景是企业最看重的，很多职位只给限定专业毕业同学面试机会。 具有第二学位，跨学科辅修某些专业，使自己成为复合型人才，也是很多企业所看重的。 虽然说企业看重能力，而不是学历，但名牌大学、热门专业，就是一块有分量的敲门砖，进得门里才有机会展现能力。

（二）职业资格与技能等级证书介绍（仅供参考，以实际公布为准）

一月	1. 法律硕士专业学位考试 中旬 初试一般为每年1月中旬左右，复试一般在5月上旬前结束 2. 中英合作金融管理/商务管理专业 12、13、14 日 公共课与自学考试同时考，专业课考试时间在1月和7月 3. 自考统考 13、14 日 作为四月、十月考试的补充，由省考办根据本省的具体情况决定 4. MBA 联考 20 日 工商管理硕士 5. 硕士研究生入学考试 20、21、22 日
二月	LSAT（美国法律硕士研究生入学考试）10、12 日
三月	1. TEF 法语——TEF (Test d'Evaluation de Francais)法语水平测试，是据法国驻华大使馆规定必须参加的法语水平测试。 2. 国际物流师——每年的 3、6、9、12 月第三个周日 3. PETS 第二个周六周日 PETS，Public English Test System，全国公共英语等级考试。 4. 项目管理师职业资格认证考试 24 日
四月	1. 速录师职业资格考试 2. 全国计算机等级考试（NCRE）7 日 3. J.TEST 15 日 J.TEST 是鉴定日语实际应用能力的考试，由东京日本语研究社所属的日本语检定协会在 1991 年创办。 4. 注册咨询工程师（投资）20、21、22 日 5. 自考统考 21、22 日
五月	1. 营销师职业资格认证考试　　　　2. 人力资源师职业资格认证考试 3. 物业管理师　　　　4. 全国秘书职业资格考试　5月和11月各考1次 5. 环境影响评价工程师 12、13 日　　6. 监理工程师执业资格考试　12、13 日 7. 注册建筑师 一级 二级 12、13、14、15 日　　8. 物流师职业资格认证考试 9. 全国会计专业技术资格考试　19、20 日　　10. 调查分析师 21 日 11. 企业信息管理师 21 日　　12. 计算机技术与软件专业技术资格（水平）考试 26 日 13. 土地登记代理人 26、27 日　　14. 全国卫生专业技术资格考试 26、27 日 15. 二级、三级翻译专业资格考试 28 日
六月	1. 英语四六级考试　　　　2. GRE 9 日（美国研究生入学考试资格考试） 3. J.TEST 10 日　　　　4. 项目管理师职业资格认证考试　16 日 5. 质量专业技术人员资格考试 19 日　　6. 注册税务师考试 22—24 日 7. 全新标准商务日语 jetro 6 月 30 日开考

七月	1. 自考统考 7、8 日 作为四月、十月考试的补充，由省考办根据本省的具体情况决定
	2. 中英合作金融管理/商务管理专业 6、7、8 日 公共课与自学考试同时考，专业课考试时间在 1 月和 7 月
八月	JTest 8 月 5 日
九月	1. 理财规划师职业资格认证考试 2. LCCIEB 秘书证书——教育部考试中心与英国伦敦工商会考试局（London Chamber Commerce and Industrial Examinations Board，省略为 LCCIEB）签订协议，合作开展伦敦工商会考试局举办的职业资格证书考试。 3. PETS 第二个周六周日 PETS，Public English Test System，全国公共英语等级考试。 4. 注册会计师全国统一考试 9 月下旬 5. 注册资产评估师考试 7、8、9 日　　　　　　6. 价格鉴证师 7、8、9 日 7. 注册设备监理师 8、9 日　　　　　　　　　8. 注册安全工程师 8、9 日 9. 注册核安全工程师 8、9 日　　　　　　　　10. 全国计算机等级考试（NCRE）9 日 11. 项目管理师职业资格认证考试 15 日　　　　12. 国际商务师 15、16 日 13. 建造师 15、16 日　　　　　　　　　　　14. 司法考试 16、17 日 15. 注册土木工程师 22、23 日　　　　　　　16. 注册化工工程师 22、23 日 17. 注册电气工程师 22、23 日　　　　　　　18. 注册公用设备工程师 22、23 日 19. 注册结构工程师 23 日
十月	1. 保险经纪人基本资格考试 2. GCT 工程硕士（Graduate Candidate Test）学位考试 倒数第二个周末 3. TSE 16 日 TSE，Test of Spoken English，美国教育考试服务处为非英语国家的学生提供的英语口语熟练程度的考试。 4. 市场总监销售经理业务资格培训认证 18 日　5. 造价工程师 20、21 日 6. 房地产经纪人 20、21 日　　　　　　　　7. 企业法律顾问 20、21 日 8. 注册城市规划师执业资格考试 20、21 日　　9. 矿业权评估师 20、21 日 10. 房地产估价师考试 20、21 日　　　　　　11. 审计、统计专业技术资格考试 21 日 12. 出版专业技术资格考试 21 日　　　　　　13. 自考统考 27、28 日
十一月	1. 营销师职业资格认证考试　　　　　　　　　2. 人力资源师职业资格认证考试 3. 物业管理师　　　　　　　　　　　　　　4. 全国秘书职业资格考试 5. 经济专业技术资格考试 3 日　　　　　　　6. 物流师职业资格认证考试 7. 国家公务员招录考试 25 日
十二月	1. 日本语能力测试 2. 英语四六级考试 3. 项目管理师职业资格认证考试 15 日 4. J.TEST 16 日 5. 公共关系职业认证　春季：每年六月十日之前 秋季：每年十二月十日之前 6. 心理咨询师 7. GMAT（GMAT，Graduate Management Admission Test，国外工商管理硕士 MBA 入学考试） 8. 物流师/助理物流师 物流师/助理物流师处于全国试点阶段 9. 导游资格考试 考试时间一般在 10 月至 12 月间 10. GRE（Graduate Record Examination 的缩写，美国研究生入学考试资格考试）笔试 机考全年每个工作日 11. 托福 TOEFL（Test of English as a Foreign Language）具体时间尚未确定，每月都可参加考试

【经典推荐】

书籍:《职业转换》①

本书是"阿呆系列"丛书中的一本。该书主要面向有意向进行职业转换的人们,介绍了职业转换的意义、步骤和方法。本书采用循序渐进的手法,从对成功的定义谈起,向读者介绍了新时期职业转换的特点和目标。随后,作者针对在职业转换中可能出现的问题提出了建议和对策——为了积极参与职业转换,你需要发现自己的激情。在了解了自己的激情所在之后,需要寻找适合自己的职业领域。在这一部分,作者多方面、多角度地对新的职业领域进行了简洁、生动的描述。同时,作者还提供了每一职业领域的相关专业和工作,以及可供参考的相关机构的联络方法。为了更好地将各职业领域有机地结合起来,并为读者提供更具实用性的参考,作者逐一介绍了进行职业转换所需的综合素质和能力方面的培训和实践锻炼。最后,作者还提出了极具借鉴意义的在职业转换过程中保持头脑清醒的 10 个秘诀和人们在职业转换中保持自己的灵感和激情的 10 项要素。

本书通俗易懂,语言贴近生活,结构清晰、条理明了,是那些对职业转换有兴趣的读者的必备读物。相信有了这本书,读者一定会对职业转换有更清楚地了解,并能通过本书提供的相关信息早日找到适合自己的职业。

书籍:《摩托车修理店的未来工作哲学:让工匠精神回归》②

《摩托车修理店的未来工作哲学》作者是拥有哲学博士学位的摩托车修理工。他对现代的工作场所进行控诉,细数它让我们麻木不仁、死气沉沉的种种罪行,令人震撼。在书中,作者描述了教育体制如何摧残我们的天性,并向我们揭示了一种更丰富、更充实的生活方式。

《摩托车修理店的未来工作哲学》作者认为,大学是一张通往广阔未来的门票,但并不是通往美好生活的唯一道路。如果你有学习的天赋,愿意将时间花在钻研学问上,那么,就带着工匠精神去上大学,深入地学习。如果你对上大学没有兴趣,那你要知道,要过上体面的生活,并不一定要经历那些磨难。即使你必须要上大学,也可以在暑假期间再学习一门手艺。你应该成为一位独立的工匠,而不是一个待在格子间里、在信息系统前软弱无力的、或低级别的"创造者"。

---

① (美)卡罗尔 L·麦克莱兰.职业转换[M].北京:机械工业出版社,2004.
② (美)马修·克劳福德著.摩托车修理店的未来工作哲学[M].栗之敦译.杭州:浙江人民出版社,2014.

模块二　考研留学　继续学习深造

初入大学,考研、留学是我们头脑对于大学学习深造的美好印象与归处,时至大三,你当初的那份美好的期待是否还在,学海无涯,总有可以让我们坚持学习的理由,无论是为人生增砝码,还是为就业提能力,都值得我们去尝试。

【想一想】

1. 如果你决定考研了,那么考本专业还是跨专业,选择的主要原因是什么?
2. 你可以搜集的助考的资源有哪些,你将如何利用,如何做好复习计划?
3. 如果你决定留学,那么对于留学需要做的准备了解多少,自己还需要做哪些准备?

【知识链接】

一、考研

在当今大学校园,"考研"绝对算得上是最流行的一个词语了。君不见,抬眼望去,有关考研辅导班、辅导资料的广告贴满了宣传栏;自修室、教学楼里,满是为考研挥汗如雨的学子们奋斗的身影。考研是除高考外人生的另一个跳板,许多对自己高要求,又希望有高学历的本科生都会选择考研。大三是准备考研的最佳时机,也是很多人下定决心准备考研的时刻。考研是一场艰苦的拉力战,要夺取最后的胜利需要决心和勇气,也需要正确的战略和战术。

（一）什么是研究生

研究生是指本科之后的深造课程。以研究生为最高学历,研究生毕业后,也可称研究生,含义为研究生学历的人。研究生可分为:"统招研究生"和"在职研究生"。前者是可以拿到双证(可获得学历和学位),后者只有学位而没有学历(一般参加5月同等学力考试和十月联考)。统招研究生分为硕士研究生和博士研究生。在职研究生全称是在职人员攻读博士、硕士学位学生,是指经国务院学位委员会批准的,为提高在职人员业务水平,通过攻读博士、硕士学位入学全国联考所招收的学生,培养的学生只有学位,没有学历。

（二）为什么要考研

1. 求取更大、更好的发展空间

随着知识经济时代的来临,知识是第一生产力,教育本身便是一种投入、一种生产力。更多的教育,便意味着更多的收入,更有趣的事业,更好的生活,正所谓厚积而薄发。在工作和生活的满意度与舒适度方面,获得过研究生教育的人往往满意度与舒适度会更高。其原因和表现在于:第一,读完硕士后一般能够找到本专业内相对高层的工作,比如高层技术和管理工作、进入大学教育系统或者继续深造;第二,较高的教育往往意味着较高知识水平和修养,而这些

都将直接影响和促进生活品位的提高。

2. 获得更高、更好的学习平台

对很多高考失利的人来说,考研可以说是"第二次高考"。如果说高考是每个学生不得不经过的一道门槛,那么考研就是一个成年人对自己命运的一次主动选择。如有因诸多因素只上了一个于己而言一般的普通大学,学生想通过考研续写未尽的心愿,进入更理想的学府深造,从而为自己争取更好的发展空间和平台。

3. 谋求感兴趣职业的渠道

对于希望换一个专业的人来说,考研更是不可多得的机会。事实上,在应届生考研大军中,很多人都是为了换专业而考研,从而使自己有一个新的开始。由于多种原因,大学本科学的专业并非自己感兴趣的专业,如果要一辈子从事自己不喜欢的工作,那不仅是一种苦刑,而且很难在工作中有所成就和突破,而只有从事自己感兴趣的事业,才会快乐和拥有成就。可以通过跨专业考研选择自己感兴趣的专业,今后的命运则开始由自己来大胆地选择和决定了。

4. 很好地证明自己的机会

不管考研的路上有多少艰辛、苦闷、泪水与欢乐,也不管你考研的动机是什么,只要你有勇气选择考研,那就说明你是一个勇敢而且积极向上的人;如果你在此基础上还能做到全年努力复习,那就说明你是一个尊重自己前途并且满含智慧的聪明人;能够克服自己的惰性,及时调整自己的心态,那就说明你是一个能够战胜自己的人。

5. 考研是人生的一个关键点

人生道路中,关键只有几步,对于部分人而言,错过了这一次,可能就错过一生。所以考研是发自内心一种冲动,但这种冲动不是一时的,而是持久的。当你坚定不移的确定了考研的目标,你将迸发出巨大的潜能。因此,一个考研的人必须能够对自己说:我将慎重地做出我的选择,而一旦选择了,就将坚定不移的坚持下去,人生难得几回搏,我奋斗,我自豪,我将无怨无悔!

考研的意义还在于:不必再为沉迷于网络游戏而堕落人生;不必再为花着父母的血汗钱而愧疚;不必为十年以后的同学聚会而退避三舍;不必为回首大学的美好时光而叹息;何况,考研并不耽误做其他任何事情。

(三)制作考研复习时间表

第一阶段:搜集资料(1月前)

第二阶段:确立目标,购置一些资料书籍(2月—3月)

第三阶段:第一轮复习,打牢基础阶段(4月—6月)

第四阶段:第二轮复习,强化复习阶段(7月—10月)

第五阶段:第三轮复习,冲刺阶段(11月)

第六阶段:查漏补缺阶段(12月)

第七阶段:调整心态,梳理好自己,准备步入考场(1月)

最后阶段:复试调剂(2—4月)

考研相关网站:中国研究生招生信息网 http://yz.chsi.com.cn/

二、留学

正是社会上对喝过洋墨水的人的崇拜,使得更多的大学生选择到异域外邦去经风雨、长见识。但是,很多想出国留学的学生都会遇到这样一个问题:该去哪个国家? 去哪个学校? 这些问题不仅关系到投入资金的多少和能否顺利踏上留学之路,也关系到学成后的择业方向与今后的人生发展。

(一)留学总体规划

大一阶段:学好每门课程(包括你不喜欢的课程)。首先,学生应该从大一开始根据自己的个性特征、专业方向、经济能力等方面初步描绘 4 年后的留学蓝图。其次,掌握每门课程的应用知识,知名大学十分重视各门课程的平均成绩。

大二阶段:社会活动必不可少。由于"高分低能"的现象比较普遍,海外大学很重视申请人在大学 4 年的综合素质表现。因此,需要在学习的过程中寻找实践经验,比如平时的社团活动、老师的评价推荐等,都是升入海外名校不可或缺的因素。如果申请的硕士专业与本科一致,就需要更加努力、扎实地掌握各项专业课程知识与技能;如果有转换专业的计划,建议多选修一些与所选专业有关的课程。

大三阶段:准备材料+托福和雅思考试。许多有留学计划的学子,从大学四年级才开始准备留学事宜。但事实上,如果提前 1 年左右的时间,就能变得更加主动。特别是资金方面的准备,很多国家要求越早越好。另外,要好好利用大二、大三的暑假,根据自己的实际情况选报不同的外语课程,最迟在大三暑假完成考试。这样就可以仔细地修正及完善留学蓝图(留学申请、签证申请是经常变化的),准备启动正式留学申请。

大四阶段:留学申请+成功签证。大学四年级一开学,就可以正式启动留学申请了。教授推荐信的撰写、签证申请的办理、了解留学目的国方方面面的情况,毕业时即可背上行囊,踏上异国求学之旅。

(二)留学外语准备

当前,选择出国留学的人越来越多,各种考试也是五花八门,出国英语考试有哪些呢? 其实,细细总结下来,无非是英语语言测试及根据选择专业不同或学位不同所要通过的一些考试,出国英语考试主要类型如下:

1. 托福考试(TOEFL)

TOEFL(The Test of English as a Foreign Language,检定非英语为母语者的英语能力考试)是一种针对母语为非英语国家的人士进行的英语水平测试。目前全世界 130 多个国家、6000 多所大学在招收海外学生是要求提供托福考试成绩。特别是留学美国、加拿大该项考试成绩必不可少。托福由四部分组成,分别是阅读(Reading)、听力(Listening)、口试(Speaking)、写作(Writing)。每部分满分 30 分,整个试题满分 120 分。

2. 雅思考试(IELTS)

IELTS(International English Language Testing System,国际英语语言测试系统)是一种

测试准备在英国国家留学和生活的国际英语水平测试系统。主要用于英国、澳大利亚、新西兰等联邦国家,目前美国已有1800多所大学认可该项考试成绩。雅思考试分为两种类型,分别是学术类(A类)和培训类(G类)。学术类雅思考试对考生的英语水平进行测试,适用于准备出国留学的学生。培训类雅思考试适用于计划在英语国家参加工作或移民,或申请培训的人士。雅思考试分听、说、读、写四个单项,每个项目单独计分,最高9分,最低0分。总分即是四个单项所得分数经过平均后,取最接近的整分或半分。

3. GRE 考试

GRE 考试(Graduate Record Examination,美国研究生入学考试)是美国、加拿大各类研究生院(除管理类学院和法学院)要求申请者所必须提交的考试成绩,也是教授对申请者是否授予奖学金所依据的最重要标准。GRE 不是单纯的语言能力考试,而是专业知识水平考试。该项考试重点考查申请者是否具有在美国研究生院学习的能力,特别是阅读理解能力、逻辑推理能力及分析推理能力。由机考(分析性写作)和笔试(语文、数学)组成。

4. GMAT 考试

GMAT 考试(Graduate Management Admission Test,研究生管理科学入学考试)是美国、英国、澳大利亚等国家高等院校在录取商科、经济学科、管理学科等专业研究生时,所要求提供的一种考试成绩。GMAT 不仅考查申请人的语言能力和数学能力,还要测试其头脑反应、逻辑思维和解决实际问题的能力。考试有3小时30分钟的时间去完成GMAT考试的四个组成部分:分析性写作、综合推理、定量推理和文本逻辑推理。

5. 其他

LSAT 是美国法律硕士研究生的入学考试,这项考试1994年2月第一次在中国大陆举行,目前全国只有北京一个考点。LSAT 只有阅读、逻辑、分析三部分。

TSE 是英语口语测试。如今,许多学校都开始重视这项考试成绩,有些已经把 TSE 成绩作为申请研究生必须提供的成绩,也有一些把 TSE 作为助教金资助(Teaching Assistantship)的衡量标准。

(三)关于出国留学与学分绩点的问题

出国留学,绩点,即平均学分绩点(Grade Point Average 缩写为 GPA)是除了申请者的语言成绩、相关考试成绩、软件背景以外,非常被看重的一个学生学习能力与质量的综合评价指标。它是对学生各门课程所获学分的加权平均值,也就是将学生修过的每一门课程(包括重修的课程)的课程绩点乘以该门课程的学分累加后除以总学分。绩点是课程学习质量的体现,充分反映了学生掌握课程内容的程度,通过计算平均学分绩点来区分学生的学习质量。如果大学成绩一直是处于一个上升的趋势,这样的情况更被看好,因为这就意味着这个申请者一直在不懈的努力奋斗学习。要想去比较好一点的大学,大学绩点要达到3.0以上(5分制满分),也就是百分制的话要达到80分以上。

(四)留学中介服务机构

自费出国留学中介服务,指经批准的教育服务性机构通过与国外高等院校、教育部门或者其他教育机构合作,开展的与我国公民自费出国留学有关的中介活动。据调查,有相当一部分申请者对于留学信息的掌握程度不足,因而需要求助于一些留学机构的帮助,才能得以成功留学。

出国留学中介服务机构服务范围:出国留学中介服务机构在接受委托人的委托后,向委托人如实介绍前往国家的教育制度、留学政策、申请留学院校的性质、办学资质、入学要求、入学申请程序、留学院校的收费项目、收费标准等信息。并帮助委托人办理申请入学、帮助进行签证申请准备,协助办理签证或入境批准文件。

【探索训练】

建立考研信息库

建立你的考研信息库,它将帮助你梳理目标学校和目标专业的相关信息。

个人信息	姓名		性别		民族		籍贯		年级	
	学校		学院				专业			

目标学校信息	名称	
	排名或类别(985/211)	985 高校　211 高校　其他
	地理位置	省 市 县　区
	学校分区归属	A 类地区　B 类地区
	是否自主命题	统一命题　自主命题
	是否自主划线	国家划线　自主划线
	是否有熟悉的老师、同学或学长,他们是	
	其他相关信息	
目标专业信息	国内/外排名	
	考试科目名称	政治、英语、专业课1:　　　　专业课2:
	专业课考试内容和题型	
	本专业推免生比例	
	近三年国家分数线	
	近三年录取分数线	
	近三年是否接受调剂	
	列举三位专业导师,并列出他们的研究方向和近期成果	
	其他相关信息	

续　表

备选目标专业信息	国内/外排名						
	考试科目名称	政治、英语、专业课1：　专业课2：					
	专业课考试内容和题型						
	本专业推免生比例						
	近三年国家分数线						
	近三年录取分数线						
	近三年是否接受调剂						
	列举三位专业导师，并列出他们的研究方向和近期成果						
	其他相关信息						
考研伙伴信息	本班级总人数		本班级考研人数		本专业总人数		本专业考研人数	
	班级中与我考同一所学校、同一个专业的同学有哪些，并简要介绍						
	专业中与我考同一所学校、同一个专业的同学有哪些，并简要介绍						
	其他相关信息						

【拓展阅读】

考研相关信息的搜集①

既然考研过程中对信息的搜集很重要，那么我们都要搜集哪些信息呢？

（1）考研基本信息

考研报名时间、地点及考研的时间等；考研大纲出炉的时间、内容（包括思想政治理论考试大纲、英语考试大纲、数学考试大纲以及一些实行全国统考的专业考试大纲等）；硕士研究生的种类和区别（比如学术型硕士和专业硕士的区别等）；考研方面的一些专业术语。

（2）学校基本信息

对于很多考生来说，选学校是最头疼的一件事。选好的学校怕考不上，差的学校又不愿意报考，最终在别的同学都已定下学校而自己不得不在赶时间的压力下，匆匆忙忙草率地做出决定，最后后悔也来不及了。所以，考生在选定学校前尽可能地多搜集考研院校的基本信息。如："211"、"985"院校有哪些；哪些学校是自主划线的；学校的地理位置（东中西部，有些院校的

---

① 周文敏.翻过山越过岭——大学生考研全攻略[M].北京:北京工业大学出版社,2014.

名字会误导人);学校分区归属情况(A、B两个区);学校的层次、管辖(中央部委属高校、地方高校);学校相关专业的排名;公费院校或奖学金制院校有哪些,等等。

(3)专业基本信息

自己选定的专业有哪些学校开设;这些学校中较有名的学校都有哪些;此专业有名的导师有哪些;此专业国家线总分以及单科基本要求;此专业研究生考试中考数学或不考数学的学校有哪些。

(4)选定学校的信息

在经过深思熟虑和慎重比较,把学校选定后,如果没有什么大的失误和遗漏,最好不要轻易更换学校。因为那样不仅会让你眼花缭乱,不知选哪个好,更浪费了时间。对于选定学校的信息,我们要有细致的了解:报考学校的基本介绍;报考学校的招生简章、专业目录(在最新的资料出炉之前,可以参考往年的,一般变化不大);报考学校往年的报考情况、生源情况;往年录取情况、最低录取分数;报考学校专业导师基本情况;专业课的考试内容和题型;报考学校的复试时间、要求;本专业的推荐免试生比例;报考学校相关专业考试往年的真题。

【经典推荐】

影片:《阿甘正传》

每次想起阿甘在美国东西海岸之间的奔跑,人们都会止不住地伤感,还有振奋。你相信一个智障儿的成功吗?你相信这世上收获最多的人正是那些不计得失的人吗?阿甘不懂得他不能总跟着一个女人帮她打架,也不懂得一个成年人不该总把"我爱你"的话挂在嘴边。阿甘什么都不知道,他只知道凭着直觉在路上不停地跑,并且最终他跑到了终点。另外,《阿甘正传》还会教给你一个男人必须具备的一种素质——身处困境中的幽默感。

书籍:《站着上北大》[①]

从北大的保安到北大中文系学习,这中间有着太华丽的人生的转变。甘向伟告诉你,什么是坚持,什么是梦想?虽然出生于山区的农民家庭,高考过后,无法继续学业,但他始终知道自己想要的是什么!从小喜爱文字的他,一直向往着美丽的未名湖畔,所以在毕业之后,他就毅然辞了在广州有着丰厚待遇的工作,来到北京,来到了眷恋依旧的未名湖畔!虽然只做了一名小小的保安;来到北大之后,他对文学的热爱之情丝毫未减,终在 2008 年考入北京大学中文系。

2011 年 12 月,北京大学校长周其凤院士倾情为其新书作序。2012 年荣获"2011 中国教育年度十大影响人物",市场上从未有过保安出书的先例。这是本"小人物也要有精英意识"的代言书籍。

---

① 甘相伟.站着上北大[M].北京:东方出版社,2012.

模块三　考公考编　实现高质就业

考公、考编无疑是实现高质量就业的一个方向,于万千就业大军而言也是竞争最激烈的一个方向,但如果能够做好充分准备,做到知己知彼,也定能胜出入围,这需要我们提前了解相关信息、准入条件等,做好必要的前期准备工作,以备不时之需。需要做的准备绝非三言两语就能确定,需要提前筹划和部署。

【想一想】

1. 若你有报考公务员的打算,是否已经确定考中央国家机关公务员或地方国家公务员,二者之间的差异、要求等是否已知晓?

2. 你了解哪些选调生、村官选拔的相关政策?

3. 若你决定进入企事业单位公干(如部分国企考编、银行考编、教师考编等),你已经知道哪些关于事业单位考编的要求,需要具备的条件?

【知识链接】

一、考公

(一)职业概念

我国公务员正规统一都叫国家公务员,不管是中央还是地方都是国家公务员,具体才分为中央国家机关公务员和地方国家公务员。中央公务员考试是指:中央、国家机关以及中央国家行政机关派驻机构、垂直管理系统所属机构录用机关工作人员和国家公务员的考试。地方的公务员考试是指:地方各级党政机关、社团等为招录机关工作人员和国家公务员而组织进行的各级地方性考试。中央和地方考试单独进行,不存在什么从属关系,考生根据自己要报考的政府机关部门选择要参加的考试,也可同时报考,相互之间不受影响。

(二)考试性质

中央公务员考试和地方考试性质一样,都属于招录考试,考生填报相应的职位进行考试,一旦被录取便成为该职位的工作人员。

地方考试有资格考试和招录考试两种,例如北京市的公务员考试就是一种资格考试,成绩合格者发给公务员资格证书,考生可凭此资格证在北京市、区、县等具体机关的招录,有的需要再参加具体部门的一些考试,有的直接面试考核。其他地方公务员考试采用的是招录考试的方式,考生选择职位报名参加考试,考上后就直接录取为该部门的公务员,和中央公务员程序一样。

（三）招考对象

中央的公务员考试是面向全国进行招考的，而地方的公务员考试主要面向当地的居民和在当地就读的大学生以及本省生源的大学生，但现在大部分省份也不要求户口，主要是一些沿海发达地区，比如广东、浙江、上海、北京，其他一些地方对户口不做限制，也是面向全国。

（四）考试科目

中央的公务员考试包括笔试（公共科目、专业科目）和面试。公共科目为《行政职业能力测验》和《申论》，专业科目笔试和面试时间由招考部门自行确定通知，除了对一些技能有特殊要求的大部分不要求专业科目考试。

各个地方的考试科目都是地方自定的，一般都分笔试和面试。笔试科目各有不同，北京考的是《行政职业能力倾向测验》和《公共基础知识》；上海和广东考《行政职业能力倾向测验》和《申论》；浙江省的笔试科目为《综合基础知识》和《行政职业能力倾向测验》。要报地方公务员考试的同学要注意查阅当地政府公布的招考简章，以便有针对地进行复习。目前的趋势都是向考《行政职业能力倾向测验》和《申论》两科靠拢。

（五）考试时间

从 2002 年起，中央和国家机关公务员招录工作的时间就固定下来：于每年的 10 月中旬发布招录公告，报名时间固定在每年 11 月的第一个星期六，考试时间则固定在每年 11 月的最后一个周日，或者 12 月的第一个周日。地方的公务员考试时间差异很大，而且每年招考时间会有一些变动，一些省份一年还有春、秋季两次考试。此外，政府还会组织一些选调干部到基层的考试，有些部门还会单独招考。除了省里的考试，各个城市也会有一些零散的考试。目前的趋势都逐步实现全省统一考试，各个地市或单位不单独组织考试。国考考试科目为《申论》和《行测》，地方招录公务员一般没有指定教材，可以选用国考复习用书。

（六）公务员面试

一般情况下，面试主要考查考生的综合分析能力、语言表达能力、计划组织协调能力、应变能力、自我情绪控制、人际合作意识和技巧、求职动机与拟任职位的匹配性、举止仪表等。要想取胜，良好的心理素质、真诚的应对态度、深思得体的回答三者缺一不可。

二、考编

除了公务员招考之外，企事业单位入编考试也是高校毕业生就业的主要途径。下面就教师编制、银行招考、选调生考试进行逐一介绍。

（一）教师编制考试

师范专业可以报考教师招聘的编制。非师范类学生要取得教师资格，2012 年开始全国统考，笔试必须通过教育知识与能力和综合素质，中学的还要多加一门专业知识的考试。需准备复习参加教育部门举办的考试或者去考自学考试相关的科目。具体报名时间，可咨询当地教育部门。

考试内容及考试时间由各地方招聘简章要求所定,一般考教育学、心理学、新课改、教育法规等内容,其他还有看所考科目技能要求而定。

(二)银行校园招聘

银行校园招聘主要有中、农、工、建、交五大银行及其他商业银行,其招聘对象主要是各高校应届毕业生。

各地区、各大银行的招聘条件各有不同,但总结起来无外乎以下几个基本条件:

(1)素质。具备良好的政治素质、优秀的思想品德、遵纪守法,诚实守信,具有良好的个人品质和职业操守,认同银行企业文化和价值观,愿意履行银行员工的义务和岗位职责。具有较强的团队合作精神、沟通能力、学习能力、创新意识和责任意识,具备良好的心理素质、仪表气质和身体素质。

(2)专业。银行可以接受的专业还是比较多的,在专业方面,银行的要求并不是很严格,只是对于经济金融类专业的科班生来说考试更有优势。

(3)学历。硬性标准,非常严格,如果写明招硕士,那硕士以下的就不可报名。另外,很多银行都写明非"211 工程"学校不招,或者非某几所学校不招,一般来说主城区基本不招本科以下,对非主城区无特别要求,但是想报考的同学一方面要定位好,另一方面也可以"曲线救国",先考入区县,再通过工作调动回主城。这些标准,通常在筛选简历的时候还是比较严格的。

(4)英语四级。绝对的硬性标准,这也是几乎所有用人单位的要求。如果是六级更好。

其他标准,通常招人单位还会加上一些附加条件,如普通话、表达能力等,很多条件基本上很难通过简历来判断,所以只要在简历上写上具备这些条件基本就能过关。

在考银行之前应当做以下准备:

第一,多参加相关的实习或者社会实践活动,银行实习生是一个非常不错的选择,能够让自己更加直观地了解银行相关工作,对银行工作有更清晰的职业规划;提升银行专业知识和技能,增强在银行业中的就业优势;

第二,好好学习,积极参与校园活动,争取获得奖学金及相关的荣誉证书;

第三,考一些相关的证书,银行从业资格证、会计从业资格证、英语四六级证等;

第四,利用暑期复习相关的笔试内容,特别是行政职业能力测试类和专业知识的学习。

各大银行历年校园招聘笔试的内容和题型大同小异,银行校招的考试内容大体上可分为四大类:行政职业能力测试类(简称行测)、英语类、综合知识类、性格测试类。

(三)选调生

选调生,是各省、市、自治区党委组织部门有计划地从高等院校选调品学兼优的应届大学本科及以上学历毕业生到基层工作,作为党政领导干部后备人选和县级以上党政机关高素质的工作人员人选进行重点培养的群体的简称。

选调一般条件(摘选):(1)政治素质好,学习成绩优,组织能力强;(2)中共党员或中共预备党员;(3)大学期间担任过班委及以上职务学生干部一学年以上,获得过校级以及奖励,无处分;(4)年龄一般不超过 24 周岁。

三、项目就业

（一）选聘毕业生到村任职

大学生村官岗位性质为"村级组织特设岗位"，其工作、生活补助和享受保障待遇应缴纳的相关费用由中央和地方财政共同承担。选聘对象原则上为全日制本科及以上的学生党员或优秀学生干部。选聘的基本条件：思想政治素质好，作风踏实，吃苦耐劳，组织纪律观念强；学习成绩良好，具备一定的组织协调能力；自愿到农村基层工作；身体健康。选聘对象和选聘条件的具体规定，由省（区、市）党委组织部根据实际情况确定。

中央组织部明确大学生村官工作的定位（2014年）：一是培养了解国情、熟悉基层、心贴群众、实践经验丰富的干部、人才；二是增强基层组织建设、促农村发展、让农民受益。有志成为一名村官，为百姓贡献一份力量的同学，可以参见各省人事考试相关通知，积极关注各地区选聘公告。

（二）大学生志愿服务西部计划

大学生志愿服务西部计划按照公开招募、自愿报名、组织选拔、集中派遣的方式，每年招募一定数量的普通高等学校应届毕业生或在读研究生，到西部基层开展为期1—3年的教育、卫生、农技、扶贫等志愿服务。

西部计划全国项目共实施基础教育、农业科技、医疗卫生、基层青年工作、服务新疆、服务西藏、基层社会管理等7个专项。

每年5月下旬，考察报名学生的政治思想素质、学习成绩、志愿服务经历等情况，并组织对报名的高校毕业生开展笔试、面试工作，择优选拔志愿者。

（三）"三支一扶"计划

"三支一扶"计划是人力资源和社会保障部牵头，中组部、教育部、财政部、农业部、卫计委、扶贫办、共青团中央共同组织开展的高校毕业生到农村基层从事支教、支农、支医和扶贫工作的简称。

招募对象主要为全国普通高校应届毕业生，并应具备以下条件：（1）政治素质好，热爱社会主义祖国，拥护党的基本路线和方针政策；（2）学习成绩合格，具有相应的专业知识；（3）具有敬业奉献精神，遵纪守法，作风正派；（4）身体健康。

每年5月底前，各地根据下达的招募计划和实际情况，采取考核或考试的方式进行招募。

【举例】大学生志愿服务苏北计划（以下简称"苏北计划"）由江苏省委组织部、省教育厅、省财政厅、省人社厅、团省委共同组织实施，按照公开招募、自愿报名、组织选拔、集中派遣的方式，招募普通高等学校应届毕业生，到苏北的乡镇一级从事为期1年的教育、卫生、农技、扶贫以及青年中心建设和管理等方面的志愿服务工作。志愿者服务期满后，鼓励其扎根基层，或者自主择业。

【探索训练】

公务员试题小测验

1. 下列做法最贴近"看得见的正义才是真正的正义"法律内涵要求的是(   )

A. 纪检监察部门开通网站并接受网络举报

B. 地方政府在互联网上征求城市规划意见

C. 人民法院在互联网上公布法庭裁判文书

D. 交警配备执法记录仪时记录执法过程

2. 交流是复杂的艺术,有声语言并不是表达意义的唯一方式,辅以动作和面部表情,可以使表达生动形象,也折射出历史和文化智慧的光芒。各民族间的形体语言,有的形式和意义相同(如握手致意),有的虽然形式相同,意义却(   )。如果不能正确解读就可能产生误会,甚至引起严重的后果。

A. 南辕北辙   B. 针锋相对

C. 截然相反   D. 纷繁复杂

3. 某技校安排本届所有毕业生分别去甲、乙、丙3个不同的工厂实习。去甲厂实习的毕业生占毕业生总数的32%,去乙厂实习的毕业生比甲厂少6人,且占毕业生总数的24%。问去丙厂实习的人数比去甲厂实习的人数(   )

A. 少9人   B. 多9人

C. 少6人   D. 多6人

4. 从所给的四个选项中,选择最合适的一个填入问号处,使之呈现一定的规律性

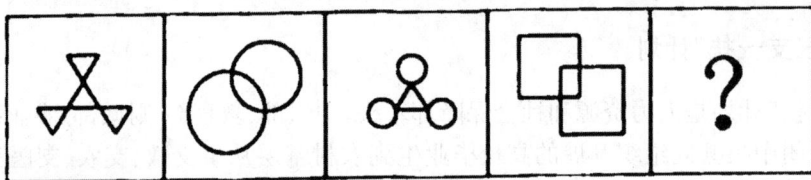

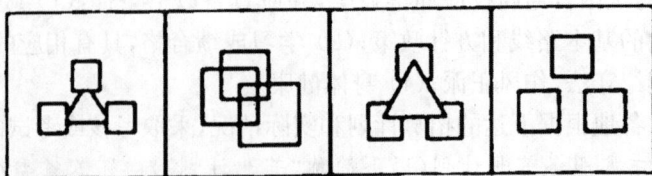

A   B   C   D

我的毕业准备计划表

毕业日期		今天日期		距离毕业的天数	
我取得的成绩	学习成绩				
	等级证书				
	获奖证书				
	工作经历				
	实践经历				
今天之后的 时间安排	我选择考研	具体要求			
		复习轮次及时间安排			
		报名			
		考试时间			
	我选择考公务员	具体要求			
		复习轮次及时间安排			
		报名			
		考试时间			
	我选择编制考试	具体要求			
		复习轮次及时间安排			
		报名			
		考试时间			
	我选择项目就业	具体要求			
		准备工作时间安排			
		报名			
		初试、复试时间			
	我选择创业	具体要求			
		需要准备的材料			
		时间安排			
		前期具体工作			
	其他				

【拓展阅读】

大学毕业生必须知道的那些事[①]

三方协议：三方协议作为国家统计大学生就业率的一个根据，同时也是国家派遣证发放的一个证明。只有你签署了三方协议，拿回学校，学校才会在你毕业后将派遣证发给你，而你拿着派遣证到你工作的单位报道，就此开始计算工龄，而你也就拥有了干部身份。

派遣证（报到证）：派遣证一式两份，一份是派遣证，另一部分是报到证。派遣证在你毕业后将放入你的档案，由国家直接打到你的单位（档案属国家机密，不允许个人持有。如果你的用人单位拥有档案保存资格那么你的档案就放在单位；如果没有，那单位会掏钱将你的档案放在人才市场类的档案保存处；如果你没工作，那你的档案就直接打回原籍）。而报到证则交由你手自行保管。必须重点说的是，很多人在毕业后没多久就把报到证丢了，而当若干年后单位希望将你提干要求出示报到证时，很多就没有了，而只能再跑回某地去重新开证明，这时的证明可就没那么好开了，所以还是要保管好。

四险一金："四险一金"严格来讲是五险，包括养老保险、医疗保险、失业保险、工伤保险和生育保险，"一金"指的是住房公积金，其中养老保险、医疗保险、失业保险这三种险是由企业和个人共同缴纳的保费，工伤保险和生育保险完全是由企业承担的，个人不需要缴纳。这里要注意的是"四险"是法定的，而"一金"不是法定的。

【经典推荐】

书籍：《把握你的职业发展方向》[②]

本书全面介绍了近年来广泛使用的十几种职业心理指导的测评手段和工具，帮助读者在设立职业目标的同时，更教会读者一整套职业决策技能。它不仅说明了什么是"职业生涯规划"，更一步步地带领读者通过阅读、思考、各种练习、活动和量表，认识工作世界，了解具体职业，探索自我，并最终做出正确的职业决策。本书中还包括大量权威的职业量表及其使用方法，有很高的参考价值。

全书在科学性和学术性的前提下，具有很强的实用性和操作性。在职业规划类图书当中，本书以其全面的内容、逻辑性的叙述，富有激情的语言，被使用者广泛接受。

---

① 来源搜狐教育：http://learning.sohu.com/s2013/graduation/.
② （美）洛克著.把握你的职业发展方向[M].钟谷兰等译.北京：中国轻工业出版社，2006.

影片:《当幸福来敲门》

《当幸福来敲门》是美国著名黑人投资专家克里斯·加德纳生平的真实写照,他用生命诠释了责任和奋斗以及如何去实现梦想,永不放弃梦想,永远奋力前行。

影片由加布里尔·穆奇诺执导,威尔·史密斯等主演的美国电影。影片讲述了一位濒临破产、老婆离家的落魄业务员,如何刻苦耐劳的善尽单亲责任,奋发向上成为股市交易员,最后成为知名的金融投资家的励志故事。该片获得 2007 年奥斯卡金像奖最佳男主角的提名。

模块四 勇于挑战 构建创业平台

就业市场竞争激烈,自主创业也是不错的选择,既解决了自己的就业问题,同时也为缓解社会就业压力做出了贡献。如果各方面条件具备,创业也是可以尝试的。国家政策的支持与鼓励,使大学生毕业便拥有自己的企业成为可能。创业并非盲目从众的行为,也是需要做好各方面准备的。那么,请你思考下面的问题,并带着这样的问题认真开始本模块的学习。

【想一想】

1. 你知道何谓创业吗? 作为当代新青年,你如何看待大学生创业?
2. 你有创业的想法、打算吗? 在你看来,创业需要条件吗?
3. 什么样的人能创业? 对于创业,你已经具备了哪些资源?

【知识链接】

一、大学生创业的内涵与类型

大学生创业问题越来越受到社会各界的密切关注,在社会经济不断发展就业形势却不容乐观的情况下,大学生创业也自然成为了大学生就业中一个重要的课题。所谓大学生创业是指在读大学生于学习期间以及大学毕业后通过创办实体、提供产品或服务创造财富的活动。具体而言,就是大学生利用自身具备的知识、才能、素质和技术,以自筹资金、技术入股、寻求合作等方式开展的经营性活动。

大学生创业的类型有如下几种:

成果转化型:利用所学专业优势,在某个领域获得具有领先意义的创造、发明或技术改进,申请专利,依托科研成果优势、创办企业,然后把科研成果投入生产,从而实现科研成果向产品的转化。

有志创业型：抱有创业想法，等待观望时机，大多是先找工作，有了积累后再创业，或者边工作边创业，在工作中积累社会经验，筹措创业资金，寻找志同道合的朋友，寻找创业机会，时机比较成熟时再开始创业。

家族创业型：父辈或亲属从事企业经营活动，他们的后代以及亲族从小受家庭影响，很多人对创业感兴趣，继承父辈产业，予以发扬光大，也是一种创业活动。

休学创业型：大学生休学创业。

就业遇挫型：大学生在就业遇到挫折时，少数人因此走上创业道路。

二、我可以创业吗

（一）大学生创业的素质要求

创业是极具挑战性的社会活动，是对创业者自身智慧、能力、气魄、胆识的全方位考验。一个人要想获得创业者的成功，必须具备基本的创业素质。

1. 强烈的创业意识

要想取得创业的成功，创业者必须具备自我实现、追求成功的强烈的创业意识。强烈的创业意识，帮助创业者克服创业道路上的各种艰难险阻，将创业目标作为自己的人生奋斗目标。创业的成功是思想上长期准备的结果，事业的成功总是属于有思想准备的人，也属于有创业意识的人。

2. 良好的创业心理品质

创业之路，是充满艰险与曲折的，自主创业就等于是一个人去面对变化莫测的激烈竞争以及随时出现的需要迅速正确解决的问题和矛盾。这需要创业者具有非常强的心理调控能力，能够持续保持一种积极、沉稳的心态，即有良好的创业心理品质。

3. 自信、自强、自主、自立的创业精神

自信就是对自己充满信心。自信心能赋予人主动积极的人生态度和进取精神，不依赖、不等待。自强就是在自信的基础上，不贪图眼前的利益，不依恋平淡的生活，敢于实践，不断增长自己各方面的能力与才干，勇于使自己成为生活与事业的强者。自主就是具有独立的人格，具有独立性思维能力，不受传统和世俗偏见的束缚，不受舆论和环境的影响，能自己选择自己的道路，善于设计和规划自己的未来，并采取相应的行动。自立就是凭自己的头脑和双手，凭借自己的智慧和才能，凭借自己的努力和奋斗，建立起自己生活和事业的基础。

4. 竞争意识

竞争是市场经济最重要的特征之一，是企业赖以生存和发展的基础，也是一个人立足社会不可缺乏的一种精神。创业者如果缺乏竞争意识，实际上就等于放弃了自己的生存权利。创业者只有敢于竞争，善于竞争，才能取得成功。创业者创业之初面临的是一个充满压力的市场，如果创业者缺乏竞争的心理准备，甚至害怕竞争，就只能是一事无成。

5. 全面的创业能力素质

创业能力是一种特殊的能力，这种特殊能力往往影响创业活动的效率和创业的成功。创业能力包括决策能力、经营管理能力、专业技术能力、交往协调能力与创新能力组成。

这五个方面的基本素质中，每一项均有其独特的地位与功能，任何一个要素都会影响其他要素的形成和发展，影响其他要素的功能和作用的发挥，乃至影响创业的成功。因此，一个未来的创业者不仅要注意在环境和教育的双重影响下,培养自己的创业素质,而且要重视其整体结构的优化,在创业实践中不断提高自我的创业素质。

三、创业需要什么

创业犹如打仗,存在一定的风险,只有"知己知彼",才能"百战不殆",不可不做充分准备。

(一)创业知识的学习与实践

准备创业的大学生在校期间就应该积极参加创业知识的学习及创业实务的训练。创业知识的学习是提高大学生创业基本素质、培养具有开拓个性和创业精神的基本途径。参加创业计划大赛、到大学生创业园和创业实践基地进行见习等实务训练,更有利于大学生贴近实战、积累经验、增强自信,为日后的创业打下坚实的基础。

(二)积极磨练创业心态

创业是一种创新,也是一种冒险。创业的道路上,充满荆棘和坎坷,如果没有良好的心态,面对困难,就容易犹豫、退缩,甚至自乱阵脚。因此,大学生在创业前,要注意培养自己良好的心态。首先,要培养自信、乐观的进取心态;其次,要磨练处事不惊,镇定自若的良好心态;再次,还必须具备"归零"心态、学习心态和感恩心态。

(三)进行市场调研,确立创业项目

在充分学习创业知识和实践的基础上,大学生可以对创业项目做初步的选择,即选择创业的切入点。经营什么样的企业;是个人独立经营,还是与他人合作经营。选择的正确与否直接关系到创业的成败、兴衰。因此,大学生创业者首先要对现阶段国家政策进行认真的学习,深刻地领会,明确哪些行业是鼓励发展的,哪些是加以限制的。所选项目一定要有发展前景,绝不能因短期利益驱动而贻误长远发展。然后,必须对所选的项目进行深入、细致、认真的市场调查。创业项目来源:实验室及研究成果;大学生创业构思及创业计划大赛成果;各种发明和专利;其他具有实际市场潜力的项目。确立创业项目的原则:选择自己熟悉的行业;选择资金周转周期短的行业;选择技术性要求不太高的行业;选择成长性的行业。

(四)创业条件准备

(1)撰写创业企划书。企划书的撰写,对整个创业过程而言,不仅是必要的,而且是非常重要。因为透过企划书的撰写,不仅可以让自己更清楚地知道计划是否完整周全,还为后期创业工作的推进提供具体内容。

(2)创业资金筹措。资金风险在创业初期会一直伴随在创业者的左右。是否有足够的资金创办企业是创业者遇到的第一个问题。企业创办起来后,就必须考虑是否有足够的资金支持企业的日常运作。

(3)明确经营范围与核心竞争力。根据自己所拥有的资金进一步规划,再依据行业发展的前景、自身的兴趣、专长、倾向、过去相关的工作资历、行业竞争性等因素,加以评估,看自己适合从事哪种行业,以及从事哪种行业最具有竞争优势。

（4）学习经营技术。

（5）店面的选择及装潢。地点的选择对日后店面的营运好坏影响很大，所以一定要找个商圈位置好的店面。

（6）营业执照的申请。

（五）对风险的承担

大学生创业者要认真分析自己创业过程中可能会遇到哪些风险，这些风险中哪些是可以控制的，哪些是不可控制的，哪些是需要极力避免的，哪些是致命的或不可管理的。一旦这些风险出现，你应该如何应对和化解。特别需要注意的是，一定要明白最大的风险是什么，最大的损失可能有多少，自己是否有能力承担风险。

【探索训练】

创业潜力测试

以下共有 25 道题，请你仔细进行思考，你认为你能做到的，请选择"是"；如果你认为你做不到的，请选择"否"。

1. 你是否曾经为了某个理想而设下两年以上的长期计划，并且按计划进行直到完成？

2. 在学校和家庭生活中，你是否能在没有父母及师长的督促下，就可以自动地完成分派的工作？

3. 你是否喜欢独自完成自己的工作，并且做得很好？

4. 当你与朋友们在一起时，你的朋友是否常寻求你的指引和建议你是否曾被推举为领导者？

5. 求学时期，你有没有赚钱的经验？你喜欢储蓄吗？

6. 你是否能够专注地投入个人兴趣连续十小时以上？

7. 你是否有习惯保存重要资料，并且井井有条条地整理，以备需要时可以随时提取查阅？

8. 在平时生活中，你是否热衷于社区服务工作？你关心别人的需要吗？

9. 不论成绩如何，你是否喜欢音乐、艺术、体育以及童军活动课程？

10. 在求学期间，你是否曾经带动同学，完成一项由你领导的大型活动，譬如运动会、歌唱比赛、画海报宣传活动等？

11. 你喜欢挑战性的工作吗？如果喜欢，你经常会为工作付出额外的努力吗？

12. 你喜欢在竞赛中看到自己表现良好吗？

13. 当你为别人工作时，发现其管理方式不当，你是否会想出适当的管理方式并建议改进？

14. 当你需要别人帮助时，是否能充满自信地要求，并且能说服别人来帮助你？

15. 当你需要经济支援，是否也能说服别人掏钱给你帮助？你在募款或义卖时，是不是充满自信而不害羞的？

16. 当你要完成一项重要的工作时，总是给自己足够时间仔细完成，而绝不会让时间虚度，在匆忙中草率完成？

17. 参加重要聚会时，你是否准时赴约？在平时生活中，你有时间观念吗？你是否能充分运用时间?

18. 你是否有能力安排一个恰当的环境,使你在工作时能不受干扰,有效率地专心工作?

19. 你交往的朋友中,当中是否有许多有成就、有智慧、有眼光、有远见、老成稳重型的人物?

20. 你在社区或学校社团等团体中,被认为是受欢迎的人物?

21. 你自认为是个好的理财人物吗? 当储蓄到一定数额时,你是否能想出好的生财计划,钱滚钱,赚出更多的利润来?

22. 你愿意为钱辛苦工作吗? 钱对你重要吗? 你是否可以为了赚钱而牺牲个人娱乐?

23. 你有足够的责任感为自己完成的工作负起责任吗? 你是否总是独自挑起责任的担子,彻底了解工作目标并认真执行工作?

24. 你在工作时,是否有足够的耐心与耐力?

25. 你是否能在很短的时间内,结交许多新朋友? 你是否能使新朋友对你留下深刻的印象?

[结果评分与解释]

以上答案答[是]得1分,答[否]则不计分,请统计你所得的分数,并参照下列结果解释。

得分 0—5 分,说明你目前并不适合自行创业,应当训练自己为别人工作的技术与专业。

得分 6—10 分,说明你需要在他人的指导下去创业,才有创业成功的机会。

得分 11—15 分,说明你非常适合自己创业,但是在所有[否]的答案中,你必须分析出自己的问题加以纠正。

得分 16—20 分,说明你个性中的特质,足以使你从小事业慢慢开始,并从妥善管理中获得经验,成为成功的创业者。

得分 21—25 分,说明你有无限的潜能,只要懂得掌握时机和运气,你将是未来的商业巨子。

【拓展阅读】

创业家(企业家)素质与能力排序表

序号	素质与能力内容	序号	素质与能力内容
1	财务管理经验与能力	11	行业及技术知识能力
2	交流与人际关系能力	12	领导与管理能力
3	激励下属的能力	13	对下属培养与选择能力
4	远见与洞察能力	14	与重要客户建立关系的能力
5	自我激励和自我突破能力	15	创新能力
6	决策与计划能力	16	组织能力
7	市场营销能力	17	向下级授权能力
8	建立各种关系的能力	18	个人适应能力
9	人事管理能力	19	工作效率与时间管理能力
10	形成良好企业文化的能力	20	技术发展趋势预测能力

连环创业者——王兴①

一提到王兴,很多人脑海里面第一想到的一个词汇就是连环创业者,因为他是校内网、饭否网、美团网这三个中国大名鼎鼎的网站的联合创始人。除此之外,他还有另外一层身份——大学生创业者,在毕业之后,没有丰富的职业履历就开始创业的人。

他是一名人们口中的天才少年,高中没有参加高考就被保送到中国名牌学府清华大学,毕业后拿到全额奖学金去了美国特拉华大学师从第一位获得 MIT 计算机科学博士学位的大陆学者高光荣,随后归国创业,在前一两次不算成功的创业项目之后,王兴创立了中国版 facebook 校内网,并很快风靡于大学校园圈之中。校内网于 2006 年 10 月被千橡以 200 万美元收购。2007 年 5 月 12 日,王兴创办饭否。这也是中国第一个类 twitter 项目饭否网,但就在饭否发展势头一片良好之际被关闭,让王兴事业受到挫折。之后连环创业客王兴于 2010 年 3 月上线新项目美团网,并在千团大战之中脱颖而出,稳居行业前三,并先后获得红杉和阿里的两轮数千万美金的融资,这个连环创业客的事业正逐渐走上正轨。2013 年 5 月,美团单月流水已经突破 10 亿人民币。

大学生创业案例——王琪的大个子寿司店②

找准商机　明确定位

王琪的店名叫大个子寿司店,位于学校进校门后的一个坡顶边。"我一次都没去过招聘会,也没想过找工作。"不到 23 岁的王琪早在大二就已创业当老板。如今,经营两年的生意在学生圈内小有名气。

这段时间,王琪正忙着到其他高校开加盟店。如今,他分别在重庆交通大学、北碚育才学院开了两个加盟店,下学期还有一家分店将在工商大学北苑超市附近开业。

2011 年暑假,王琪到西安旅游,在陕西师范大学门口看到有一对夫妻用推车卖寿司,买的人排了十几米。他也排队买了一盒,感觉味道不错,且价格便宜,比较适合学生。"我们学校还没有卖寿司的,如果开一家寿司店,生意应该不错。"王琪心想。

于是,他趁这对夫妻空闲之余,向他们表达了学艺的想法,并留了他们的联系方式。回校后,王琪立即着手选址、租门面,寒假时又到西安找这对夫妇学艺,花了数千元学了十天,能很娴熟地做十多个品种的寿司。随后,他向父母借了 1 万元当创业经费,除去支付半年 7000 元的房租外,他还添置了两个电饭煲和一个冰柜。2012 年 3 月,他的大个子寿司店营业了。

---

① 来源精品学习网:http://www.51edu.com/guanli/tzcy/341311.html.
② 来源创业第一步网:http://www.cyone.com.cn/Article/Article_30238.html.

为何选择做寿司？王琪称，创业主要看项目能否赚钱，而且是否符合自己的创业条件。他注意到这个生意创业成本较低，且定价和口味比较适合学生，技术难度也不大，容易学。

善于纳谏　分析客户

考虑到人流量，他的寿司店选在学生进出校门必经的地段，并与一家小面店老板商量合租，最后以每月 1200 元分租到一半门面，面积不到 5 平方米。

从那以后，他每天除了上课，基本都在店里忙碌。经营之初小店没有名气，销售量不大。为增加知名度，他想了很多招数，比如利用微博、QQ 等宣传，发小卡片、买一送一等，收效也不尽如人意。

为增加客源，王琪每次卖出寿司时，都很诚心地请同学对他的寿司提意见，对给出建议的同学还免费请吃寿司。同时，他的寿司保证分量足，价格定在 6～13 元一份。

靠着同学们一传十、十传百的宣传，王琪慢慢聚集了很多稳定的客户。第一个学期下来，王琪不仅没有亏本，还小赚了一笔。

为提高寿司品质，王琪还利用寒暑假到一些专业寿司店打工偷师学艺，回校后再根据学来的技艺改良自己的产品。他还特别留心每天购买寿司的顾客，并进行市场分析。他发现顾客中八成都是女生，因此在推销产品时抓住女生爱美怕胖的心理，告诉她们寿司的材料基本都是蔬菜等素食，吃了不仅不会发胖，还对健康有好处。

精打细算　推进加盟

除了要善于抓住商机，王琪还建议创业菜鸟们一定要学会善于利用手中资金，做到精打细算。

比如，他让其他地方的员工跳槽到自己这里，除了开出两三千元月薪外，还给出包吃住的条件。但在包住上，他想了一个法子——租一套两室一厅，把两个房间转租出去，再把客厅隔成两间房，供两位员工居住，"这样基本上就不用自己付房租了。"

在父母的帮助下，王琪按揭了一套 115 平方米的房子，今年准备接房。"我准备把这套房子隔成六七个单间，装修成家庭旅馆，供附近的学生租住。这样可以应付我 4000 多元的月供了。"

如今，王琪首要的工作就是为大个子寿司店开加盟店。虽说已经有了两家加盟店，但他希望大个子寿司能进驻更多校园。"因为买寿司的 80% 是女生，剩下 20% 的男生也多是买给女友或女同学们吃的。"王琪说，他将把加盟店选在女生较多的师范类院校和艺术院校，加盟费在 1.2 万元左右。

不过，他希望能帮到更多像他这样的应届毕业生，"如果有应届毕业生找不到满意的工作，想自己创业的话，除了在加盟费上优惠到七八千元，还会在选址、进货等方面提供更多帮助。"

除此之外，他希望能继续完善寿司品种，并增加大酱汤、炒年糕之类的菜品，"争取以后把寿司店开到商圈、火车站去。"

创业同时别荒废学业

虽说在创业上小有成就，但王琪还有一大遗憾，那就是因为忙于生意逃了不少课，以致有几门考试没过，因此拿不到学位证。

"现在人手够了，没有以前那么忙，我准备多看点书，争取补考时一次性通过，把学位证早点拿到。"王琪说，自己不会放弃学位证，毕竟读了四年大学，还是希望能同时拥有学位证和毕业证。

对于他的创业经历,王琪的大学辅导员樊少华首先表示支持,"遗憾的是,他没有把学业同时兼顾好。"

【经典推荐】

书籍:《从 0 到 1:开启商业与未来的秘密》①

当下中国谁都不容错过的著作,扎克伯格、埃隆马斯克、马克安德森、塔勒布、周鸿祎、徐小平、刘强东、徐新、唐彬、吴伯凡、牛文文等热议的创新、创业、创投哲学!上市 2 个月突破 50 万册!

一位传奇的创投教父,一部开启秘密的商业之作,一部事关所有人的生存哲学:《从 0 到 1》作者彼得蒂尔为首的"PayPal 黑帮"开创了硅谷的新格局,他本身就是一部商业传奇!他是 Facebook 外部投资人,投资了 Tesla(特斯拉)、LinkedIn(领英)、SpaceX、Yelp 等企业。他创立的数据分析公司 Palantir 市值约 150 亿美元。

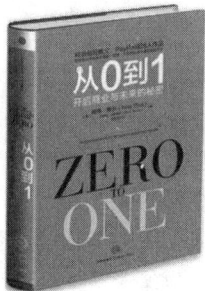

影片:《社交网络》

《社交网络》根据本·麦兹里奇的小说《意外的亿万富翁:Facebook的创立,一个关于性、金钱、天才和背叛的故事》改编而成。由大卫·芬奇执导,杰西·艾森伯格、安德鲁·加菲尔德、贾斯汀·汀布莱克和艾米·汉莫等联袂出演。影片于 2010 年 10 月 1 日在美国上映。影片的故事原型来源于网站 facebook 的创始人马克·扎克伯格和埃德华多·萨瓦林,主要讲述马克·扎克伯格和埃德华多·萨瓦林两人如何建立和发展 Facebook 的发家史。

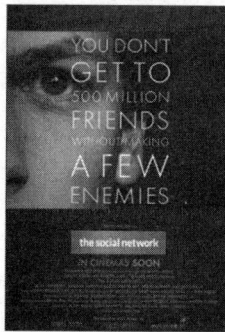

---

① (美)蒂尔,马斯特斯著.从 0 到 1:开启商业与未来的秘密[M].高玉芳译.北京:中信出版社,2015.

成长驿站

大三是大学四年中专业学习极为关键的时期,在这一年,学校将为我们开设大量的、核心的专业课程。这一年,我们还对社会上的众多职业进行了解,了解自己所学专业对应的职业要求,因为这是我们为就业做好准备的第一关。利用好大三时期十分关键,重申大三的阶段目标,就是为了能够更好地利用好这个转型期,来实现我们个人的快速成长。

一、大三知识目标——专业知识应用

有些同学到了大三还不确定是否要努力学习自己的本专业。其实,专业的"不专"将是造成我们日后就业困难的根本原因之一。为此,大三时期,我们必须进一步努力学习专业知识。在大三,我们除了要学好专业知识,还要注重专业知识的应用。经过了大一、大二的部分专业课程的学习,我们已经形成初步的认识,也就可以试着与老师、同学、行业内的专家进行交流,在交流中学习和加深我们的专业认知。此外,我们可以尝试写作专业论文,向专业期刊投稿,加强专业知识的应用。还有就是很多同学认为毕业论文是大四的事情,其实不然。大三下学期,我们要完成毕业论文的选题,开始毕业论文的资料收集与整理工作,这样可以有效地加快论文写作进程。

二、大三能力目标——实践能力提升

大三是我们职业目标的确定期,更是体验职业的选择期。体验职业,目标在于提升我们的实践能力,如去企事业单位实习,在实习中提升我们的实践能力等。专业知识的学习是为了应用,我们不能将专业知识仅仅停留在书本之上,这样知识的应用才能转化为生产力,尤其是那些应用性很强的专业,我们更要去实践应用。我们要在实践中找到这些专业对生活和社会的作用。大三的我们要学会寻找实习的机会,并把实习当成工作,结合我们的目标、兴趣、经历、专业、能力等去参与实习,并在实习中发挥自己的优势。实习实践的成绩其实就是对未来就业的有力支持。

三、大三素质目标——增强文化修养

大三的我们除了要学好专业知识,提升我们的实践能力外,还应该注重增强自身的文化修养。增强文化修养,要注重实践锤炼。文化修养不是天上掉下来的,也不是自身就有的,而是在人们认识、改造自然和社会的过程中逐步产生和发展起来的。增强文化修养,还应该多读经典。在意识到自身知识储备匮乏时,积极参加文体活动,特别是多读经典书籍,有助于提高文化修养。很多人读完大学,很久没见的人都说他变了一个样,其实就是校园文化生活熏陶出来的。多读书总有好处,时间长了,气质就自然而然地流露出来了。

大学冲刺篇

　　四年的大学生活将近尾声,回首这短暂的四年,在历史长河中也许只是白驹过隙,却是我们人生中弥足珍贵的四年。在这四年里,我们大家从一个懵懂青年成长为一名合格的毕业生,用脱胎换骨来形容也不为过。总结过去,可以拨开时间的迷雾,清晰地回首所走过的路,过往的经验和教训,可以为将来的人生旅程做好准备,对于即将离开校园的同学们,选择走好下一步路,十分关键。

　　对于即将步入社会的同学们,就要离开校园,面对大千世界,需要我们去努力,去打拼,去处理工作中的各种人际关系。我们要站好自己大学最后一班岗,完成好自己的毕业论文、通过答辩,然后应该用更多的时间去关注选择适合自己的就业方向,这样工作以后自己更能够得心应手,迅速彰显自己的价值。而对于选择考研的同学们,就得提前做好"甘心坐冷板凳10个月"的心理准备,规划好自己的考研生活,选定专业,制定计划,静气凝神、全心投入地去复习,去实现自己的目标。其实大学即将结束不论是选择考研继续深造,还是求职就业或是创业,都需要我们不断地提升自己的择业能力和素质,全面增强自己的综合能力。当然,这需要的不仅是知识的积累,还需要我们拥有正确的人生观、价值观、世界观。

大学末年 须珍惜

大四，是一个分化的时期，因为大四是你前三年的总结，是前因后果的体现，在分化中会产生几种人：一是有目标的人，二是有能力的人，三是迷茫的人，四是颓废的人。同时又是一个收获的时期，收获前三年的播种，这其中也会分化为几种状态：想工作的人已经具备就业所需的各种能力；想求学的人充分做好了申请保研或考研的各项准备；想留学的人已经按照接收国家学校的要求通过语言关、专业关；剩下的就是那些才意识到是时候该努力学习或提高能力的同学。大四，是一个转折期，它将各种道路都呈现给你，但不是每条路你都可以走，因为上路前的装备已经给了你三年的准备时间，有的人扎实稳进，做了充分的准备，有的人则浑浑噩噩，虚度光阴，不知所以然。所以，有准备的人哪条路都能走，没有准备的人就寸步难行了。最后一年，我们必须要调整好自己的心态，规划好自己的大四生活，为走进社会做好规划，实现人生的价值。

模块一 合理安排 平稳度大四

大四这一年该如何度过，十分关键。要想高效有序地度过大四这一年，要想独立自主、不人云亦云地安排自己的生活，你务必要做一个有计划的人，合理安排好大四时间。考研？就业？你要对每个目标做个详细、具体的分析，看看有哪些资源有助于实现目标，有哪些困难阻碍你的前进，形成一个大四攻略，如此，你的大四不仅井然有序，一切也尽在掌握中了。同时，大四一定要顺利毕业，完成好自己的毕业论文以及毕业答辩。当你毕业时，在感慨和回顾、评点自己时，就可以根据现在所树立的目标到底实现了多少、质量如何来衡量自己取得的成果大小。

【想一想】

　　1. 大四该如何度过呢？

　　2. 对自己已逝的大学生活如何评价,还满意吗?

　　3. 是否已经选择好自己毕业论文的研究方向? 能否列出论文的框架、研究计划?

【知识链接】

一、大四实习安排

(一) 学习人情世故

　　人情世故是我们日常生活中积累的约定俗成的行为准则,属于社会知识的范畴。它是人与人在交往互动中逐渐积累沉淀下来的规则,熟悉人情世故,可以在一定程度上帮助你适应社会环境,促进交往或缓和与他人相处的紧张度。

(二) 发展人际关系

　　人际关系对未走出校门的学生来说,是非常单一的,身边的人无非父母、老师、同学、邻居⋯⋯身边只有亲缘群体或同辈群体建立起的人脉网络,可是到了大学后,尤其是到外地去求学的同学,会猛然发现,原来的熟人圈子瞬间不存在了。要勇敢地去交往,建立自己的人脉。

　　锻炼社交能力、积累人脉的最直接途径就是实习。在职场上,你与同事、领导建立的是一种正式的组织关系,是在一个特殊的社会场景中的交往。你会慢慢体会到,在不同的地点、时间和不同的场景中,社交的技巧各有不同。在每一种场景中,找准自己的位置,变换自己的角色,通过合适的社交技巧来认识更多的人。当然,实习只是你扩大社交半径、建立人脉网络的途径之一。

(三) 明确职业途径

　　在从学习到就业的道路上,要回答两个问题:我是谁? 我的选择指向的对象是什么?

　　如果对这两个问题都有了清晰明确的答案,那么恭喜你,你一定非常了解自己,知道自己爱什么、想什么,选择职业的路途非常通畅;如果你只有一个答案,那么也恭喜你,你成长的确定性有了一定的保证,至少你可以利用已知的答案去探索未知的那个。不用多久,另一个答案就会浮出水面,助你一臂之力;如果对于以上两个问题,你都摇摇头,说我"不太确定"的话,那么,你可能遇到麻烦了。

　　不确定分为主观不确定与客观不确定。所谓的主观不确定主要是爱好的不确定、技能的不确定与获得爱好与技能的途径的不确定;而客观不确定则表现在大家只知道一般性的书本知识,而职业岗位在不同行业间、不同性质的企业间、不同创业者与管理者间、不同规模与成长能力的企业间、不同文化与透明度水平的企业间有哪些不同,则一无所知。而这些不确定性,恰恰是父母、老师、朋友与教科书都无法帮我们回答的。

　　"不知为不知",这个"不知"直接影响了自己的人生选择,那么我们该怎么办? 保罗·柯艾略在《牧羊少年的奇妙之旅》一书中,借着炼金术士的口吻对牧羊少年说:"想要得到本事,只有一种方式,那就是行动。你需要学习的东西,我这次旅行都教给你了,只缺少一样——倾听你的心。"所谓行动承诺未来,没有实际的行动,你如何从迷惘中探索出一条清晰的职业路径呢?

通过实习,同学们基本可以收获两个成果:一种发现自己具备从事某行业工作的潜质,另一种则发现自己完全无法融入这个行业,只有选择其他行业。

总之,实习能够帮助你在理想与现实中搭起一座桥梁,拒绝迷茫,拒绝神秘感。在行动中回答那个"干一行,爱一行"还是"爱一行,干一行"的老问题。

(四)丰富职业感知

职业感知,是指某一行业所需的知识技能、职业素养、生存法则等的感觉与认知。实习就是丰富职业感知的一个非常有效的途径。

从知识技能上来讲,在学校课堂上学到的知识都是宏观与系统的,却不是那么实用的。也许你学的是建筑工程专业,但是走到工地里你能比工头更了解每个阶段应该做什么、分配多少人员、计划多长周期吗?不一定。也许你学的是社会学,你觉得自己有洞察社会问题的独特视角,你能剖析每个国家政策带来的影响与改变,还是你能比一个普通菜农更熟悉每一个政策对生产或经验所带来的冲击或机遇呢?

你有了相关的实习经验后,一切又不一样了。学习社会工作的到了基金会,才知道我国公益行业的现状如何,一个公益组织如何运作,自己学到的知识如何运用在公益项目的管理中;学习广告学的到了企业才知道电视上花里胡哨的各类广告背后付出了广告人多少的心血,书本上学到的营销知识如何与最新潮流相结合,自己的文笔写作优势如何在撰写文案或软文时得到最大限度的发挥……这些都只有你在体验的过程中,才能够了解到的最实用的东西。了解一个行业所需的知识技能,明确自己的优势与不足,并加以发挥或弥补,假以时日你必然是这个行业的领军人物。

其实,能转化为工作当中的知识技能的资源不仅来源于书本,还来源于生活——你是生活中的砍价高手,同样也能成为职场上的谈判高手。你是生活中无数圈子的中心,同样也能充分发挥领导力,成为一个好的管理者。每个人在生活中都有各种各样的优势,能够把这些"技能"融入你的职业生涯中,才是获得职业成就感与生活幸福感的最完美的途径。

职业素养体现在人做事的基本知识,待人接物的基本礼仪,见人阅人的基本能力等方面。

看到这里,你还在质疑实习的重要性吗?肯定不会。

也许第一次实习,你会觉得摸不到门路,但第二次实习能明显地在第一次实习经验教训的基础上做得更好,到第三次、第四次实习的时候就显得非常成熟老练,职业素养得到了极大的提升。而这个时候被实习单位留下的概率也会大大提升。在实习中非常有心、认真积累、积极反思、寻求自我突破的同学,往往会让那些人力资源部门另眼相看,给予特别的机会。

(五)提升专业技能

"知识就是力量"有些同学对培根这句话的态度,从当初的奉为圭臬到后来的弃若敝屣,再到如今的重新审视,可谓经历了认识上的曲折上升过程。

常言道:"实践出真知。"书本上的理论为大学生提供深厚的知识积淀,但在工作中,理论与生产力间却隔着一道鸿沟,唯有实践方能跨越这道鸿沟,将理论知识转化为实用知识,并以实践知识来应对现实的挑战。

二、怎样撰写毕业论文

学生撰写毕业论文,是在教师的指导下,围绕课题进行现场观察、社会调查、科学实验的基础上进行的、毕业论文由于各个论题所论述的内容不同,使用的论文结构形式也不相同,因此,在写法上可以不拘一格。学生根据自己研究的内容及选用的论文结构形式,用最好的方式表达、撰写。但是,毕业论文又是学术论文的一种。归属于议论文体的类别,尽管文体结构多种多样,写法千姿百态,但仍未超出议论文写作的基本步骤和方法。

(一)毕业论文的写作步骤

1. 选择导师

学生要主动选择老师,平时要留意观察导师的研究方向,最好与自己的论文研究方向是一致的。导师在学生的论文选题方面起着至关重要的作用,导师的选题指导工作的主要目标是帮助学生在本学科研究范围内确定一个具有理论价值和实践意义,并能为学生留出开展创造性工作的空间的论文题目。导师会指导学生明确重点,着手论文写作,做好论文的中期检查工作,学生也要定期把阶段性的论文成果汇报给老师,让导师给出修改意见,直到装订成册,定稿。

2. 拟题

拟定题目是写作毕业论文的起步,论题定得恰当与否,直接影响整个论文的写作,关系论文的质量和效益。不同的课题所采用的方法不同,撰写毕业论文的方法也不同,它对拟定标题的要求也不相同。总体上,所拟题目要能结合所学知识并贴近社会实践,注重理论与实践相结合。

3. 写作准备

论文题目确定之后,应围绕论题做一系列准备工作。由于理论型论文和实践型论文的研究方法、表现方法和手段不同,因此,它们的写作准备工作的要求和内容也有所不同,现分别介绍如下。

(1)理论型论文的写作准备

理论型论文是以理论阐述为主的论文。构成论文的主要是论点、论证、论据三个要素,并通过逻辑推理和假说来完成。因此,理论型论文的写作准备主要是分析材料、确立论点。所谓论点,就是作者对某一事物的基本观点。论点与资料的关系十分密切:一方面,论点来自于反映某事物的大量资料,这是确立论点必须凭借的客观条件和物质基础;另一方面,我们要对收集、占有的大量资料,运用科学的逻辑分析法和统计分析法,对其进行去粗取精、去伪存真、由此及彼、由表及里的加工处理,对事物由感性认识"升华"为理性认识,才能提炼和确立正确的论点。

(2)实践型论文的写作准备

实践型论文着重于实践过程的描述,包括实践目的、实践要求、实践场地、实践手段,把实践的经过和结果进行描述与分析,最后得出结论。因此,实践型论文的写作准备着重在对实践资料的加工整理。

具体来说,应做好如下各项准备工作。

① 计算与列表。把实验、调查所做的计算和所得的结果重新进行检查和核对,将计算结果列成图表。

② 绘图。许多的实验结果用图表示非常直观形象,有助于进行比较、分析、解释和讨论,能起到文字难以起到的作用,尤其是实践型论文的撰写用绘图表示更是有益。

③ 提出结论性意见。要仔细研究与题目有关系的图、表和分类的叙述性观察记录,进行分析比较,找出各项要素之间的关系,提炼出对研究结果的解释意见,并写出笔记。

④ 修正审定结论。为使结论准确、客观,必须对暂时性结论进行修正、审定。一方面要反复对已取得的材料进行验证,另一方面根据需要和可能补充一些实验对结论进行验证。如果发现有例外、差异或反常现象,应及时修正或合理论证结论。

⑤ 及时做好笔记。在进行上述检查与核对工作的过程中,每有见解即做笔记,以免事后忘记了当时的灵感,并分类整理编排,供写作时选用。现在很多的学生都在使用手机录音、录影,记录一些资料和数据,这大大方便了毕业设计和毕业论文的写作过程。

4. 编写提纲

草拟提纲是毕业生撰写毕业论文的重要环节。所谓提纲,就是作者根据其确立的论点,选取相应的材料,把观点和资料进行排列,综合成一个先后有序、思路清晰、论证合理、观点鲜明突出的论文轮廓。这个轮廓如果停留在脑海里就称为腹稿,如果将腹稿用文字的形式按照一定的顺序有纲、有目、有的、有资料地记载下来,就是提纲。

所谓草拟提纲,就是在原有构思的基础上,进一步根据论题要求,审思全文的布局、观点与材料的排列,论文的逻辑展开,对所收集的大量资料进行取舍、增删、调整等,从而把材料组成一个层次清楚、有严密逻辑关系的理论体系。

(二)成文

成文,即撰写论文的初稿。成文就是根据论题要求,按照提纲的次序把观点、资料组织好,把问题说透彻,使之成为一个有血有肉的、完整的有机体。撰写论文初稿的好坏对论文的质量有直接的影响。

起草毕业论文,关键是写好本论部分。在写本论部分时必须注意以下四点:

(1)内容方法应具有本课题应有的论点、论据、论证等。

(2)结构上应合乎逻辑,顺理成章。即先有资料,然后有概念、判断、推理,最终形成观点。

(3)写作上要注意辞章,要用准确、鲜明、生动的词句把文章表达出来,简明精练、通俗易懂。

(4)在写作时间上,写作本论必须在完成认识某一客观事物的过程中形成正确的观点、规律和理论,实现预期的研究目的之后才进行,而不能在研究工作的开始或中途就写,要切合本题,适合认识规律。

(三)修改完稿

毕业论文写完初稿后不会十全十美,必须经过认真修改、反复锤炼,才能成为一篇好论文。修改毕业论文是撰写过程中的关键环节。修改功夫如何,直接关系毕业论文的质量。修改论文,就是要找出文章的毛病和掌握修改文章毛病的方法。

（四）装订成册

毕业论文写成后要装订成册，并要按一定的次序排列。

1. 毕业论文要装订成册

按照高等学校毕业论文的教学要求，学生的毕业论文修订成稿后，必须抄写或打印两份，一份送交指导教师审阅评分，一份交资料室存档供日后查阅。通常要求抄写或打印的纸质要坚韧，要选用标准 A4 开本 210 mm×297 mm 的纸张，最好是用高等学校专门印刷的毕业论文稿纸，并加上较厚一点的封面纸装订成册。

2. 毕业论文装订成册的内容次序

为了统一、美观和便于评审、查阅，装订毕业论文必须按照统一的次序排列，常见的参考排列次序是：封面、扉页或毕业论文评审登记表、目录、内容提要、正文、参考文献、附录或附件。

总之，撰写毕业论文是检验学生在校学习成果的重要措施。大学生在毕业前都必须完成毕业论文的撰写任务。申请学位必须提交相应的学位论文，经答辩通过后，方可取得学位。可以这么说，毕业论文是结束大学学习生活走向社会的一个中介和桥梁。毕业论文是大学生才华的第一次显露。一篇毕业论文虽然不能全面地反映出一个人的才华，也不一定能对社会直接带来巨大的效益，对专业产生开拓性的影响，但是实践证明，撰写毕业论文是检验大学生专业素养的重要措施。

（五）准备答辩

毕业论文答辩是一种有组织、有准备、有计划、有鉴定的比较正规的审查论文的重要形式。为了做好毕业论文答辩，在举行答辩会之前，校方、答辩委员会、答辩者（撰写毕业论文的作者）三方都要做好充分的准备。在答辩会上，考官要极力找出在论文中所表现的水平是真是假。而学生不仅要证明自己的观点是对的，而且还要证明老师是错的。这其中，答辩前的准备，最重要的就是答辩者的准备。要保证论文的质量和效果，关键在答辩者一边。论文作者要顺利通过答辩，在提交论文之后，不要有松一口气的思想，而应抓紧时间积极准备论文答辩。

答辩能否通过，以及答辩水平的高低，直接影响毕业论文的成绩。答辩的成绩是构成毕业论文成绩的重要因素，而答辩的成绩又取决于答辩前的准备及答辩中的临场发挥。因此，必须引起我们的高度重视。

答辩者可以从以下五个方面做好准备：第一，要写好毕业论文简介。第二，要熟悉自己所写论文的全文，尤其是要熟悉主体部分和结论部分的内容，明确论文的基本观点和主论的基本依据，以及文中主要概念的确切内涵、所运用的基本原理等，同时还要仔细审查、反复推敲文章中有无自相矛盾、谬误、片面或模糊不清的地方，如发现上述问题，就要做好充分准备——补充、修正、解说等。第三，要了解和掌握与自己所写论文相关联的知识和材料。第四，论文还有哪些应该涉及或解决，但因力所不及而未能接触的问题，还有哪些在论文中未涉及或涉及到很少，而研究过程中确已接触到了并有一定的见解，只是觉得与论文表达的中心关联不大而未写入等，也就是研究的局限或不足，可以进一步研究的层面等。第五，对于优秀论文的作者而言，还要搞清楚哪些观点是继承或借鉴了他人的研究，哪些是自己的创新观点，它们都是怎么形成的。

结合以上五个方面,作者在答辩前有针对性地做好准备,经过思考、整理,写成提纲,记在脑中,这样在答辩时就可以做到心中有数,从容作答。

【探索训练】

我的毕业论文答辩文案结构表

论文标题		指导教师	
1. 我为什么选择这个毕业论文题目?			
2. 做这篇毕业论文的意义和目的是什么?			
3. 我的毕业论文基本框架、基本结构是如何安排的?			
4. 我的毕业论文各部分之间逻辑关系如何?			
5. 在做本论文的过程中,发现了哪些不同见解?对这些不同的意见,自己是怎样逐步认识的?又是如何处理的?			
6. 本篇论文虽未论及,但与其较密切相关的问题还有哪些?			
7. 还有哪些问题自己还没有搞清楚,在我的论文中论述得不够透彻?			
8. 写作论文时立论的主要依据是什么?			
9. 毕业论文的创新之处?			
10. 毕业论文的不足之处?			

实习计划表

个人信息	姓名		性别		民族		籍贯		年级	
	学校		学院				专业			

目标岗位信息	岗位名称		岗位所属部门			直接上级		直接下级	
	岗位职能								
	岗位要求								
	该岗位与我所学专业的相关度								

岗位所属部门信息	部门名称		上级部门		下属部门	
	部门职能					

目标单位信息	单位名称	
	单位地址	省　　市　　县　　区
	单位性质	
	实习期待遇	
	是否有熟悉的朋友在目标单位，都是谁，他们在什么岗位工作	
	该单位招聘方式	
	该单位往年招聘信息	

实习信息获取渠道	

【拓展阅读】

不要轻言放弃①

晓薇是成都某大学管理学院的毕业生,毕业前参加过在企业和政府机关的实习。找工作前,她特地向老师请教了如何找工作的问题,确定了入职的行业为金融或房地产。针对这两个行业的需要,她花精力把目标公司的情况摸得尽可能清楚,并做了一份针对性强的求职简历。几经周折,一家大型房地产公司录用了她。

然而,理想中的公司与现实中的公司毕竟有差异。紧接着的入职培训让晓薇历经艰辛。腿扭伤了,仍然要坚持参加军训;在烈日下必须完成各项训练,一切命令必须服从,违者扣分,甚至除名。培训期间不断有人被淘汰或主动离开,她也反复问自己是该坚持还是放弃?最终她选择了坚持,因为她知道没有人为她铺好星光大道,一切必须靠自己⋯⋯

五周的魔鬼培训后,晓薇被分配到了行政内勤岗位,负责公司的物资管理。她发现,没有人教她什么是入库单?什么是出库单?什么是送货单?什么是资产标签?什么是盘点?什么是资产报表?她只能不分白天黑夜地加班。身边的同事一个个离开,晓薇不断地问自己:"过关斩将地进入了自己心目中的公司,咬牙挺过了魔鬼训练,现在,面对索然无味的工作该不该放弃?如果坚持下来,这段职场的经历会是我人生的一笔财富吗?"最后,她的选择是——路在脚下,永不放弃!她坚信只有在历练中积累阅历,才会不断成长。努力终于得到回报,在不到一年的时间里,她因出色的工作得到了上级的提拔。

大四是个平等年②

大四一年,决定了我对待社会生活的大部分态度,那就是平等。

1. 关于读研

大四一开学,学院就开始折腾保送研究生名单。我最要好的朋友是拟保研名单的第一名,小王的大梦想是选个更好的研究生念,念一半,然后交换出国门,然后成天在美国的实验室里疯狂做实验。因此,小王得选一个很适合出国的研究生院,我看小王一天到晚地上网、下载、打印、打电话、约时间、拜访导师、笔试、面试。我说你累不累啊?保研不是有学校帮着张罗嘛。

小王笑了,向我解释:"要保外校的研究生,那就得看你自己的本事了。现在本学院的推荐名单还没正式出来,本校连正式的推荐信都没有,外校的研究生院不管这些,有合适的人就即刻要去。所谓只争朝夕,晚了,就是条件再好,人家也不要了。现在先占住几个复试名额,等正式的推荐函下来,再慢慢挑。"原来还这么复杂,要知道,我大一、大二的成绩是无与伦比的垃圾,大三拼命地恶补专业课才稍微拉回了一点点所谓的综合积分,对这些来自官方的保送之类的东西实在是好不了解。小王又解释:"别看都是教授,导师和导师之间的差距大着呢。跟对人,才可以吃到肉。专业领域比较知名或者说权威的导师就那么几位,都各成一派,你加入了这个派,那就是等于和其他派别划清界限了。选到一个对的导师,不仅研究生期间可以接到真

①② 徐平福.大学生就业与职业发展指南.北京:北京师范大学出版社,2010.

正练手的项目,更等于找到了一个双保险的工作饭碗,有了导师这张王牌,几乎可以省去找工作这个工程了。所以保研这个机会很难得,入选条件很高也是可以理解的,比如奖学金、英语六级、在校职务。"说着说着,小王猛然停顿住,而后猛然说:"清水,清水,你也符合保研的条件,班主任是不是把你漏下了?"我大惊,保研是什么概念,就是说出来我爸妈会以此高兴一辈子,我又可以在学校白吃白住三年的好日子,所以我决定我要保研。

这种观念的改变虽然很突然,其实又再正常不过了。在机会面前,我是得到平等对待的,大四,我第一次意识到要为自己去争取机会了。班主任得知我的情况,比我还兴奋,使劲拍我肩膀,使劲点头,让我猛然上升到一个品学兼优的层次。班主任帮我办理各类手续,虽然以前班主任常常语重心长地劝我要好好念书,多参加院里组织的实习计划,按时参加院里、班里的会议,批评我盲目地投入爱情怀抱不可自拔深受其害,可是我现在对班主任产生了一丝好感,我觉得班主任没有偏袒某个人,不把对我的成见当作是 kill 掉我的理由。

我也明白了,原来平等只是相对的,有一些表面上看起来比你还好的人,他们将获得更优先的资源。不要难过,其实你只是差他们一点点而已,甚至,根本没差。三年以后我更加肯定了这一点。从保研失败那一天起,我开始变得轻松,多了一份自信,同时也意识到竞争是有一些残酷的。如果我去深究保研这件事的幕后,我可能会伤心,还好我不会去深究,平等只是相对的啦。

2. 关于找工作

招聘会我几乎每场都去,大会、小会、大场、小场我都泡,像个观光客。任何情况下只要有招聘会的消息,我都一路杀过去。同学们这样描述我,"清水不是在去招聘会的路上,就是在从招聘会回来的路上"。去招聘会最大的功效是,把我从一个路痴升级成一本地图。

可惜,"地图"本人没有在招聘会上斩获任何 offer。沮丧地分析原因:我的简历还不错啊,薄薄的一页纸,简单到简陋,用人单位不可能嫌弃花哨的。内容也很紧凑,该表扬的我都自我表扬了,我那么积极地放送,居然没人回 call 我,是不是我手机号码留错了? 还是我手机没电了? 其实我心底有模糊的意识,一定是我自己出了问题,比如我连和用人单位对话的勇气都没有,我是一个偏向沉睡在自己世界的人,我怎么这么倒霉啊,开个口这么难么? 为什么其他人可以侃侃而谈我却不可以,为什么我没有办法强迫自己假装很健谈的样子,我是那么不善于伪装。

然后旁听一下招聘方和其他应聘人的对话。听他们对话的七成,就会听出一个意思来,心里就明白这个职位大概需要什么条件了。这时我大步流星把简历递进,多了一份自信,对方也似乎开始对我回报一丝笑容。问了几个问题,我都不紧不慢、不痛不痒地回答,既不热情也不冷场,因为我是一个偏向沉睡在自己世界的人吧。现在想起来那些答案好白痴,完全不切实际,不过还是得到了面试通知。我终于不再担心我的手机有故障啦。那时候网络还没现在这么发达,我没法去看别人的经验,纯粹靠自己瞎想,不过这样的瞎想我回味起来很有成就感,至少可以帮助我找到最适合自己的推销手段。明白了这些中小企业看的是最底层的需求,你可以满足我最当前的需求,我就录用你。而我呢,我真的是偏向沉睡在自己世界的人,因为我们家和公务员太有渊源的关系,我偏执地想在一个小小的企业里做人做事,我一个小小的人,不需要一个大大的位置。

直到我去了一家只有 4 个人的咨询公司试用 1 个月后,我才反悔,哦,我还是换个大点的公司好了。大四这个阶段因为找工作,选择工作,会做出很多反悔的事情,我们考虑到的因素越多就变得越不稳定。其实选择并没有对错,只要不是和自己太相克的公司,我们都可以做好,做到加薪,做到让老板肯定。如果我是先去了一家大型公司试用,那我现在估计就在一家小企业里做事情,因为我们总是对身边的事务产生不满,我们愿意去尝试改变,但是改变一次以后,就会发现其实改变环境不如改变你自己来得实惠。如果你想得到平等,先要放下挑剔的毛病来。

如果我是用人单位,我也会这么选。而对用人单位使用了溜须拍马一类手段的同学,我要说了,为什么要认为他们是在溜须拍马,为什么要认为他是在耍手段,那只是他们表现自己的一种方式,而对方又不反感这种方式,自然是一拍即合。如果你看不惯,你大可以换一家公司,或者忽视他的存在。除非在暗地里诋毁你,打击你,否则他仍然是一位不错的同学,还是那句话,又多了一段人脉,说不定哪天就能够帮助到你咯。

3. 关于公务员考试

关于公务员考试,有太多好帖子了,我小说一下下。我大四的时候公考还不怎么火,不过我准备公考倒是带动了我们班一大批有识之士加入,一时间成为我们班大热的几大项目之一,犹记得一干人等在图书馆练速度的拼命三郎样,借此结交几个好朋友也是很不错的美事。如果你要求公务员考试完全全平等,你就不要参加考试了。如果你相信只要努力,就会离成功近一点,那考公务员吧,反正不浪费你太多的时间和金钱。我的同学和朋友们有一些真的混得很不错。

4. 关于爱情

在去寻找王子的路上,我发现了一只非常非常可爱的青蛙,所以我们手牵手一起回家去了。我忽然有一点点感悟,其实有许多东西是金钱买不到的,虽然你赚不到饱满的人民币、美元,虽然你暂时还没有一个 full house,可是你依然可以幸福。幸福的感觉就是可以一起朝同一个方向努力。大四,我最明智的决定,就是把青蛙抓回家。如果你真的在乎一个人,请不要在大四的时候放开他的手,因为这一牵,正是一生的诺言。每个人都值得在大学拥有一次爱情,一定要哦。

5. 关于平等

从大四这一年开始,忘记你的考试成绩,忘记别人得到的奖状、奖学金,我们是平等的,机会也是公平的。记住这一句话,使我受益三年,你呢?

【经典推荐】

书籍:《49 位大学生的实习感悟》[①]

本书精选了近几年大学生参加各种社会实践活动的 49 篇优秀征文。这些征文都是他们结合自己的实习经历,提炼、总结出来的心得体会与感悟。每篇都是一个真实典型的故事,在校大学生可透过这些故事进行认真思考,从作者的描述中感受其中的酸甜苦辣,并从中受到启发和教育。每篇文章都附有专家的精辟点评,它既是对大学生实习情况的具体评点,又指出了在校大学生进行实习时应注意的问题。

---

① 赵泽兵,申现瑛主编.49 位大学生的实习感悟[M].北京:国防工业出版社,2008.

本书的主旨就是告诉广大大学生要通过实习体验,才能树立良好的就业心态、积累工作经验、培养吃苦精神、增强责任感和团队意识的道理,为将来更好地就业打下坚实的基础。本书按照大学生实习单位性质的不同,分为国有企业实习、民营企业实习、个体企业实习、事业单位实习和其他单位实习5个部分,每部分都配有导读内容,广大读者可了解各种单位实习的不同特点。

影片:《穿普拉达的女王》

影片《穿普拉达的女王》是根据劳伦·魏丝伯格(Lauren Weisberger)的同名小说改编而成,由大卫·弗兰科尔执导,梅丽尔·斯特里普、安妮·海瑟薇和艾米莉·布朗特联袂出演。影片于2006年6月30日在美国上映。影片讲述一个刚离开校门的女大学生进入了一家顶级时尚杂志社当主编助理的故事,她从初入职场的迷惑到从自身出发寻找问题的根源最后成了一个出色的职场与时尚的达人。

《穿普拉达的女王》犹如一本新人职场的教科书,它以时尚为介质,将择业的选择,家庭与事业的关联,职场乍看阳光下钩心斗角的暗潮,都融入在了一部电影中,而巧妙的是这些元素的编排,不但未有混乱冗长的感觉,反而让观众产生了对职场生活强烈的共鸣,这除了电影构思对真实贴近外,更源于梅丽尔·斯特里普将一个高冷老辣的时尚女王和她背后的孤独,那尤为出色、毫无作态的拿捏。

模块二　准职场人　轻松出校门

大学毕业就要进入社会去工作,作为新时代的大学生必须要去适应社会,不要眼高手低,不要瞧不起任何一项工作。有些大学生毕业后往往还是无所事事,靠家里供养,对待工作好像是宁缺毋滥。这其实是错误的,自食其力远胜过无所事事。因此,大学生不能人为地待业,也就是盲目追求理想化的职业岗位而主动放弃就业的机会。要为自己走进社会做好规划,为成为"准职场人"做好准备,同时更需要积极地去完善自己,更好去适应社会,奉献社会,服务社会。

【想一想】

1. 你是否已经准备好成为一名"准职场人"?

2. 你觉得成为"准职场人"需要满足哪些条件?

3. 你本人与"准职场人"的差距有多少?如何缩小此差距?

【知识链接】

一、成为"准职场人"

（一）什么是准职场人

所谓准职场人，就是按照社会对职业人的标准要求自己，初步具备职业人的基本素质，能够适应在社会的发展，即将进入社会的人。准职场人需要有积极的职业心态、严谨的职业道德、良好的职业习惯、优雅的职业礼仪。

（二）准职场人的角色认知

1. 从校园到职场——身处环境的变化

大学和职场是两种完全不同的文化，下表是两种文化差异的具体体现。面对差异，我们对自己的要求和定位有所不同。从个人身份来说，由大学里的学生角色转换为职场中的员工，相处的伙伴也由同学变成了同事，对我们布置工作的对象从老师变成了上司，角色的变化要求我们在自己的职业发展中独立完成个人专业的学习、专业技能的培养，协调各类不同文化背景的矛盾。

大学文化与职场文化差异对比表

大学文化	工作文化
弹性的逃课时间	更固定的时间安排
你能够逃课	你不能缺工
更有规律、更个别的反馈	无规律和不经常的反馈
长假和自由的节假休息	没有暑假，节假休息很少
对问题有正确答案	很少有问题的正确答案
教学大纲提供清晰的任务	任务模糊、不清晰
分数上的个人竞争	按团队业绩进行评估
工作循环周期较短：每周1—3次班级会面，每学期为17周	持续数月或数年的更长时间的工作循环
奖励以客观性标准的优点为基础	奖励更多是以主观性标准和个人判断为基础

2. 从学生到员工——个人身份的变化

从学校到职场，我们的身份从学生转变为员工，从知识的学习者到社会财富的创造者，从纯粹的受教育者成为社会责任的承担者。

知识的学习者到财富的创造者。大学生以学习和探索为主要任务，通过加强自身品德修养的锤炼来构建自己丰盈完整的精神世界，通过学习科学文化知识来探索智慧浩瀚的知识世界，以及锻炼自己的各项能力、培养自己全面的综合素质，创造属于自己的丰富充实的世界。走出校门，进入社会职场则进入另一个学习阶段，在这个阶段用大学时打下的基础进行新的学习，并用自己所拥有的知识、技能和自己的劳动获得报酬，创造社会财富。

受教育者到社会责任的承担者。学校里学生是受教育者，学校有相关行为规范对我们进行约束,学习、工作和生活中偶尔犯一些错误,学校和老师也是秉着教育的原则给予宽容,但职场中个人的丝毫不负责任的行为都会给企业、社会带来损失甚至造成危害,因此,对职业角色的规范会比学校的行为准则更为严格,在工作中所犯的错误,只能由自己承担相应的风险和责任。

3. 从同学到同事——相处伙伴的变化

从学校到职场,我们身边的伙伴由同学变成了工作的同事,人与人之间的关系也发生了变化,如下表所示。

从学校到职场同伴关系的差异表

你的同学	你的同事
相对独立地学习 朝夕相处 关系很密切,但有时冲突会很激烈 很少有直接的利益关系 对你有意见往往直接提出	与你一起组成工作团 主要是工作时在一起 彼此很客气,很少有直接冲突 经常有直接的利益关系 对你有意见往往委婉提出

4. 从老师到老板——领路人的变化

从学校到职场,我们面对的上司由老师变成了老板。老师和老板是我们学校和职场的领路人,但角色的差异决定了他们对待我们的方式也会有不同,如下表所示。

从学校到职场学习过程变化的对比表

你的教授	你的老板
鼓励讨论 规定完成任务的交付时间 期待公平 知识导向	通常对讨论不感兴趣 分派紧急的工作,交付周期很短 有时很独断,并不总是公平 结果(利益)导向

5. 从理论到实践——学习过程的变化

俗话说,活到老学到老,走出校园不是学习的终结,而是新的开始。对比校园和职场,我们学习内容和学习过程也发生着变化。如下表所示。

大学和工作学习过程的差异表

大学的学习过程	工作的学习过程
抽象性、理论性的原则 系统化、结构性的学习 个人化的学习	具体的问题解决和决策制定 以工作中发生的临时性事件和具体真实的生活为基础 社会型、分享性的学习

二、"准职场人"的基本要求

(一)"准职场人"的十个标准

(1) 具有正确的人生观、价值观、世界观;

(2) 以必需、够用为度,掌握必备的基础理论和专业知识,完成毕业论文写作;

（3）具有较强的实践能力，掌握适应本行业需要的多项职业操作技能，毕业时取得"双证书"，即一个毕业证、一个职业资格证；

（4）具有扎实的语言基础和极强的外语听说能力；

（5）综合素质高，具有较强的组织能力、交往与合作能力、创新能力、学习能力、适应社会能力等；

（6）取得计算机二级证书，具有较高的办公自动化水平；

（7）取得普通话二级乙等以上证书，具有较流利的口语表达能力；

（8）取得英语四、六级或国家组织的英语应用能力证书；

（9）具有良好的职业道德和敬业精神；

（10）体育达标。

（二）职场人的专业要求

首先，要具备一定的专业技能，以此为基础，才能够为企业创造产品、打造品牌，提供服务，从而赢得利润，像这样的准职场人如何不受欢迎呢？其次，要有较好的沟通能力。如现在的软件开发工程师进入企业后，有的成为开发人员，有的成为开发工程师，有的成为测试工程师，还有的成为项目经理，但这都少不了与客户进行交流，以及引导用户对各种形式进行分析，所以沟通能力越强，就越受企业的青睐。最后，需要有团队合作精神。俗话说："尺有所短，寸有所长"，一个人根本无法独立承担一个项目，尤其是标准性极强的行业，每个人只能完成部分工作，团队合作在很大程度上关系着企业的命脉，需要相互配合，来提高自己，要相信没有完美的自己，只有完美的团队。所谓"三百六十行，行行出状元"，踏入职场后我们会从事不同类型的工作，这对我们的专业有着不同的要求。根据未来我们主要从事职业的工作性质及专业特点，可将其分为四种类型：学术科研性工作、技术性工作、管理型工作和复合型工作。

1. 学术科研型工作

学术科研型的工作是以深厚的学科基础和全面的专业知识为背景，具有严谨的思维，能在基于前人研究的基础上提出自己对学科和领域范围内的独特见解，善于创造性地发现问题并对此进行严谨的实验研究和理论探索，能正确继承与创新的关系的工作。如高校里的教学与科研岗位、研究院、国家事业单位的政策分析、研究型的部门或岗位，企业里的研发部门、研发中心等都属于学术科研型的工作。

2. 技术型工作

技术型的工作主要是综合运用基础理论研究和应用现有的科学成果来解决具体的实际问题的工作。从事技术型的工作要求要更具有广泛而扎实的知识基础和动手操作能力，同时要具备分析问题、解决问题的能力。国家行政事业单位的政策性部门、企业里负责设备的维修和保养、产品检测等的一线的工程技术人员、为企业决策提供数据支持的财务分析人员等都属于技术型人才。

3. 管理型工作

管理型的工作是指从业人员综合运用组织、沟通、协调、控制等管理技能，对组织中的人和事进行资源调配，达到组织高效运作的工作。管理型的工作具有很强的实践性，要求有很强的在实际情境中解决问题的能力。在通用技能上，管理型的工作对组织、沟通、协调和领导能力的要求会更高。

4.复合型工作

复合型的工作是指需要从业人员运用不同学科领域的知识背景和多方面的综合能力处理各类人和事务的工作。在知识上,要求知识面广、基础宽厚,以及各类知识的融会贯通。从事复合型工作的人基本通晓两个或者两个以上专业或学科的基础理论知识和基础技能,这为多学科知识的融会贯通提供了条件。现代企业里复合型的工作很常见。研发和技术团队的项目管理就要求有技术和管理的双重背景,如果要从事某一领域的新闻工作,也要求有"新闻＋专业(新闻之外的另一专业)"的背景,如财经新闻有新闻和财经专业的知识背景,体育新闻在新闻专业的基础上,有体育方面的知识背景会更好等。

(三)职场人的职业心态

职业是参与社会分工,利用专门的知识与技能,创造物质财富、精神财富,获得合理报酬,满足物质生活、精神生活的一项工作,职业心态就是指要拥有你所属职业的行业道德规范和思想作风,不以个人喜好或心情作为职场工作标准的心态。它是一种能够被职场环境所认可的、积极向上的一种规范性心态,比如"空杯"心态、归零心态、感恩心态、责任心态、团队协作意识等。也就是对待工作的人生观、世界观、价值观。好的职业心态是营养品,会滋养我们的人生,积累小自信,成就大雄心,积累小成绩,成就大事业。有相当数量的人分不清个人心态和职业心态,凭自己的情绪,用自己的个人心态来对待工作。

(1)"空杯"心态。林语堂曾经说过"人生在世——幼时认为什么都不懂,大学时以为什么都懂,毕业后才知道什么都不懂,中年又以为什么都懂,到晚年才觉悟一切都不懂"。每个人要想应对时代和环境的变化,必须随需应变。而以变应变,就要求我们具有"空杯"心态。它是一种挑战自我的永不满足,时刻丰富填充着自己的知识和能力;它是对自我的不断扬弃和否定,以便于更加清晰客观地认识自我;它是忘却成功,学习变化,不骄不躁,螺旋式前进;它是不断清洗自己的大脑和心灵,不断学习,与时俱进。

(2)成就心态。把不可能完成的任务视为超越自我的挑战,工作就是将幻想变成理想,把理想变成现实,将所有不可能通过努力和技巧变成一种实实在在的可能。要给自己一个准确的定位,要为自己制定一个目标,要敢于去梦想,一个人连想也不敢去想何谈成功呢?

(3)宽容心态。宽容是一种豁达的人生态度,是一种巨大的人格魅力,是一种超凡脱俗的人生观。我们都知道太阳再耀眼也不能照到每个角落,月亮再柔美也有阴晴圆缺的时候,人无完人,要学会宽容,以宽己之心宽人。

(4)积极心态。万事万物都是阴阳同存的,积极的人,像太阳,照到哪里哪里亮;消极的人,像月亮,初一十五各不同。想法决定我们的生活,有什么样的想法,就有什么样的未来。

(5)付出心态。只要付出就会有回报,少说多做。舍就是付出,职业人要有是为自己做事的心态,舍的本身就是得。在职业发展中,付出是必须的,没有付出就没有进步,不断给自己增加筹码,才会有机会和市场谈判。

(6)平常心态。"不以物喜,不以己悲",凡事保持一颗平常心,学会控制自己的情绪。保持最佳脑功能(最佳的心理状态),使我们的心理与生理保持高度的相对平衡,使自我能力得到极佳的发挥。

（7）自律心态。立足现在，放眼未来，衡量局部利益与整体利益。能律己，也就意味着能理性思维，对各种情况都冷静考虑，是非轻重与衡量有依循标准，不致利令智昏，误了大局。律己力正是人成熟与否的重要标志。

（8）感恩心态。感恩是对别人所给的帮助表示感激。感恩是一种生活态度，是一种美德。它应是社会上每个人应该有的基本道德准则，是做人的起码修养，也是人之常情。常怀感恩心，一生无憾事。每个人、每件事的成功，都是在上级、同事、家人、朋友的关心下、支持下、帮助下、烘托下达到的，所谓养育之恩、知遇之恩、提携之恩，就是这个道理。

（四）职场人的职业礼仪

职场礼仪包括职业人必备的思想、知识、技巧等素质。一个人在社会中扮演什么角色，在不同环境中体现什么身份，都需要准确定位，然后根据要求设计自己的仪态、表情、行为举止、服饰、谈吐以及待人接物的方式。职业形象塑造是一个综合范畴，强调仪容仪表、语言谈吐和行为举止的整体和谐，它要求职业者能够娴熟地掌握社交礼仪，通过语音、举止、姿势、动作等传递自信、昂扬、妩媚、潇洒、优雅等多种信息，形成有文化、有内涵的职业形象，以一定的、约定俗成的程序和方式来表现律己、敬人的过程。

南开容止格言

面必净，发必理，衣必整，纽必结；

头容正，肩容平，胸容宽，背容直。

气象勿傲勿暴勿怠，颜色宜和宜静宜庄。

（五）职场人的职业道德与习惯

我们将道德与习惯放在一起，就是为了表明，道德并不是空洞的口号，道德在一定意义上讲就是行动和行为。良好的职业修养是每一个优秀员工必备的素质，良好的职业道德更是每一个员工都必须具备的基本品质，这两点是企业对员工最基本的规范和要求，同时也是每个员工担负起自己的工作责任必备的素质。那么，怎样才是具备了良好的职业修养和职业道德呢？

每个人平时都有习惯，但不一定是职业习惯，更不一定是符合要求的职业习惯。那么，哪些才是符合要求的职业习惯呢？

第一，早到公司。每天提前到公司可以在上班之前准备好完成工作必需的工作条件，调整好需要的工作状态，保证准时开始一天的工作，才叫不迟到。

第二，做好清洁卫生。做好清洁卫生，可以保证一天整洁有序的工作环境，同时也利于保持良好的工作心情。

第三，工作计划。提前做好工作计划利于有条不紊地开展每天、每周等每一个周期的工作，自然也有利于保证工作的质和量。

第四，开会记录。及时记录必要的工作信息，有助于准确地记载各种有用的信息，帮助日常工作顺利开展。

第五，遵守工作纪律。工作纪律是为了保证正常工作秩序、维持良好的工作环境而制定的，不仅有利于工作效率的提升，也有利于工作能力的提高。

第六，工作总结。及时总结每天、每周等阶段性工作中的得与失，可以及时调整自己的工作习惯,总结工作经验,不断完善工作技能。

第七,向上级汇报工作。及时向上级请示汇报工作,不仅有利于工作任务的完成,也可以在上级的指示中学习到更多工作经验和技能,让自己得到提升。

职业习惯是一个职场人士根据工作需要,为了很好地完成工作任务主动或被动的在工作过程中养成的工作习惯,也是保证工作任务和工作质量必须具备的品质。良好的职业习惯,是出色地完成工作任务的必要前提,如果不具备良好的职业习惯就不能按照要求完成自己的工作。所以每一个人都需要一个良好的职业习惯。

职业道德主要应包括以下几方面的内容:忠于职守,乐于奉献;实事求是,不弄虚作假;依法行事,严守秘密;公正透明,服务社会。

【探索训练】

世界 500 强职商测试之 EQ(情商)综合测试

这是欧洲流行的测试题,可口可乐、麦当劳等世界 500 强众多企业曾以此为员工 EQ 测试的模板,帮助员工了解自己的 EQ 状况。共 33 题,测试时间 25 分钟,最大 EQ 为 174 分。答案无好坏之分,请根据自己平时的反应作答,不要刻意研究题目,凭第一感觉快速选出答案,这样的成绩才真实有效。

第 1—9 题:请从下面的答案中,选择一个和自己实际比较相契合的答案,尽量少选中性答案。

1. 我有能力克服各种困难(　　　)
A. 是的　　　　　　　　B. 不一定　　　　　　　　C. 不是的

2. 如果我能到一个新环境,我要把生活安排得(　　　)
A. 和从前相仿　　　　　B. 不一定　　　　　　　　C. 和从前不一样

3. 一生中,我觉得自己能达到我所预想的目标(　　　)
A. 是的　　　　　　　　B. 不一定　　　　　　　　C. 不是的

4. 不知为什么,有些人总是回避我或冷淡我(　　　)
A. 不是的　　　　　　　B. 不一定　　　　　　　　C. 是的

5. 在大街上,我常常避开我不愿打招呼的人(　　　)
A. 从未如此　　　　　　B. 偶尔如此　　　　　　　C. 有时如此

6. 当我集中精力工作时,假使有人在旁边高谈阔论(　　　)
A. 我仍能专心工作　　　B. 介于 A、C 之间　　　　C. 我不能专心且感到愤怒

7. 我不论到什么地方,都能清楚地辨别方向(　　　)
A. 是的　　　　　　　　B. 不一定　　　　　　　　C. 不是的

8. 我热爱所学的专业和所从事的工作(　　　)
A. 是的　　　　　　　　B. 不一定　　　　　　　　C. 不是的

9. 气候的变化不会影响我的情绪(　　　)
A. 是的　　　　　　　　B. 介于 A、C 之间　　　　C. 不是的

第10—16题：请如实选答下列问题，将答案填入括号中。

10. 我从不因流言蜚语而生气（　　）

A. 是的　　　　　　　　B. 介于A、C之间　　　　　C. 不是的

11. 我善于控制自己的面部表情（　　）

A. 是的　　　　　　　　B. 不太确定　　　　　　　C. 不是的

12. 在就寝时，我常常（　　）

A. 极易入睡　　　　　　B. 介于A、C之间　　　　　C. 不易入睡

13. 有人侵扰时，我（　　）

A. 不露声色　　　　　　B. 介于A、C之间　　　　　C. 大声抗议，以泄己恨

14. 在和人争辩或工作出现失误后，我常常感到震颤，精疲力竭，而不能继续安心工作（　　）

A. 不是的　　　　　　　B. 介于A、C之间　　　　　C. 是的

15. 我常常被一些无谓的小事困扰（　　）

A. 不是的　　　　　　　B. 介于A、C之间　　　　　C. 是的

16. 我宁愿住在僻静的郊区，也不愿住在嘈杂的市区（　　）

A. 不是的　　　　　　　B. 不太确定　　　　　　　C. 是的

第17—25题：在下面问题中，每一题请选择一个和自己最切合的答案，同样的少选中性答案。

17. 我被朋友、同事起过绰号、挖苦过（　　）

A. 从来没有　　　　　　B. 偶尔有过　　　　　　　C. 这是常有的事

18. 有一种食物使我吃后呕吐（　　）

A. 没有　　　　　　　　B. 记不清　　　　　　　　C. 有

19. 除去看见的世界外，我的心中没有另外的世界（　　）

A. 没有　　　　　　　　B. 记不清　　　　　　　　C. 有

20. 我会想到若干年后有什么使自己极为不安的事（　　）

A. 从来没想过　　　　　B. 偶尔想到过　　　　　　C. 经常想到

21. 我常常觉得自己的家庭对自己不好，但是我又确切地知道他们的确对我好（　　）

A. 否　　　　　　　　　B. 说不清楚　　　　　　　C. 是

22. 每天我一回家就立刻把门关上（　　）

A. 是　　　　　　　　　B. 否　　　　　　　　　　C. 不一定

23. 我坐在小房间里把门关上，但我仍然觉得心里不安（　　）

A. 否　　　　　　　　　B. 偶尔是　　　　　　　　C. 是

24. 当一件事需要我做决定时，我常觉得很难（　　）

A. 否　　　　　　　　　B. 偶尔是　　　　　　　　C. 是

25. 我常常用硬币、翻纸、抽签之类的游戏来预测凶吉（　　）

A. 否　　　　　　　　　B. 偶尔是　　　　　　　　C. 是

第26—29题：下面各题，请按实际情况如实回答，仅需回答"是"或"否"即可，在你选择的答案后打"√"。

26. 为了工作我早出晚归，早晨起床我常常感到疲惫不堪。

是（　）　否（　）

27. 在某种心境下,我会因为困惑陷入空想,将工作搁置下来。

　　是（　）　否（　）

28. 我的神经脆弱,稍有刺激就会使我战栗。

　　是（　）　否（　）

29. 睡梦中,我常常被噩梦惊醒。

　　是（　）　否（　）

第30—33题:本组测试共4题,每题有五种答案,请选择与自己最切合的答案,在你选择的答案后打"√"。

答案标准如下:

1——从不　2——几乎不　3——一半时间　4——大多数时间　5——总是

30. 工作中我愿意挑战艰巨的任务。1　2　3　4　5

31. 我常发现别人好的意愿。　　1　2　3　4　5

32. 能听取不同的意见,包括对自己的批评。　　1　2　3　4　5

33. 我时常勉励自己,对未来充满希望。　　1　2　3　4　5

题号	1	2	3	4	5	6	7	8	9	10	11
选项											
题号	12	13	14	15	16	17	18	19	20	21	22
选项											
题号	23	24	25	26	27	28	29	30	31	32	33
选项											

[结果评分与解释]

计分时请按照计分标准,先算出各部分的得分,最后将几部分得分相加,得到的那一分值即为你的最终得分。

第1—9题,每回答一个A得6分,回答一个B得3分,回答一个C得0分,计(　　)分;

第10—16题,每回答一个A得5分,回答一个B得2分,回答一个C得0分,计(　　)分;

第17—25题,每回答一个A得5分,回答一个B得2分,回答一个C得0分,计(　　)分;

第26—29题,每回答一个"是"得0分,回答一个"否"得5分,计(　　)分;

第30—33题,从左至右分数分别为1分、2分、3分、4分、5分,计(　　)分。

我的总分是_____

如果你的测试得分在90分以下,说明你的EQ较低,你常常不能控制自己,你极易被自己的情绪所影响。很多时候,你极易被激怒、动火、发脾气,这是非常危险的信号——你的事业可能会毁于你的急躁,对于此,最好的解决办法是能够给不好的东西一个好的解释,保持头脑冷静,使自己的心情开朗,正如富兰克林所说:"任何人生气都是有理的,但很少有令人信服的理由。"

如果你的得分在 90—129 分,说明你的 EQ 一般,对于一件事,你不同时候的表现可能不一样,这与你的意识有关,你比前者更具有 EQ 意识,但这种意识不是常常都有,因此需要你多加注意、时时提醒。

如果你的得分在 130—149 分,说明你的 EQ 较高,你是一个快乐的人,不易恐惧担忧,对于工作你热情投入、敢于负责,你为人更是正义正直、同情关怀,这是你的优点,应该努力保持。

如果你的 EQ 在 150 分以上,那你就是个 EQ 高手,你的情绪智慧是你事业有成的一个重要前提条件。

职场新人的一天

一、活动目的

通过对未来职场环境的想象和展望,了解当下自己需要为今后的生活付出何种努力。

二、活动操作

静心体会,在心中编织一个未来,有梦才有明天。

现在来想象一下你工作第一天的情形。那时的你在哪里做什么呢?感觉一下那时的生活……准备好了吗?让我们一起进入职场幻境。

想象你来到了未来工作的第一天清晨……你刚刚醒来,你在哪儿_____;你听到什么_____;闻到什么_____;你还感觉到什么_____;有人与你在一起吗_____;是谁_____。

现在,你已经起床了,下一步要做些什么_____;现在,你正在穿衣服,请注意,你穿些什么_____。

现在,你正要去上班,你的心情怎么样_____;上班地点是在什么地方呢_____;你是用_____交通工具去上班;你对这地方的感觉如何_____。

现在,你到了工作地点了,在这儿你要做些什么_____;旁边有人吗_____;有的话,与你是什么关系_____。

现在,你回家了,有人欢迎你吗_____;回家的感觉怎样_____;你准备去睡了。回想这一天,你感觉如何_____;你希望明天也是如此吗_____;你对这种生活感觉究竟如何_____;过一会儿,请你回到现在,回到现实中来。

三、分享环节

请与同学或朋友分享幻游中的所见、所闻、所感。

1. 在与别人分享时,你对于别人的生活有何看法?

2. 你喜欢自己的生活还是羡慕别人的生活?

3. 要如何实现自己理想的生活呢?你的理想与现实匹配程度如何?

虽然这只是一次职场幻境,今后的生活和工作也是不可预知的,但是未来的生活其实就在脚下,思考未来,有助于自己去反省现在,并找到自己的生活目标。让我们提起青春的裙角,为梦想为更好的人生共舞吧!

【拓展阅读】

职业化人才的 MKASH 原则[①]

人才的职业化趋势日趋明显,一个人的职业化程度的高低决定了他未来的发展,是否具备职业化的意识和职业化的技能、知识,直接决定了发展的潜力和成功的可能。作为一个现代化的人才,必须紧跟时代步伐,用最新的理念和技能武装自己,以在激烈的人才竞争中获得一席之地,并能很快脱颖而出,获得更多的发展机会和更大的发展前途。

知名的国际战略专家林正先生认为,一个职业化的人才必须具备五项素质,分别是动机、知识、行动、技能和良好的习惯。

这五项技能的英文首字母组合为 MKASH,即所谓的职业化人才的 MKASH 原则。他将这五项必备素质比喻为一个车轮,象征车轮带动人才滚滚向前之意。

M,即 Motivation(动机),动机就像车轮的轴心,处于核心地位,动机的大小和强弱决定了车轮的运转速度和运行状况,积极心态的影响下的动机会加速车轮的运转,同样可以加速人才的成功与成长,反之,消极心态影响下的动机则对人才的成长不利,不但不利于人才的成长,反而起到了很大的破坏作用。所以我们必须正确认识动机对我们成功的激励作用,积极调整自己的心态,以积极的心态面对工作和挑战,不断激励与超越自我,实现我们的目标。

其余的 4 项素质就像车轮的 4 根撑条,支持车轮的运转。

K,即 Knowledge(知识),做任何一项工作,首先要具备的就是应对那份工作的专业知识,要做得好还得具备与其相关的其他知识,以形成自己的知识体系,支持工作的开展。我们说职业化的人才必须具备专业化知识,做管理的懂管理的知识,做财务的懂财务知识,做营销的懂营销知识,没有专业化的知识,无论如何也无法做到职业化,也就无法在激烈的竞争中得到认可,更谈不上发展进取。所以专业化的知识很重要。

A,即 Action(行动),具备了良好的动机、专业化的知识、熟练的技能水平是不是就可以呢?不是。接下来一个重要的素质就是行动的能力。有的人方方面面都比较优秀,知识水平很高,能力很强,可就是做不出出色的工作作业绩。

原因就出在行动能力欠缺上。汤姆·彼得斯说过:快速制定计划并采取行动应该成为一种修养。我们非常同意他的观点。要想成为一个职业化的人才,就必须改掉犹豫不决、瞻前顾后、拖拖拉拉的办事作风,在自己认准的事情上认认真真地采取行动,用行动来证明一切,而不是自己的惯性的假想。

S,即 Skill(技能),技能是支持人才开展工作的必要手段,只有知识,没有技能,也是寸步难行,试想,一个管理人员不具备沟通的技能,怎么与人沟通,怎么开展工作;没有交往技能,怎么与同事合作,怎么管理下属?这些都是我们必须掌握的基本技能,当然还有许多更高层次的技能需要掌握,要看我们做什么工作,技能的锻炼应该提高到与知识同等的高度,并高度重视,才可能将知识转化为力量,转化为效益。

---

① 白晓等编.大学生职业发展与就业指导[M].沈阳:东北大学出版社,2011.

H,即 Habit(良好的习惯),习惯决定命运,这句话一点都不夸张。职业化的人才必须具备良好的习惯,无论是学习还是工作,都要时刻注意自己的习惯,改掉曾经不好的习惯,慢慢养成职业化的行为习惯。良好的习惯给人美的印象和感觉,能在一定程度上帮助你成功。

具备以上五项素质的人才就像是加了油的汽车,有使不完的劲,朝着成功的方向前进。

作为一名准职业人,应该把自己所学的,从头到尾总结一下,彻彻底底思考一下,在现有的基础之上,熟悉什么,能做什么,是否继续发展还是换一个方向,如果在这一过程中,我们在某一方面长期坚持的东西离我们预想的结果有偏差,或者仅仅是停留在表面的状态时,那么我们就要思索了,中间是否有什么问题,还是自己是否有天分做这个东西,不至于到了最后无法控制。在此过程中,我们一定要有拿得起,放得下的勇气与魄力,当然,前提要考虑得很周全,来进一步更好地确定自己的发展方向。准备好了上述工作,我们应该出手了,写简历、应聘、面试、笔试及录用与否,一系列的问题,随之而有的各种心态,所以,想什么,做什么,一定要有计划,不能盲目从事,如果我们能把握住今天的话,那么我们就可以预见未来,你可以是一分钱,也可以是一座金山,在浩大的地球村里一定可以找到属于自己的一条路。

最终,我们应该学会享受生活,而不是整天在埋怨东与西,享受生活不单单指的是在花钱炫耀或者仅仅停留在物质上的一些享受,应该从很多的方面来不断地完善自己,那么,可能你周围的一切就是证明你生活品质的证据。

请记住,我们的享受来自一个富足的生活和同样富足的内心。

【经典推荐】

书籍:《走向社会》①

大学毕业生的就业工作,既受到了党和国家的高度重视,也成为广大学生及家长乃至全社会关注的热点。本书详细介绍了大学毕业生就业的形势、党和国家的相关政策和措施、大学生职业生涯规划、就业准备与技巧、自主创业等内容,并收录了与大学生就业相关的法律、法规及参考资料,有利于指导大学生毕业,更好地去适应社会,发挥自己的所长,处理人际关系,利于指导大学生就业,让大学生实现自己的人生价值。

本书内容翔实,贴近实际,可供大学生、教师、家长以及所有关心大学生就业的读者参考。

---

① 郭淑敏.走向社会[M].北京:中国宇航出版社,2010.

书籍:《大学生就业》①

本书共 16 个模块,主要内容包括职业生涯规划基本知识、职业生涯规划方法与步骤、自我探索、自我评估、情商修炼、如何塑造职业形象、素质拓展训练、就业环境分析与自我评价、就业前的心理准备、做好求职准备、攻克面试、了解就业相关的法律、征服你的第一份工作、创业要精心准备、创业实践以及成功职业生涯启示等内容。本书结构严谨、逻辑清晰、叙述详细、通俗易懂。

通过生动的叙述和案例分析,让学生在短时间内认清就业过程中的关键环节,帮助大学生树立正确的就业观和价值观,掌握就业技巧,顺利实现从学生到社会人角色的转换,为开创事业打下坚实的基础。

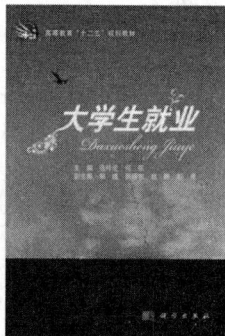

① 伍祥伦,何东.大学生就业[M].北京:科学出版社,2011.

择业素养　重提升

　　张爱玲在她著名的小说《红玫瑰与白玫瑰》中说："也许每一个男子全都有过这样的两个女人——红玫瑰与白玫瑰。娶了红玫瑰，久而久之，红的变了墙上的一抹蚊子血，白的还是'床前明月光'；娶了白玫瑰，白的便是衣服上的一粒饭粘子，红的却是心口上的一颗朱砂痣。"这就是一种艰难的取舍，也是一种生活的矛盾。其实人生就是这样一个艰难取舍的过程，正如我们当前即将面对的考研和就业，一个是红玫瑰，一个是白玫瑰，各有所利，不知如何取舍。考研之于学历，就业之于经验，两者同样重要，同样诱人。在日益激烈的社会竞争中，我们既想追求高学历，也想要工作经验，不可兼得时往往左右摇摆。不论是考研，还是就业或是创业，我们都得做好充分的准备，根据自身的实际情况，制定适合我们自己的人生规划，走好自己的每一步，实现自己的人生价值。

♥ 模块一　考研冲刺　筑梦求学路

　　考研是一场挑战自我、挑战极限的耐力赛。在考研初试前就主动放弃的人不在少数，很多人放弃考试的原因在于考研目的不明确、信心不够坚定。希望大家在萌发考研想法的时候先问问自己：我为什么要考研？有的同学是为了逃避就业而选择考研；有的同学是看身边的同学们都考研，自己也"跟风"加入考研队伍；也有的同学是想通过考研换个专业，从而改变命运；还有的同学是为了经历考研。其实无论你选择考研的原因是什么，如果一旦决定要为此而努力拼搏，那么就要把考研进行到底，只有坚持才会取得最终的成功！认真思考，如果考研，现在需要我们做些什么？如何制定有效合理的考研计划？如何保持考研的动力，调适好自己。

【想一想】

1. 如果考研,现在需要我们做些什么?

2. 需要制定考研计划吗?

3. 考研过程很艰辛,如何调适自己?

【知识链接】

一、考前准备

(一)正式开始准备考研前该做什么

1. 院校的选择

院校的选择,是考研的第一步。在选择学校前,首先得弄清以下几个问题,那么择校的问题就迎刃而解了。

一是我国大学的等级与区划问题。从学校的管理体制来讲,主要包括隶属关系,经费来源等,我国的大学主要分地方高校和中央部属高校。省、自治区、直辖市人民政府为主管部门、并由其保障办学经费来源的高校为地方高校;国务院教育行政部门和国务院其他有关部门为主管部门、并由其保证办学经费来源的高校为中央部属高校。根据现代化建设需要和培养创新型高层次人才的需要,建设世界一流大学,我国的高校又分为"211 工程"大学和"985 工程"大学。其中,211 工程大学有 100 多所,985 高校一期工程和二期工程大学一共 30 多所。经过这样的划分,我国大学的"优势兵团"就显露出来了。在中国的研究生招生中,还有一个独特的现象就是分地区划线问题,分为 AB 两个区,每个区的国家基本线略有不同,呈依次降低的趋势。

二是用人单位的招聘条件。虽然能力与学校并无直接关系,但一些用人单位在招聘时抱有名校情结与偏见。在招聘中,有的单位开出的首要条件便是毕业于"211"或"985"大学。虽说外企 500 强看重能力,但是他们同样看好牌子,这就是名牌效应。

了解了上面的情况,对于院校的选择大家心中应该有一个大致的框架了,接下来要做的是如何查询和选择学校的问题。

首先,可利用人脉关系了解所报考的院校。人脉也是"生产力",能帮你提高成绩。如果决定报考哪个学校,你可以向在那个学校读研的同乡或已考上研的学长、学姐询问。关于院系的导师情况、就业问题、学术风气问题等,也可以向你的大学老师求助。

其次,利用网络了解院校。网络是最便捷的信息查询工具。你可以登录想报考的学校网页,查询招生简章,了解历年录取情况、导师简介、联系方式及如何能得到复习资料等方面的信息。你也可以到中国研究生招生信息网查询,这里是各高校发布各种考研信息相对集中的官方途径,包括调剂信息。

每年七月,各学校的招生简章陆续公布,这时要注意关注考研参考书目有无变化,招生人数有没有增减的情况。信息确定以后,基本上心中的学校就出来了。选好学校之后,要多关注拟报考学校考研的最新信息,搜集专业考试方面的资料,并利用好相关的人际资源,一方面从考上研究生的师哥、师姐那儿了解信息,另一方面如果能和导师联系上,得到他的专业指点,无疑会如虎添翼。但这也非易事,因为导师一般都很忙,倘若有幸联系上也应注意沟通的方式,再次,参加考研的同学们也可以共同交流学习经验和共享学校专业的相关信息,相互帮助、鼓励督促更有助于考研准备。

2. 专业的选择

对于专业的选择,希望大家能进行以下几个问题的思考:

(1) 为何喜欢这个专业?

与本科阶段的基础教育不同,研究生阶段需要深入地就某个方面进行研究,并对该方向涉及的所有理论进行深入了解和挖掘,而缺乏兴趣的研究是很难发现问题的。即使在别人的引导下可以一头扎进理论知识的海洋中,但早晚也会被枯燥无味的理论淹没,葬身其中。面对考研,面对专业的选择,很多时候真的要认认真真思考,"感兴趣"并不意味着"盲目地喜欢",对于所学专业的兴趣,不像对一个人或一件事物那样,没有理由地喜欢,这种喜欢需要理由,而且需要详细的、具体的理由。

(2) 对于感兴趣的专业,又了解多少?

在刚刚萌发了报考某个专业的想法后,就要好好思考,这个专业是否是你感兴趣的? 你对该专业有多少了解? 这个专业在全国有哪些院校开设? 每个院校具体开设的课程都有什么? 该学校这个专业在全国范围内的研究情况和影响力是怎样的? 接着,就可以从这些遍布全国范围的院校中确定几个目标,比如可以选择开设的课程跟你期望的方向比较一致的,还可以选择该专业在全国影响力较大的院校等。然后,了解目标院校近几年该专业详细的录取记录,目标院校该专业的导师情况。

(3) 你的选择是否符合个人的实际情况?

在详细地了解自己感兴趣的专业,明白了自己喜欢的、想做的是哪一方面的研究之后,接下来一个最重要的问题就是你是否有实力应对你选择的专业。有的同学说我就是喜欢北大,我就是想考北大的光华管理学院。但实际呢? 没有任何的数学基础,英语连最基本的四级都没有通过,这样的目标定与不定有什么区别呢? 这样的付出怕只能是付之东流了。别人再鼓励你坚持自己的兴趣,自己的实力也只有自己清楚。

思考完这三个问题,关于兴趣与现实的选择,你有答案了么? 其实选择已经变得简单了很多,我们支持按照兴趣来选择专业,然而,兴趣不是盲目地喜欢,是建立在了解基础之上的,是属于理智的喜欢,而不是"我这个人不懂音乐,所以时而不靠谱,时而不着调"。

3. 学术型硕士和专业型硕士的区别

普通意义上的研究生专门指学术型硕士,专业型硕士是国家 2010 年之后才开始招生的。学硕和专硕的主要区别如下:

	学硕	专硕
培养目标	培养科研人员为主	理论研究和实践应用
培养方式	侧重基础理论学习	实际应用
学习方式	学年制 3 年	学年制 2 年
文凭颁发	学位证和学历证	学历证,硕士学位证书前面有 Z 字样
招考条件	应届生往届生皆可报考	个别专业不许跨专业、需要工作经验

	学硕	专硕
学费差异	8000—10000 元	8000—15000 元
难易程度	难度较大	难度较低
招生比例	招生比例相对减少	招生比例增加,目前约为 42%

（二）课程复习的安排

考研共有四门课程,政治和英语是必考科目,满分都是 100 分;考数学的同学只选考数学一、数学二、数学三,满分是 150 分外加一门专业课,满分是 150 分;不考数学的同学考两门专业课,满分都是 150 分。政治、英语、数学是国家统一命题,专业课是所报考院校、报考专业的导师命题。数学包括高等数学、线性代数、概率论和数理统计,但是不同的专业要求不一样,一定要在复习数学教材前先了解考研数学包含的内容,不要浪费时间看那些考研根本不要求的内容。英语、政治文理都相同。以上三门公共课,并不是所有的人都要考,数学只是理工农类和经济管理类这两大类的专业才要考,其他专业都不要考。如果你要考三门公共课,则只有一门专业课,指定参考书在 5 本上下浮动;如果你只要考两门公共课,则你有两门专业课,指定参考书在 5 到 10 本左右,可以参阅各校的报考指南。

（三）考研报名

考研报名包括网上报名和现场确认两个阶段。网上报名一般是在每年的 9 月预报名,10 月正式报名,现场报名确认在每年 11 月。考生只填报一个招生单位的一个专业,待考试结束,教育部公布进入复试基本分数要求后,考生可通过"中国研究生招生信息网"调剂服务系统了解招生单位的生源缺额信息并根据自己的成绩再填报调剂志愿。国家会按照 A、B 类地区确定考生参加复试基本分数要求。报名时要特别注意,选择考点要仔细,一般在所在学校所归属的考点内考,要么就回自己的生源地考,其他考点有的是不接受大四的学生的,如果考点选错,直接会导致无法参考。

二、考中应对

（一）考研的初试时间及考试科目顺序

全国硕士研究生入学考试安排(仅供参考,以实际公布为准)			
时间	12 月最后一周周末	地点	一般在中小学或者高校
	周六		周日
上午	政治(3 小时)		数学或专业课一(3 小时)
下午	英语(3 小时)		专业课或专业课二(3 小时)
注意:请各考生考前提前半天去考点熟悉考场			

（二）考完一门，放下一门，坚持下去

过分纠结前面的考试对之后的考试有百害而无一利，只会给之后的考试徒增压力还影响发挥，因此学会考完一门，放下一门，更积极地投入复习，准备下一门考试才是明智之举。对于考过的科目，再反复的回忆并不能有什么改变，而未考试的科目反倒会决定最后总的成绩，所以理智权衡利弊后放平心态才能更好地考出令自己满意的成绩。在考一个科目之后，大家应该学会调节自己的心态，不被之前的失误所左右，保持对自己的自信，每一门考试都做到全力以赴。

（三）遵守考场秩序

对于大学生而言，考场的纪律秩序都早已熟记于心，但是在考研考试这种紧张的氛围下，可能因为发挥失误或是考前紧张而造成不少难以预估的情况，所以在考前再注意一遍考场秩序也是必要的。

三、复试准备

（一）成绩查询

第一时间查询自己的考研成绩和成绩排名（有的学校公布，有的学校不公布，不公布的话最好是托原来的师兄、师姐或者老师打听一下），以便能更好地了解自己的情况，与往年的考试成绩和国家线以及各个学校的最终录取分数线做比较，综合分析能够进入所报考学校复试的可能性。

（二）自我定位

成绩出来后第一时间进行自我定位。我们不能坐等国家线出来才做这个事，要提前考虑，可以将成绩与去年、前年的国家线比较，大致可以归类到以下一些情况：

（1）以往年做参考，分数高于国家线，进入报考学校复试概率很大，且排名靠前（有此类情况的同学主要是认真复习，准备复试，千万不能掉以轻心，要做好充分准备）；

（2）以往年做参考，分数高于国家线，在报考学校复试边缘的，且排名靠后（有此类情况的同学在认真准备复试的同时，还需要积极了解调剂信息，不能等到复试结果出来后再去联系调剂学校）；

（3）以往年做参考，分数高于国家线，进入复试可能性很小的（有此类情况的同学原来报考的学校复试内容要兼顾，但是重心可以放在调剂及调剂后的复试上，越早关注信息越好）；

（4）以往年做参考，分数低于国家线的（有此类情况的同学，其中如果有可以申请破格的，可以想办法申请破格；对于没有上线的，可以先就业，同时好好复习准备明年再战）。

（三）准备复试

首先，要了解复试内容，确定复试时间。复试重点考查学生的科研潜力和综合能力，在内容上包括英语听力和口语、专业基础知识应用、专业技能的掌握、心理素质等综合素质，在形式

上以面试为主,有的包括笔试、专业技能、实验操作等。国家初试分数线3月底确定,其后各高校根据招生计划和考生成绩确定本校复试分数线和复试办法,一般复试时间在4月上旬。因而,我们要在这个时间经常浏览招生单位网站,及时获取复试信息,尽早准备。

其次,要充分准备复试。一是复试前进行系统的英语口语训练,提前准备一份中英文自我介绍非常重要,复试的时候都会需要的。二是了解本专业的研究动态和学术热点。复试本身考查应试者的知识积累和科研发展潜力,因此要想给导师留下好印象,必须熟悉报考专业情况,包括研究现状、进展情况、学术热点等。另外,我们还要着重了解导师研究的侧重点,多了解一些导师的学术论文和科研成果,熟悉导师的主要观点。三是请教往届的师兄、师姐,这样可以从侧面了解一下往年复试的情况,做到心中有数。四是在复试中要保持良好的形象,衣着要干净整洁。当然复试不是选美,也不可以刻意打扮,浓妆艳抹。在面试时要保持自信,沉着应对,不要紧张。另外,要做好调剂录取的准备。由于研究生录取实行的是差额复试,不可能人人都通过,因而要做好落选的准备,万一没有通过招生单位的复试,应该早做打算,考虑参加第二志愿学校的录取,或听从导师的建议读其学校其他导师的研究生,尽早联系调剂事宜。

(四) 联系调剂

联系调剂工作非常关键,调剂就是在和时间赛跑,宜早不宜迟。

(1)收集调剂学校的信息。根据以往的经验,一般前几年接受调剂的学校,继续接受调剂的可能性更大一些。收集接受调剂的学校可以通过以下一些渠道:通过研招网(中国研究生招生信息网)或其他网站关注调剂信息,登录调剂系统查询;关注学校网站;直接致电学校研招办,电话咨询研招办老师是否有调剂名额;通过专业课老师,以前毕业的师兄、师姐打听调剂信息;直接联系导师。

(2)主动出击,提交调剂申请。

(3)慎重给出决定。我们在调剂的过程中,有可能会拿到多所学校的复试通知,只要时间不冲突,建议都可以去试试。但复试结果并不是同一时间出来的,建议大家不要轻易地答应哪所学校,可以等自己最想去的学校出来结果再决定。

【探索训练】

考研自我觉察问卷

下面的问题可以帮助你深入地思考一些关于考研的想法,请按照你的第一印象作答。

1. 你当前对考研的意向如何?( )

A. 已经十分明确   B. 比较明确,但有改变的可能

C. 仍然正在犹豫   D. 没有考研的打算,只是备选方案

2. 你认为社会对研究生的认可度怎样?(   )

A. 比本科生好   B. 一般般,除非是重点院校的

C. 和本科生貌似区别不大

3. 对于考研热你有什么看法?(单选题)(   )

A. 自我安慰，能加自信　　　　　　　B. 积累资本，多些机遇

C. 浪费时间精力　　　　　　　　　　D. 盲目跟风

E. 其他，请注明_____

4. 你选择考研，是因为（多选题）（　　）

A. 觉得工作不好找，想避开就业的压力

B. 通过考研来提高自己的学历

C. 觉得自己本科阶段没学到多少东西，通过研究生的学习来得到所需

D. 为了进一步充实完善自己的大学生活

E. 为了将来能找个好工作

F. 对目前的专业不满意，想通过考研来改变自己的专业

G. 为了和男/女朋友在一起

H. 希望通过上研能拥有不错的收入

I. 为了提高自身素质

J. 为了改变家庭现状

K. 为了实现父母的期望

L. 家人都是高知群体，逼不得已

M. 提升家庭和自身的社会地位

N. 是社会形势所逼

O. 为了证明自己的实力

P. 周围同伴影响

Q. 其他，请注明

5. 考研时你最先考虑哪些因素？（多选题）（　　）

A. 学校　　　　　　B. 专业　　　　　　C. 城市　　　　　　D. 其他

6. 你从什么时候开始想考研的？（单选题）（　　）

A. 大一　　　　　B. 大二　　　　　C. 大三　　　　　D. 大四　　　　　E. 大学之前

7. 你选择的学校是（单选题）（　　）

A. 国内的专业顶尖水平学校　　　　　　B 国内著名学校，985 或 211 高校

C. 本学校　　　　　　　　　　　　　　D. 没想

8. 你在考研时的专业和学校的选择是（单选题）（　　）

A. 本校本专业　　　　　　　　　　　　B. 外校本专业

C. 本校跨专业　　　　　　　　　　　　D. 外校跨专业

9. 对自己专业对口的学校了解吗？（单选题）（　　）

A. 不了解　　　　　　　　　　　　　　B. 了解很少

C. 了解大概　　　　　　　　　　　　　D. 全面了解

10. 你主要通过什么方式了解考研信息？（　　）

A. 自学　　　　　　B. 网络　　　　　　C. 同学和老师

D. 书刊　　　　　　E. 参加辅导班　　　F. 其他，请注明_____

11. 对于考研，你认为应具备什么条件？（多选题）（　　）

A. 学习基础 　　　　　　　　　　　B. 心理素质

C. 身体素质 　　　　　　　　　　　D. 经济基础

E. 其他_____

12. 你对所要报考的院校了解多少（单选题）（　　　）

A. 不了解 　　　　B. 了解很少 　　　　C. 了解大概 　　　　D. 全面了解

13. 你考研的动机(目的)是什么？（多选题）（　　　）

A. 提高自身学历和能力

B. 缓解就业压力,提高就业砝码

C. 不喜欢本科专业,想学习其他感兴趣的专业

D. 觉得本科学校名气太小,想考一所名牌大学

E. 为了自己的兴趣想进一步学习

F. 自己没什么想法,只是家里人的要求

14. 你认为考研能给你带来什么？（多选题）（　　　）

A. 社会地位提高和名誉

B. 新鲜感,与不同人接触

C. 深造的机会和空间

D. 开阔视野、提高认识

做完以上问卷后,你觉得自己的考研目标坚定吗？在你的考研之路上还有什么没有准备好？你将付出怎么样的努力呢？

答：_____

_____

【拓展阅读】

考研明星宿舍养成记①

　　2015 年 5 月,"考研宿舍"、"学霸宿舍"、"考研四剑客"这些溢美之词,让宿迁学院 20 栋 126 宿舍的 4 名男生在校园声名鹊起。其中,殷昊被苏州大学录取,张雷被上海理工大学录取,奚家祥和陈晨同时被江苏大学录取。126 宿舍被所有人称为"考研明星宿舍"。

　　早上 7 点起床,一起去食堂吃早饭,7 点半到自习室复习,11 点半去吃午饭,12 点午睡,下午再集合去自习。墙上的倒计时,书桌上堆得一尺多高的复习资料,一天都不摘下去的套袖……他们说这是考研的节奏。在这里大家一切动作都会很谨小慎微,离开座位时会把椅子抬起再向后拉,手机都由震动改成了静音,"一天天静坐式的复习,大家都有些烦躁,有一点点声音都会闹心。"张雷解释说。

　　考前两个月,他们早上起得比以前更早了,往往 6 点就起床,晚上 11 点半才回宿舍。虽然

---

① 来源中国研究生招生信息网: http://yz.chsi.com.cn/kyzx/kyrw/201505/20150520/1467547226.html.

考研之路有些艰辛,但是4个男生相互扶持。他们说:"考研的日子单调、平淡,每天过着三点一线的生活,日子就像是被复制一般,时间久了,会容易产生倦怠感,但看到同宿舍的人都在努力,自己也不能落后,就继续努力了。"

考研复试心理调适方法推荐

一、自我辩论,训练自信心

〖出镜人物〗

某女生,报考某重点大学的研究生,初试成绩一般。

〖考生心语〗

我复习考研时心情还比较坦然,可现在内心反而开始忐忑不安,初试是笔试,只要努力,就有可能过关;可复试需要考查英语口语和综合素质,我只是一个普通院校的学生,英语口语和综合素质肯定不如别人,离考试时间越近,我就越担心自己的能力是否可以胜任这次考试。我真害怕到时一句英语也听不懂,一个问题也回答不上来……

〖心理解析〗

一些产生考试焦虑的学生,往往有许多消极的自我意识。他们总是有意无意地把自己的短处与别人的长处相比,自叹不如,自我指责;他们甚至怀疑自己的能力,对自己的目标失去信心。这些消极的自我意识会使他们否定自我,产生考试焦虑。

〖化解方法〗自我辩论法,自信心训练

自我辩论法就是首先明确引起考试焦虑的自我意识,然后向这种消极的自我意识挑战,把它们排出意识领域,帮助自己保持轻松愉快的心情,克服考试焦虑,积极备考。

例如上述案例中的女生,就可以这样进行自我辩论:"这种担心有必要吗? 毫无必要。自己虽然来自普通院校,但是初试不也通过了吗? 这至少证明了我虽无很高的天赋,但起码也是正常的。再说了,英雄不论出身,谁说普通院校的学生就一定不如别人呢? 因此,我只要认真复习,好好准备,就一定能够通过复试,我现在不应该为这种无端的忧虑而苦恼。

此外,还可以做自信心训练。苏联举重冠军瓦西里·亚历山耶夫有这样一句名言:"在举起杠铃之前,我必须在精神上把它举起来。"考研复试也是一样,相信自己的力量,是取得成功的重要条件。实践证明,自信心越强,竞争欲望越强,焦虑的程度就会越低。要增强自信心,可以经常给自己一些积极的自我暗示:写下3~5句简短、明了、激励自己的话。

二、关注过程,以"瓦伦达心态"对待复试

〖出镜人物〗

王同学,来自农村,父母对她有很大的期望,报考某高校的研究生,初试成绩一般。

〖考生心语〗

从初试完到现在,我基本没有好好看过书,我来自农村,父母为我上大学牺牲了很多,我真担心自己要是复试过不了,该怎样对他们交代? 还有我的同学、老师,他们会怎么看我? 为了考研,我根本没有时间去找工作,要是复试过不了,我的前途就没了。

〖心理解析〗

这也是考试焦虑的一种典型表现,很多考生往往赋予考研太多的意义,认为一旦考研失

败,就会带来很多消极的后果,甚至认为前途就完了。太过沉重的包袱,往往会给人很大的压力,让人喘不过气来。对结果的过度关注,总是让人不能体验过程的快乐,不能专心致志地做一件事情,最终影响目标的实现。

〖化解方法〗保持"瓦伦达心态"

瓦伦达是美国走钢索的杂技演员。钢索一般悬在离地几十米的高空,没有任何人身安全保护措施,还有来自风雨等不利因素的干扰,人在上面行走,其危险程度可想而知,但他始终能获得成功。对此,瓦伦达说:"我走钢索时从不想到目的地,只想着走钢索这件事,一心一意地走好钢索,不管得失。"后来,心理学上把这种专注于做自己的事情,不为其他杂念所动的心理现象称为瓦伦达心态。这种心态在我们准备复试的过程中,也是非常有效的。不管你的初试成绩如何,不管最终的结局如何,你现在所能做的就是静下心来认真复习。无谓的担心,只能让成功离你越来越远。

三、"不抛弃,不放弃",坚持就是胜利

〖出境人物〗

张同学,报考某重点大学的研究生,初试成绩刚刚过线。

〖考生心语〗

我的初试成绩这么低,"出身"又不好,复试肯定会被刷下来,有什么好准备的,白费我那么长时间准备初试,早知道就不考了。

〖心理解析〗

这是很多初试成绩在悬崖边上的考生的想法,在最终结果还没有出现之前,他们往往自己已经放弃了。

〖化解方法〗"不抛弃,不放弃"是你最难被剥夺的武器

考研看的是最后的成败,既然事情还没有盖棺定论,既然事情还有可塑的余地,聪明的人就会选择尽力争取,这是复试决胜最可贵的精神,也是你最难被剥夺的武器。坚信自己能笑到最后,并以巨大的热情将要做的事情有条不紊地做到位。坚持努力到最后一秒,这本身就是胜利。因此,初试分数低的同学也不要期望值太低,既然你已经通过复试,说明你是优秀的。沉着应考,认真准备,把思想包袱抛开,事情反而会容易许多。借用《士兵突击》里面的一句话:"不抛弃,不放弃",相信坚持的力量,相信只要努力,成功就会离你越来越近。

【经典推荐】

书籍:《风雨考研路》[①]

《风雨考研路》为《中国名校硕士谈考研丛书》最新修订第13版。10多年来,该丛书已成为考研图书的知名品牌,在考研群体中享有很高声誉。与目前流行市面的大量直接针对具体科目的考研书籍不同,本丛书的最大特色是由考研成功者以过来人的身份与后来者交流心得体会,共收录全国三十余所著名高校的数十位研究生(部分为博士生)的文章,其中部分作者系

---

① 桑磊.风雨考研路[M].北京:北京航空航天大学出版社,2014.

入学考试专业第一名。多年来，许多文章在考研者中已成为脍炙人口的名篇。

《风雨考研路》多角度地展现了考研者的奋斗历程，体现了对考研群体的独特人生体验的关注，反映出当代中国青年拼搏奋斗的进取精神，读来催人奋进，希望能为考研者们提供精神上的支持。其中部分作者为大学本科毕业直接考取研究生，也有一些作者曾经是教师、医生、记者、机关干部、下岗职工，他们回顾改变人生命运的考研岁月，并进而反思考研，探讨人生意义。

自 2000 年起，本书历经 10 多次修订，数万名考研者在她的激励下实现梦想，开创成功人生。第 13 版在第 12 版的基础上，更新了大部分文章，以使本书与时俱进，适合即将考研的学子。本书不仅适合于即将考研的高年级本科生和在职人员，而且对计划考研的大一、大二学生及自考生也有重要的指导意义和参考价值。

影片《百万美元宝贝》

《百万美元宝贝》(Million Dollar Baby)是克林特·伊斯特伍德在 2004 年制作的电影，克林特·伊斯特伍德、希拉里·斯万克与摩根·弗里曼等人主演。该片获得第 77 届奥斯卡金像奖最佳影片、最佳导演、最佳女主角、最佳男配角等奖项。

影片讲述了一位有名的拳击教练法兰基因为太过于投身于拳击事业而陷入了长期的自我封闭和压抑，一位学徒麦琪坚毅的决心软化了法兰基并成为出色的女拳击手。这部电影的导演给力，演员精彩，题材新颖。伊斯特伍德一贯的从容不迫在电影里得以充分展现：所有线索都在安静而迷人中慢慢展开，然后汇集组织成一个压倒性的高潮。影片并没有过多地集中在对拳击问题的道德讨论上，而是更深入地触及了人性：选择、饶恕、执着和放弃。在演员方面，摩根·弗里曼发挥得淋漓尽致，一位早已对人生无望的年迈拳手忽然间发现最后表现的舞台时那份惊喜和哀婉被他以独特的方式展现出来。

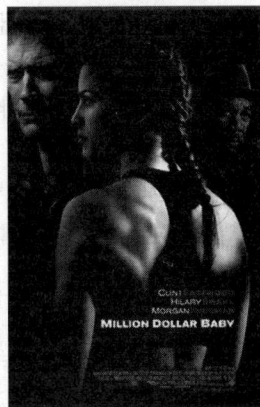

模块二　择业准备　选好未来路

职业是个人存在与发展的基础。在人生的道路上，每个人都面临着谋求职业的困惑。人生的价值，一定意义上就在于职业生涯方面的成功和成就。大学生的择业准备主要是指大学生进入毕业学年，为择业而做的各种准备。择业准备一方面是大学生求职择业的基础，做好必要的择业准备，才有可能产生相应的求职择业行为，有助于我们选择一个理想的、合适的职业，实现求职目标。另一方面，择业准备是社会发展的客观需要，是新的就业形势下提出的新要求。因此，大学生只有做好充分的择业准备，掌握一定的就业技巧，学会调适自己的心理，才能获得社会和用人单位的接纳和认可,从而顺利就业,实现自己的人生价值。

【想一想】

1. 我可以做什么工作?
2. 面对择业,我该做哪些准备?
3. 如何才能找到适合自己的工作?

【知识链接】

一、就业准备

(一)就业信息的收集

收集就业信息,一般有以下几个途径:

(1)学校的就业指导中心、学校就业网站;

(2)班级 QQ 官方就业群,辅导员发布的就业信息,班级同学发布的就业信息;

(3)学校举办的招聘会以及各类毕业生就业市场;

(4)利用各种“亲友团、门路”(“亲友团、门路”不能简单归之于走后门而一味加以排除。这里“亲友团、门路”实际是指就业中的途径、渠道);

(5)有关就业指导的报刊、图书(如:教育部高校学生司和全国高校毕业生就业指导中心主办的“毕业生就业指导”报、“大江南人才”等)。

(6)各类有用的招聘网站等。

(二)求职信的撰写

求职信被称为大学生求职的“敲门砖”,用人单位会根据求职信来判断毕业生是否适合用人单位的需求,因此,写好一封求职信对于大学生求职显得尤为重要。

(1)求职信的格式:一般分为标题、称呼、正文、附件和落款五部分。

(2)求职信的内容:标题、称呼、主体。

其中主体主要包括:a. 简单自我介绍;b. 说明求职信息来源;c. 说明应聘职位;d. 说明能胜任该职位的原因;e. 暗示发展前途及潜力。

结束语后通常要写上表示祝福或敬意的话,如“此致”、“敬礼”、“祝工作顺利”、“静候佳音”等,然后署名、日期(日期一般用阿拉伯数字,并且要把年、月、日写上)。

(3)求职信的篇幅不宜太长,一般在 1000 字左右为宜。写作时,应把握如下规则:① 内容直奔主题,不要写煽情的话;② 应聘不同的雇主和行业,你的求职信要量体裁衣,不能以不变应万变;③ 提出你能为未来雇主做些什么,而不是他们为你做什么;④ 集中精力于具体的职业目标;⑤ 不要说不着边际的大话,不要写没有实力的空话;⑥ 不应超过一页,除非你所应聘的公司向你索要进一步的信息;⑦ 对任何打印或书写的文字都要仔细校对。

（三）个人简历的撰写

所谓简历，就是概括介绍毕业生个人基本情况，并对毕业生的技能、成就、经验、教育程度、求职意向做一个简单的总结。一份成功的简历，往往在瞬间即能抓住用人单位的心，赢得机会，增加被录用的砝码。下面对普通简历与优秀简历进行列表分析，供大家思考。

	普 通 简 历	优 秀 简 历
校徽	大部分有	通常没有
标题	"简历"或"个人简历"	有自己的名字、应聘职位等
相片	形式花哨，千姿百态	实在
个人信息	极为全面，甚至像人口普查，有的则像征婚启事	简洁，三行标明最主要的信息，包括联系地址、电话、E-mail 等
求职目标	大部分无	有
教育背景	加上很多课程名称	由近及远写毕业院校，不写课程名称
实习经历	较多，是一些事情的堆积，而没有轻重之分，也不对其进行详细介绍	实习经验有主次之分，在一家公司实习的关键事件不超过 3—4 项
项目经历	较多，是一些大小事情的堆积，而没有轻重之分，也不对其进行详细介绍	选择与应聘职位相关的项目经验
学术研究	长篇累牍，散乱无章	按照学术论文书写规范，标明第几作者，如 EI 检索/SCI 收录/IEEE 收录
专利成果	长篇累牍，散乱无章	注明专利名称
竞赛实践	长篇罗列，各种性质的竞赛混在一起	选择性地选择与应聘岗位相关的竞赛，并选择关键性竞赛做详细描述
校内/社会工作	大篇书写与专业无关的学生工作经验和社会实践经验	简洁明快，清晰自然
获奖情况	一部分有，一部分没有，罗列较多，没有归纳，没有分析	基本都有，除了描述之外还有对各种奖项的归纳、分析
个人技能	罗列较多，没有突出自己的独特之处，自己不太会的也列上了	选择性很强，不会随便写，够一定水准了才写上去
性格特点或爱好	具体描述，而且还不少	选择性地添加、描述
页数	2 页甚至更多，最后一页不足一半	整页，通常为 1 页，最多 2 页
低级错误	很多，包括拼写、语法、时态、同类型字体不一致	几乎没有
真实度	一般不造假，知识艺术性地放大	不造假，但有表达的技巧
精确度	数字敏感性较低	数字敏感性较高
排版	很差，不讲究	一丝不苟，十分讲究
文字风格	平铺直叙，大段描述	言简意赅，分点交代
主观印象	杂乱无章，无主次之分	精美舒畅，有重有轻

二、就业技巧

（一）注意扬长避短，发挥自身优势

发挥自身优势的前提是要对自我进行冷静分析、客观评判和正确认识，在重新审视自己中去发现新"我"，找到自己与别人的不同之处。世界上没有两片相同的树叶，每一个人都有与众不同的人生经历和成长道路，性格、能力、志向、情趣、气质、爱好也会因人而异，千差万别。这就需要大学生在总结反思中去发现自己身上的闪光点，然后扬其所长，避其所短，找到成功择业的钥匙。

（二）积极参加招聘会

招聘会是一种用人单位和求职者双方在同一时空直接进行交流洽谈的集市招聘形式。招聘会上供需双方直接见面洽谈，信息反馈及时，省略了许多不必要的中间环节，节省了时间，提高了洽谈的成功率。另外，招聘会上职业信息集中，我们可以同时和多家招聘单位见面洽谈，选择的余地比较大。

参加招聘会的注意事项：

（1）保持良好的精神面貌。

（2）进入就业市场不宜太晚。毕业生就业市场的时间安排一般非常紧凑，及早进入，可以有充足的时间搜集信息、了解行情、掌握到会单位的情况。

（3）交谈不必太早。进入就业市场后，先尽快地浏览一遍，对到场单位情况做个初步了解，然后根据自己的求职意向，确定几个重点，再去交谈。

（4）留下必需的资料。如果单位不能当场签约，还需要继续面试和考核，就要留下自荐书、简历等材料。留下资料后，不要坐等，而应积极地与单位联系，以争取主动。

（5）不要让家长和朋友陪同。参加招聘会时，不要让家长或朋友在身边出谋划策，否则会给用人单位留下"缺乏独立性"的不良印象。

（三）"软包装"不可忽视

面试时，首先是要大方自信，不可拘谨自卑。其次是要待人以诚，切忌虚假做作。三是守信用，有礼貌，因为狂傲自大的人，任何一个单位都不会喜欢。四是要善意"包装"，这里面既要求我们要有真才实学，如扎实的知识储备、流利的外语水平、熟练的上机操作等；同时，也要注意衣着得体、举止端庄、气质优雅，给人以潇洒大方、聪明能干的感觉。五是要善于察言观色，把握对方心理，站在对方的角度去思考问题，随机应变。六是要对自我的推介和展示都要恰到好处，留有余地。

（四）积极参加学校举办的各类就业讲座和就业活动

每学年，学校都会开展就业活动月。活动月期间，学校会举办各类的就业讲座，邀请校内外的知名专家来给毕业生做有关就业方面的讲座，同时学校也会针对毕业生的需求，开展各项

就业活动,如模拟面试大赛、求职简历大赛、就业沙龙等,大家可以积极参加,提升自己的就业能力。

三、择业心理调适

(一)理性情绪法

美国临床心理学家艾里斯创立的"理性——情绪疗法"认为,情绪困扰并不一定由诱发事件直接引起,常常是由经历者对事件的非理性解释和评价引起,如果改变非理性观念,调整了对诱发事件的认识和评价,领悟到理性观念,情绪困扰就消除了。例如,有的学生在择业中受到挫折便消沉苦闷、怨天尤人,其原因在于他原本认为"择业应当是顺利和理想的",正是因为这样的心理定势,才导致了不良情绪。如果将这些想法加以纠正,不良情绪就得到了克服。

(二)合理宣泄法

我们可以向知心朋友、老师倾诉,把心中的不快说出来,甚至可以大哭一场,使紧张的情绪得以缓解或消除。另外,也可以通过参加一些大运动量的户外活动,如打球、爬山等,宣泄不良情绪。宣泄情绪要注意场合、身份、气氛,宣泄要适度,没有破坏性。

(三)自我慰藉法

自我慰藉就是自我安慰。择业中遇到困难和挫折,在经过最大努力仍无法改变状况时,要说服自己,适当让步,将不成功归因于客观条件和客观现实,同时要勇于承认并接受现实。

(四)情绪转移法

在情绪低落时,可以把自己的精力和注意力转移到其他活动中去。例如,学习一些新知识或技能,或是参加一些自己有兴趣的活动,把不愉快的情绪抛在脑后,使自己没有时间和可能沉浸在不良情绪中,以求得心理的平衡。

(五)自我激励法

在择业面试中我们常常会出现胆怯、信心不足等现象,可以通过积极的自我暗示、自我激励进行调节,增强自信心。例如,在心里默念"我会发挥得很好"、"我一定能成功"等语句,或者写在纸上,或者找个旷野大声地喊出。

(六)松弛练习法

松弛练习是一种通过练习学会在心理和躯体上放松的方法,常用的有肌肉松弛训练、意念放松训练等放松练习方法。我们在择业中遇到的心理问题,也可以寻求学校心理咨询中心老师的专业帮助。

【探索训练】

我的个人简历

基本情况	姓名		性别		出生年月		照片
	民族		籍贯		政治面貌		
	联系方式	手机：		邮编			
		QQ：					
		微信：					
	通信地址			E-mail			
	毕业学校			所学专业			
	学位		学历		毕业时间		第二学位

主要专业课程	
证书及获奖	英语水平
	计算机水平
	资格证书
	获奖证书
工作经历	
社会实践	
实习经历	
自我评价	
应聘岗位	

以上是较为常用的简历模板，也可以根据自己的实际情况（如专业、应聘岗位的特殊需求）设计具有自己特色的简历。

【拓展阅读】

求职信范文示例

尊敬的公司领导：

　　您好！

　　我是××大学××学院××专业××级学生××，将于××年6月毕业。据我校就业指导中心提供的信息，贵单位将在近期招聘大学生。我非常渴望到贵单位工作，为单位的兴旺发达尽微薄之力，故冒昧给您写此信。

　　在校期间，我充分利用××学校的学习条件，打好专业基础，取得了优异的成绩，并积极参加社会实践，假期也到××单位实习，目前已经具备了一定的理论水平和实践能力。我已经通过了英语六级，每学期都获得学校奖学金。我对计算机能熟练使用，并能进行编程。在学好专业课的同时，我积极参加社会工作。无论是我担任学院学生干部、组织学生活动或是进行市场调研，参加大学生辩论赛、英语话剧的排练演出，我都能以饱满的热情、充沛的精力投入，与同学精诚合作，吃苦耐劳，圆满完成了各项任务，表现出了较强的领导能力和组织能力，显示了良好的团队协作的精神和良好的适应能力。

　　由于我在各方面严格要求自己，曾多次获校级奖励，一次省级奖励（奖励证书复印件附后）。作为一名××专业的学生，我愿把我所学知识奉献给贵单位，把贵单位作为我职业生涯的归宿，我真诚希望能凭自己的人格魅力和实力加盟贵单位。如需要，我很乐意寒假到贵单位实习并接受考察。

　　现呈上学校就业推荐表、个人简历、获奖证书复印件等资料。如还需要其他证明材料，请告知，自当迅速奉寄。

　　期盼您的回应。

　　我的通信地址：××大学××学院××专业××级

　　邮编：××××××

　　E-mail：×××××

　　手机：1×××××××××××

　　此致

敬礼！

姓名

年　月　日

面试中的礼仪①

1. 提前 10 分钟到达。面试时迟到或是匆匆忙忙赶到都是不宜的,到达面试地点后应在等候室耐心等候,并保持安静及正确的坐姿。

2. 在面试办公室的门外等候。办公室门打开时应有礼貌地说声:"打扰了。"然后向室内面试人表明自己是来面试的,绝不可贸然闯入。假如有工作人员告诉你面试地点及时间,应当表示感谢。

3. 假如要敲门进入,敲 2~3 下是较为标准的。敲门时千万不可太用劲,进门后不要背靠椅子,也不要弓着腰,应该自然地将腰伸直。

4. 与面试官交谈时不能漫不经心地四处张望,在交谈时应当显得自然。平时怎么和别人交谈的,就怎么去做。

5. 面试结束后应该站起来对面试官表示感谢。在走出面试室时先打开门,然后转过身来向面试人再次表示感谢,轻轻将门合上离开。

6. 面试结束后,分析一下自己在面试中得与失,可以写封信寄给面试官,一方面对面试表示感谢,另一方面加深你在他们心目中的印象。

【经典推荐】

书籍:《求职,从大一开始》②

正如温家宝总理所说,就业不仅关系到一个人的生计,而且关系到一个人的尊严。覃彪喜之所以写《求职,从大一开始》,正是在为挽救大学生这个群体的尊严而努力。可是,正如作者所言,"决定面试结果的并不是面试那十几分钟,而是整个大学四年"。从这个意义上来说,求职这场战役从大一入学就已经打响。要想毕业时能够具备足够的核心竞争力,就必须从大一开始做好职业规划,明确目标。为了让大学生能够有这种意识,从现在开始努力,而不是等到毕业求职的时候病急乱投医。

覃彪喜先生对于大学生来说是一位亲切的学长、大哥,他非常清楚大学生的所思所想、所面临的困境;作为一名在职场打拼多年的过来人,作为一家用人单位的企业主,覃彪喜又很清楚社会对大学生提出的要求,该书通俗易懂,有利于大家掌握求职相关信息。

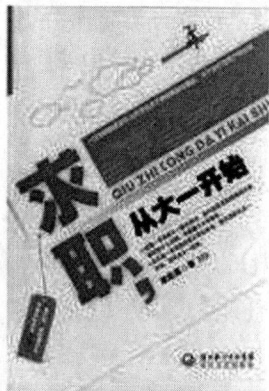

---

① 来源应届毕业生网:http://www.yjbys.com/.

② 覃彪喜.求职,从大一开始[M].武汉:长江文艺出版社,2010.

书籍:《你的降落伞是什么颜色》①

如果你正在求职或者打算跳槽,或是对自己的职业生涯感到迷茫困惑,这是一本你无论如何不应错过的著作。全世界最权威的职业指导大师鲍利斯40年研究心得,被称为"求职圣经"。告诉求职、跳槽的读者,面试至关重要的技巧、谈判薪资的秘诀、跳槽的方式等。帮助职业规划迷茫的读者,用测评工具和理性的分析方法,全面了解自己,发现自己的优势,找到职业目标和理想工作。本书的最新修订版本,结合了互联网时代的求职新形势,指导读者在面对网络巨浪的冲击时如何脱颖而出。

它是一本指导书,帮助你了解求职、跳槽的技巧;它是一本梳理书,帮助你认清自己;它也是一本工具书,帮助你找到职业方向;当然,它也可以是一本魔法书,从今天开始,它可以改变你的人生。

模块三　创业准备　开拓发展路

在书本上学到的知识有时不足以应对眼前的突发状况,很容易不知所措。所以,做好创业准备十分必要,这种准备不仅包括心理准备,还包括一些技术上的准备,如为人处事的规则等。只有做好充足的准备才能做到应对自如。从学生的理想状态进入职场创业的社会现实,许多大学生准备不足,因此学生时代做好从"学生"到"创业人"的角色转换的准备,就能在以后更快地适应创业生活,从容应对不再单纯的环境,并抢先站稳脚跟,更好、更快地在职业生涯的阶梯上攀登。

【想一想】

1. 对于即将创业的人来说,你是否已经明确了自己的创业目标?

2. 你能否看到并能把握住创业的机会,对于创业过程中可能遇到的困难有了应对预案?

3. 你的创业计划落实到具体的行动中了吗? 如何落实的?

【知识链接】

一、创业前期准备工作

(一)心理上的准备

创业心理品质对创业实践起调节作用。研究表明,下列六种心理品质对创业实践影响

---

① (美)理查德·尼尔森·鲍利斯著.你的降落伞是什么颜色[M].李春雨,王鹏程,陈雁译.北京:中国华侨出版社,2014.

较大。

1. 独立思考、自主行为的心理品质

创业既是为社会积累物质财富和精神财富，又是谋生和立业的途径。创业者首先要走出依附于他人的生活圈子，走上独立的生活道路。因此，独立性是创业者最基本的个性品质。这种品质主要体现在：一是自主抉择，即在选择人生道路和创业目标时，有自己的见解和主张；二是自主行为，即在行动上很少受他人影响和支配，能按自己的主张将决策贯彻到底；三是行为独创，即能够开拓创新，不因循守旧，步人后尘。当然，我们提倡创业者具有独立性的人格，但这种独立性并不等于孤独，也不是孤僻，因为创业活动尽管是个体的实践活动，但其本质是社会性的活动，是在人与人之间的交往、配合、协调中发生、发展并且取得成功的。因此，创业者在具有独立性品质的同时还应具有善于交际和合作的心理品质。

2. 善于交流、合作的心理品质

在创业道路上，必须摒弃"同行是冤家"的狭隘观念，学会合作与交往。通过语言、文字等多种形式与周围的人们进行有效的交流与沟通，可以提高办事效率，增加成功的机会。在创业过程中，需要与客户和顾客打交道，与公众媒体打交道，与外界销售商打交道，与企业内部员工打交道，这些交往、沟通可以排除障碍，化解矛盾，降低工作难度，增加信任度，有助于创业的发展。

3. 敢于行动、敢冒风险、敢于拼搏、勇于承担行为后果的心理品质

在市场经济大潮中，机会与风险共存；只要从事创业活动，就必然会有某种风险伴随，且事业的范围和规模越大，取得成就越大，伴随的风险也越大，需要承受风险的心理负担也就越大。立志创业，必须敢闯敢干，有胆有识，才能变理想为现实。只要瞄准目标敢于起步，选定的事业敢冒风险的心理品质又称敢为性。敢为性的人对事业总是表现出一种积极的心理状态，不断地寻找新的起点并及时付诸行动，表现出自信、果断、大胆和一定的冒险精神；当机会出现的时候，往往能激起心理欲望。敢为不是盲目冲动、任意妄为，不能凭感觉冲动冒进，而是建立在对主客观条件科学分析的基础上。成功的创业者总是事先对成功的可能性和失败的风险性进行分析比较，选择那些成功的可能性大而失败的可能性小的目标。创业者还要具备评估风险程度的能力，具有驾驭风险的有效方法和策略。

4. 敢于克服盲目冲动和私利欲望的心理品质

在创业过程中，创业者要善于克制、防止冲动。克制是一种积极的有益的心理品质，它可使人积极有效地控制和调节自己的情绪，使自己的活动始终在正确的轨道上进行，不会因一时的冲动而引起缺乏理智的行为。创业者在创业过程中要自觉接受法律的约束，合法创业、合法经营、依法行事；自觉接受社会公德和职业道德的约束，文明经商、诚实经营、互助互利。当个人利益与法律和社会公德相冲突时，要能克制个人欲望，约束自己的行为。

5. 坚持不懈、不屈不挠、顽强努力的心理品质

创业者需要拥有百折不挠、坚持不懈的毅力和意志。首先要能够根据市场的需要和变化，确定正确而且令人奋进的目标，并带领员工战胜逆境实现目标。其次创业者必须有一颗永远持之以恒的进取心，三心二意，知难而退，或虎头蛇尾，见异思迁，终将一事无成。同时还要遇事沉着冷静，思虑周全，一旦做出行动决定，便咬住目标，坚持不懈。创业过程是一个长期坚持努力奋斗的过程，立竿见影，迅速见效的事是极少的。在方向目标确定后，创业者就要朝着既定的目标一步步走下去,纵有千难万险,迂回挫折,也不轻易改变初衷,半途而废。

6. 善于进行自我调节、适应性强的心理品质

"水因地而制流,兵因敌而制胜。故兵无常势,水无常形;能因敌变化而取胜者,谓之神。"面对市场的变化多端,竞争激烈,创业者能否因客观变化而"动",灵活地适应变化,成为创业成功的关键所在。因而,创业者首先必须以极强的信息意识和对市场走向的敏锐洞察力,瞅准行情,抓住机遇,不失时机地、灵活地进行调整,在外部环境和创业条件变化时,能以变应变。善于进行自我调节和处理各种压力;其次能用积极态度看待来自工作和生活的压力,冷静分析、控制压力,找出原因,缓解压力,甚至消除压力,能够保持良好的心理,勇敢地面对压力,力争将不利变有利,将被动变主动,将压力变动力;同时具有较强的适应性,还应做到"胜不骄,败不馁",在创业之初,就应做好失败的准备,要善于总结和吸取失败的教训,承认暂时的失败现实,做出适当的调整和"退却",为将来的"进攻"积蓄力量。最后在创业中,面对取得的成绩和阶段性的成功,要善于总结,看到存在的问题,明确今后努力的方向,找出保持成功势头和继续不断发展壮大的成功经验,避免骄傲自满,方能做到"善胜者不败"。

(二)资金的准备

有关部门调查创业型企业经营失败的统计资料表明,在经营失败的企业中,有四分之三可归因于筹措和使用资金不当。筹集资金对小企业非常重要,在没有充裕资金和在财务上详细地计划各种资金的使用之前,不应该贸然创办企业。也许偶尔能发现有人没有足够的资金也能创业,并能生存和发展,但这些现象毕竟是极少数。

资金筹集途径有以下几种:

1. 自筹

因处于起步阶段,贷款能力有限,相当一部分资金要依赖自有资本。创业者为了掌握控制权,必须有相当一部分自有资本,这部分资本通过自筹,主要依靠多年积蓄以及向亲朋好友,包括亲戚、朋友、同事、同学等借钱。

2. 合伙人或职员入股

随着技术创新三个特点的转变,即由单一产品创新向系列产品创新转变;由个人创新向集体创新转变;由一次性创新向持续性创新转变,对创办高技术企业来说,常常需要与他人共同创业。许多企业在创业初期,相当一部分资金是由十几个创业者凑起来的。

3. 银行贷款

贷款是最为传统的筹款方式,现在为创办中小企业提供贷款的银行有四大国有商业银行、民生银行(主要是为民营企业提供贷款的银行)以及其他金融机构。

贷款有信用贷款、抵押或担保贷款,信用贷款主要针对信誉良好、偿债能力强,关系密切的大企业,刚刚创办的小企业很难取得信用贷款。担保贷款需要贷款人提供抵押或有第三者提供的担保。每一个金融机构都有自己的贷款策略和方针,有的侧重于企业的资金流动,有的要求第三方的担保,有的要求以资产做抵押,也有的看重一些综合指标等。

4. 租赁

对于刚刚创办的企业来说,进行生产需要投入固定资产,尤其是高科技企业,固定资产设备往往非常昂贵,创业者往往没有足够的资金购买固定资产,租赁几乎是唯一的选择。即使在

资本充裕的条件下,出于优化财务结构方面考虑,也可能采用租赁方式。

5.利用中小企业扶持政策

为了扶持、促进科技型中小企业的技术创新,经国务院批准,科技部、财政部联合发布设立了用于支持科技型中小企业技术创新项目的政府专项基金。创新基金是一种引导性资金,通过吸引地方、企业、科技创新机构和金融机构对中小企业技术创新的投资,逐步建立起符合社会主义市场经济客观规律、支持中小企业技术创新的新项目,以增强其创新能力。创新基金的资本基金来源于中央财政拨款及其银行存款利息。

(三)经营方式的选择

开店还是办公司?公司是一种有正式的企业结构、由多个股东联合组成、经政府部门同意而开办的企业。它具有法人资格,并拥有一些特有的权利,如财产权、经营企业权、签订合同权、参与诉讼权等。一个公司是一个单一的实体,创办公司除了几个伙伴外,还要有工商部门的营业执照,它是一种认可人们作为一个公司从事一切企业活动的证书。

开店属于个体经营方式,申请注册手续简单,也不需要大量的前期投入,而且经营方式和经营内容灵活,容易调整,但是个体经营的缺点就是信用度不够,很难进入大的行业,也很难进行融资和贷款。

如何选择自己的模式要根据经营内容和资金实力而定。决定创业模式的另外一个因素是创业的策略,如果在创业起始阶段实力不济,可以先从个体做起,进一步发展成为独立的公司模式。

(四)创业选址问题

创业企业要开展正常的生产经营活动,必须拥有其固定的活动场所,这个活动场所在法律上称为住所或经营场所(有限责任公司称住所,非法人企业称为经营场所)。住所和经营场所是具备开业的基本条件之一,是企业进行生产经营或其他业务活动的较为固定的地点以及办公机构所在地。企业的住所、地址、经营场所按所在市、县、乡(镇)及街道门牌号码详细地址注册。

经营场所一般包括私营企业进行生产经营和服务活动的营业面积、地址。如工业生产的车间,露天加工场地,企业储存货物的库房、货场,商业饮食业的服务店堂,洽谈业务的办公场地等。

从使用经营地的取得方式上看,一般也有两种:一是租赁,二是使用自有场地。在租赁经营场地中又分为租赁全民、集体所有权的场地和租赁私人所有权的场地。

(五)创业计划的制订

创业计划是创业者拟定的书面计划,描写创业的条件、过程和前景。创业计划是在大量的市场调查分析的基础上制订出来的,有专业性和技巧性。创业计划虽然不能确保创业成功,但一个好的创业计划可以有效指导创业活动,减少和避免无效和错误的行为,提高成功的概率。创业计划反映了企业的需要和需求,没有一个统一的格式和体例来规定其形式及内容。创业者和创业团队都有自己的创业偏好,所包含的信息取决于企业所处的阶段;一个新创企业的商业计划要比已建立的企业年度计划更加全面。一个比较全面的新创企业的商业计划主要包括以下内容：市场环境、企业介绍、资源需求、营销计划、组织计划和财务计划。

二、大学生创业过程中常见的问题

创业不是简单的理想信念，光凭一腔热血和美好梦想是不行的，如何在创业过程中减少失误、少走弯路、提高预测性、掌握主动权、保障创业的稳健起步和成功率，更多的是要通过科学的前期规划、多角度观察、理性分析、成熟高效的运作技能、良好的精神面貌和商业心态，以及创业者的能力和素质等。当然，在企业的成长过程中，出现各种疑难杂症，也是正常现象。但只要及时加以正确地"诊治"，就可能摆脱失败，走向成功。

（一）自身经验不足，眼高手低，盲目跟风

盲目创业、急于求成是大学生创业的"通病"。大学生期望值过高，对行业缺乏深度审视，对市场缺乏深刻了解，很容易失败。另外，他们在确定经营方向时爱盲目跟风，看到别人在某一领域获得成功，马上一窝蜂地进入，结果造成恶性竞争，看到哪行赚钱做哪行，总觉得这样能减少投资风险、少走弯路。然而，市场发展有其自然周期，当市场过于饱和时，利润空间就会缩小，"一窝蜂"热潮有时正意味着"恶性竞争"即将来临。

缺乏经验是目前大学生创业中普遍存在的问题，他们在进行市场把握和企业运营等方面缺乏经验，不清楚如何将一个公司运作下去，这是大学生创业面临的较大的困难。不少大学生创业者不习惯对其产品或项目做市场调查，而是进行理想化的推断。例如，"如果有1万人需要我们的产品，每件销售10元，我们就有10万元的收入。"这种想当然的方法显然是站不住脚的，同时又没有切实可行的创业计划，缺乏从职业角度整合资源、实施管理的能力。这是大学生创业失败的另一个重要原因。

（二）感情用事，不能理性、真诚、坚定地做事

在创业初期，大学生的社会经验与人生经验不足，常感情用事，对于企业中出现的经营方向、用人问题、财务问题等大都以忍让、和解的方式处理，而忽视了必备的契约签订和严格的约束制度。

大学生一旦涉足创业领域，就要讲求职业道德，而有的大学生创业失败的原因就是缺乏商业信用，稍有不满就肆意毁约，造成两败俱伤。这种不负责任的态度，直接导致他上了业界的"黑名单"。企业要想维持下去，恐怕很难。

有的大学生心理承受能力较差，对创业中的各种困难估计不足，一次营销决策失误，一次小型财务危机亦或是一次上门推销失败，都会让他们感到创业的艰难，在心理上元气大伤，进而影响到他们的创业激情。

（三）管理不当，贪大求全，安排失当

企业在创建以后，很多创业者出现了过分追求成长速度的问题，尤其是当企业效益逐渐凸显后，创业者只看到了眼前的利益，缺乏严密的分析，付出全部成本（包括人力、物力和财力），希望靠一次出手就能获得成功。一味地扩大经营规模，而根本不考虑随之而来的资金吃紧、原

材料供应不上、人员紧张、销售不畅等一系列致命的问题,这无异于拔苗助长。而一旦出现问题,却不会以退为进,及时调整,改变战略,无论哪一个环节解决不力,企业的破产都会为时不远。

"巧妇难为无米之炊",没有资金,再好的创业想法也难以转化为现实。创意是花朵,但资金是水分,吸引不到资金的创意终将枯萎。资金是大学生创业的首要条件,而刚毕业的大学生没有足够的创业资金,到资本市场上融资也有很大困难,所以大学生创业,或者寻找风险投资公司购买他的创意,或者自筹资金创立一个小的公司。此外,大学生是一个特殊的群体,他们的教育背景影响了创业行业的选择。大学生创业大多立足于技术项目,因此,创业项目是否具有创新性,就成为大学生创业能否成功的首要条件。以往不少大学生创业失败,一个重要原因就是忽视了技术创新,拿不出有自主知识产权的创造发明,或是有了发明却缺乏自我保护意识,没有及时申请知识产权。

大学生第一次创业,没有工作经验,对企业运营知之不多,创业团队在一个很短的时间内组成,没有磨合,易出现时间观念不强、自我约束太差的状况;不懂得怎样合理地利用时间,工作少时自由散漫,一旦紧张起来又毫无头绪。这些都是管理混乱的表现。

三、大学生创业问题对策

(一)提高自身经验,注重市场调研

创业需要理智而不是冲动,选择好的创业项目能有效地减少投资的不确定因素,增加成功的筹码。对选择的创业项目要多提问题,看是否有市场发展价值、前期投资是否太多、何时可收回成本等,第一步走稳了再走第二步。创业不能"纸上谈兵",在创业初期一定要做好市场调研。目标为创业确定方向,策略是创业的灵魂,好的策划来源于认真的市场调研,好的策划是创业成功的一半。因此,大学生一定要深入市场,进行调研。发现创业机会的关键点是深入市场进行调研,了解市场供求状况、变化趋势、考虑顾客需求是否得到满足,注意观察经营对手的长处与不足,要多看、多听、多想。每个人的知识、经验、思维以及对市场的了解不可能做到面面俱到,多听、多看、多想能广泛获取信息,及时从别人的知识经验中获取有益的东西,从而增强发现机会的可能性和概率。

(二)加强自身品质,增加抗挫能力

成功与失败往往只有一步之遥,创业过程中遇到各种问题和麻烦,这是十分正常的现象。大学生要正确看待,不要遇到挫折就放弃,要有良好的心理承受能力和坚强的创业毅力,经得起打击,吃一堑长一智,及时振作起来,分析失败的原因,找到自己的弱点与不足,并加以改正,企业自然就会焕发出新的活力。因此,大学生创业要有坚强的意志和乐观向上的精神,竞争就是压力,压力变为动力,推动企业的发展。创业者在看到事情的成功可能到来时,敢于做出重大决断,因此取得先机。创办实业无时无刻不在创业者的决策判断中成长,创业者凭自己的资力、才能、经验做出决策,在了解情况的基础上,要果断决策,即在一定程度上可以独断专行,绝不能优柔寡断。

（三）熟悉政策，学会管理，培养团队精神

团队精神是大学生创业者不可缺少的素质，因此，大学生创业者在创业过程中，要头脑清醒，既要明白创办企业不是搭一个草台班子，事事要有章法，感情用事害死人；又要摆正自己在团队中的位置，虚心接受其他成员的不同意见，取长补短，积聚创业力量，这样企业才能步入正轨，健康发展。

对于小企业的发展来说，稳健永远要比成长更重要，如果每年能有赢利，更要放眼长远，并妥善处理好资金预算、市场预测以及材料、人员相关要素的协调等管理问题。出现问题，要善于总结和吸取教训，做出适当的调整和"退却"，为将来的"进攻"积蓄力量。要为自己明确一个可持续发展的创业计划，扎扎实实，按部就班，逐步把事业做大做强。

学会利用国家出台的关于扶持大学生创业的系列优惠政策，积极到创业实体所在地的工商部门争取政策，获取创业资金，并通过各种渠道吸引风险投资。大学生创业应选择自主知识产权明确的项目，并根据市场的动态做好产品的创新工作，即产品的更新或换代。同时还应加强自我保护，及时申请专利，使企业有序、稳步地发展。

【探索训练】

你适合创业吗？

在下列问题中选一个符合你的情况或接近你的情况的描述。

1. A. 不用别人告诉我，我自己就会独立完成一些事情。

B. 如果有人让我开始做，我就会顺利完成。

C. 尽管做起来很简单，但是除非是我必须要做的，否则我是不会做的。

2. A. 我喜欢与人交往，愿意与任何人进行沟通。

B. 我有很多朋友——我不需要其他的人了。

C. 我发现大多数人都很麻烦。

3. A. 当我开始做事的时候，我会让很多人和我一起做。

B. 如果有人告诉我必须做，我会命令别人去做。

C. 我会让其他人去做，然后如果我喜欢我会一起做。

4. A. 我愿意负责。

B. 如果必须要我做，我会负责的，但是我更宁愿让别人去负责。

C. 周围总有人愿意显示他们的聪明，就让他们去做吧。

5. A. 我喜欢在事情开始之前做一个计划。我是一个经常将事情安排得井然有序的人。

B. 我会做好大多数事情，如果太困难，我就会放弃。

C. 如果有人安排和处理整个事情，那么我更愿意随遇而安。

6. A. 只要需要我就会坚持做的，我不会介意为想做的事而努力工作。

B. 我会努力工作一段时间，但当我觉得做够的时候，我就不会做了。

C. 我不会为了有点成就就去努力工作的。

7. A. 我能很快做出决定,并且大多数都是对的。

B. 如果我有足够多的时间,我能够做出决定。但是,如果时间很短就做出决定,我过后经常会改变主意。

C. 我不喜欢做决定,因为我经常做出错误的决定。

8. A. 人们相信我说的,我从来不说谎话。

B. 我大多数时间里都讲真话,但有些时候却做不到。

C. 如果人们不知道事情的真伪,我为什么要讲真话呢?

9. A. 如果我决心做什么事情,任何情况都不能阻止我完成它。

B. 如果不犯什么错误,我通常会完成我的事情。

C. 如果事情进展不顺,我就会放弃,何必为此烦恼呢?

10. A. 我的健康状况非常好,总是精力充沛。

B. 我有足够的精力去做我想做的事情。

C. 在我的朋友看来,我总是力不从心。

[结果评分与解释]

我的选项中 A 有_____个,B 有_____个,C 有_____个

●多数答案选择 A,例如选择了 7—10 个 A。表明你是一个称职的创业者。

●少数答案选择 A,多数答案选择 B,例如:选择了少于 7 个 A,或者 7—10 个 B;表明当你试图去经营一个企业时,你可能会遇到很多困难。建议你找到一个或者两个能够弥补你劣势的合作者。

●多数答案选择 C,例如选择了 7—10 个 C,表明你希望创业,那么就要努力锻炼创业者所必需的能力。另外,你可以在一个企业里工作或者做其他你更感兴趣的工作。总之不要气馁!

赢在影响力——你也做得到[①]

以下两组行为训练,请你每天在每组里至少挑选一种来进行,坚持一个月后看看自己的人际影响力是否已然改变。

第一组:

1. 每天早上醒来时,告诉自己:我是个有福的人,应该以包容的心去看待他人。

2. 当你要批评他人时,想想自己是否也有类似的缺点。

3. 想批评他人时,改用赞美取代。

4. 批评是逃避反省的方式,要批评他人之前,先反省自己。

5. 在一张小卡片上,写下几句你认为对方拥有的优点,寄给他。

6. 写信是表达感恩的最好方式,坐下来,好好写一封信,把你感谢的心情表达出来。

7. 塑造好的气氛与情境,向对方表达你的谢意。

第二组:

1. 当你有求于人时,先想想自己可以为对方做什么事。

---

① 黑幼龙.赢在影响力:卡耐基人际关系 9 大法则[M].北京:中信出版社,2011 年版.

2. 谈判时,试着用问句的方式,了解对方的需求是什么。

3. 找一个你想关心的家人或朋友,开放自己的心胸,一周到两周一次,去欣赏并参与他的兴趣。

4. 吃饭是最好的互动方式,每周定期和他人吃饭两次以上。

5. 当你遇到他人时,先去想想他的优点是什么。

6. 当你遇到困难,忍不住想发脾气时,提醒自己:微笑才能解决问题。

7. 常在心头摆上一张笑脸和一张哭脸,问自己,喜欢他人用哪张脸来对自己。

8. 对着镜子,检视自己何时的表情最好看。

【拓展阅读】

追求专业梦想　燃烧创业激情

【座右铭】以诚信赢得市场,以质量铸造品牌

【毕业去向】百师新材料科技有限公司

【颁奖词】天行健,君子以自强不息。生活是公平的,哪怕吃了很多苦,只要你坚持下去,一定会有收获,即使最后失败了,你也获得了别人不具备的经历。人就应该学会尝试,不是让一成不变的生活禁锢了你,而是你去造就生活。

小张,乐于阅读有关建筑工程方面的书籍,大学报考志愿时,毅然选择了建筑工程学院。大学期间,通过专业知识的学习,利用课余时间查阅相关书籍,并不断向有关方面的专家请教,最终成功研制了 RP 系列建筑速溶胶粉。在成功获得了法定质量检测机构、有害物质限量检测机构所出具的产品质量检测报告和有害物质限量检测报告后,于 2015 年成立了百师科技团队。同年,百师科技获得"中国创翼"青年创业创新大赛"银翼奖"。他追求质量,注重节能环保,通过不断创新研究,开创了创新创业的新篇章。

积累经验

在我们的生活中,装饰装修所用的辅料随处可见,许多产品生产工艺落后,无论在质量、经济、环保方面都有许多缺陷。国家一度提倡取缔小作坊生产。而如"立邦"、"多乐士"等著名品牌产品价格又过于高昂。国内建材辅料市场的空缺给了小张很大的启发。大学期间,在其他同学学习专业课程,按部就班的生活时,他主动阅读建筑材料的相关书籍,主动到施工现场观摩学习,为自主创业积累经验。

走访调研

"创新能将人从繁重重复的劳动中解放出来,是世界发展不可逆转的大趋势。"小张深思,并利用专业知识开始创业历程。大学不仅是用来学习的,他在不断创新发明的同时,利用假期走访各大建材商场与施工现场,通过收集消费者与使用者的建议,不断完善产品,对相关产业进行了细致而全面的了解。

成立公司　树立创业榜样

目前,小张所率领的百师科技团队已成功进军市场,淮安润普建材厂为专业的生产加工厂,自主研发产品如室内腻子专用胶粉、粉末涂料、和易宝等,在多地进行了推广销售。这些产

品无论在产品质量、节能环保、运输方式、使用工艺等方面都获得了消费者的一致好评。毕业后,百师科技团队将成立百师新材料科技有限公司,届时,将继续立足于创新发明,为消费者提供更优质的服务。

人生中"被迫"的创业

小姚,男,电子信息工程专业学生。他在兴趣的基础上,以及生活的历练,通过不断的努力,在航拍方面取得值得骄傲的成绩。

【毕业去向】广州极飞电子科技有限公司

【经历】他设计的无人机规避系统获得全国科研类项目比赛三等奖,有着过硬的航拍技术,目前他的无人机"植保"项目已经启动。

【颁奖词】专业不是航空类,大学不是理工科,只有一间 20 多平方米的实验室……在这样的环境下,有这样一个男孩,通过自己的努力,他的无人机自动规避系统获得了全国科创类三等奖。同时,他还研究完成了无人机"植保"项目,去年暑假为 400 亩农田完成了喷洒农药的任务,这一项目已经入驻宿城区耿车镇创业孵化基地……

创业前的经历

在上小学五年级时,他在学校附近的小卖部看到了一架小小的飞机模型,那是一架由青木做机身、泡沫做机翼的玩具模型,他很想得到它,可惜没有零钱,就通过卖报纸花了三个星期左右的时间赚钱,最后买了这架小飞机。飞机模型是他的儿时玩物,到了高中忙于功课几乎不记得它的存在,不过一次南京航空大学学生到他的学校做无人机表演,重新激发了小姚对航模的热爱。看着他们熟练操作遥控器,飞机在天空嗡嗡地飞行,他特别羡慕。刚上大学那会,他的飞翔梦仍然没有实现,因为身边没有人玩航模,自己也是个门外汉,一次偶然的机会,遇到了一个大三学长,这个人的出现开始改变了他的生活。或许这也是小姚人生的转折点。

困难麻烦

2012 年的秋天,他跟学长用手机绑在航模上进行航拍,由于风大、逆风、飞行器满油飞行,第一次航拍并不成功,飞行器和手机都壮烈牺牲了。

取得成就

小姚曾经带着航模队的成员参加国内的大小比赛,先后获得了 2014 年全国航空航天模型锦标赛电动滑翔机项目男子组二等奖、2015 年全国航空航天模型锦标赛电动滑翔机项目女子组二等奖、两次全国科研类项目比赛三等奖等奖项。

心理路程

小姚说,去创业也是一种"被迫"。自己本身是喜欢航模,但之前试验中损失的飞行器和手机,当时的损失对于一个学生来说也是比较惨重,所以他就想通过继续研究来弥补损失。这个项目本身成本高,风险也大,在整个过程中他也背负过债务,所以得赚钱去偿还,他不停地尝试、不停地努力,也是出于一种被迫。人生,就要逼迫自己。

凡事预则立,不预则废,创业也是如此。创业不能单凭一时的冲动,而要在实际运作创业之前做好充分的准备,这种准备包括心理上的准备、资金上的准备、选择创业地点的准备等。只有未雨绸缪,才能在创业的过程中决胜千里。

【经典推荐】

书籍:《必然》①

在《必然》的描述中,未来是霍洛思(Holos)的世界,所谓霍洛思,是人类、计算机、手机、各种可穿戴设备、各种智能设备、各种传感器靠着网络紧密连接起来的世界。而如今正是这个时代的开端,这种紧密的联系开始有了一定的雏形,一个巨变的时代开始形成,而这个时代的开端就是凯文·凯利所说的形成(being)。

凯文·凯利给我们总结了自己几十年来对于科技的观察和分析,精彩地评说当下科技发展的必然趋势。在《必然》中,作者介绍了在未来30年里的很多新知,例如更多的流动、共享、追踪、使用、互动、屏读、重混、过滤、知化、提问以及形成。

凯文·凯利(Kevin Kelly,1952～,人们经常亲昵地称他为KK),《连线》(Wired)杂志创始主编。在创办《连线》之前,是《全球概览》杂志(The Whole Earth Catalog,乔布斯最喜欢的杂志)的编辑和出版人。1984年,KK发起了第一届黑客大会(Hackers Conference)。他的文章还出现在《纽约时报》、《经济学人》、《时代》、《科学》等重量级媒体和杂志上。凯文·凯利被看作是"网络文化"(Cyberculture)的发言人和观察者,也有人称之为"游侠"(maverick)。

书籍:《趁年轻,创业吧》②

《趁年轻,创业吧》为创业者提供了创业行动逻辑要点路线图,以两大主线为线索:一条线是创业者如何由个体的人,通过创业转变成一个组织人;另一条线就是创业本身的发展过程。每一个创业者都可以按照这个路线图去衡量自己目前处于什么阶段,下一步还需要去完善什么地方。你的创业尝试也许成功,那么你可能站在自我认同与社会认同的中心,但即使不成功,创业历程所带来的另外一些方面的收获足以补偿你在某些方面的失落。

模块四　入职准备　顺利进社会

大学毕业进入新岗位,我们需要面对许多新的要求、境遇等。全新的环境里,专业严格的工作制度代替了大学的自由随意。对于即将大学毕业走上工作岗位的人来说,离开学校,加入

---

① (美)凯文·凯利著.必然[M].周峰,董理,金阳译.北京:电子工业出版社,2016.
② 袁岳.趁年轻,创业吧[M].北京:机械工业出版社,2016.

就业求职大军,正面临一场求职"大战",好多人都有点紧张、不知所措。只有制定出适合自己的求职"战略方针",做好充足的准备才能做到应对自如。必须要掌握了解必要的入职信息,职业发展趋势,打好入职准备这场"硬战",那么接下来才会更快地适应职业生活,从容应对职场环境,处理好职场人际,抢先站稳脚跟,更好、更快地奠定职业生涯的根基。下面我们就来谈谈"入职准备的相关战略",以利于我们更好地发展自己的职业,开创自己的事业。

【想一想】

1. 为什么会选择该职业?
2. 对该职业发展趋势了解多少?
3. 如何处理职场中的人际关系?

【知识链接】

一、提前"部署"——角色转变

做好由"学生"向"职场人"的角色转换。"学生"是通过努力学习获取今后能在社会上生存、发展的能力,主要扮演者获取的角色;"职场人"是通过自己的职业活动,为他人服务,为社会贡献,并获得报酬,主要扮演付出的角色。从"学生"到"职场人",既是人生非常重要的角色转换,也是一次人生的跨越,对每个大学生迈好职业生涯第一步非常重要。在这个过程中大致可以分为两个步骤:第一,在学生时代做好转换的心理准备,了解两种角色的定位区别,在日常学习和生活中加强针对性的训练,在实习期间有意识地强化。第二,在首次就业后,结合岗位特点,在实践中锻炼自己,争取尽快完成角色转换。环境的变化,需要我们及时地转换角色,角色转换的重点主要有以下四个:

1. 成长导向向责任导向的转变

"学生"的主要任务是学习知识,德、智、体、美、劳全面发展,掌握本领,是一个接受教育,储备知识,培养能力的成长过程。而"职场人"是以特定的身份去履行自己的职责,依靠自己的本领去为社会服务,完成社会分工中应尽职责。

2. 个性导向向团队导向的转变

学校里人际关系简单,学生以完成学习任务为主,虽然在集体中生活,但学习活动主要由个人完成。而到了工作岗位以后,团队意识是职场人应具备的素质之一。职业任务的完成,不能只靠个人行为,要靠众人的合力,单位重视团队精神,重视雇员之间的合作和企业的凝聚力。在转换的过程中应该注意克服可能会出现的不良心态,如对学生角色的依恋;对新环境的畏缩;自傲和虚荣;自卑、怯懦、焦虑和浮躁等。

3. 思维导向向行为导向的转变

"学生"的学习活动以思维为主,主要特点是想。而"职场人"的职业活动以行为为主,主要特点是做。基本上不允许犯错误,因为一旦犯了错误就将带来不良后果。行为不许出错是对职场人的基本要求。大学生在学生时代就要养成一丝不苟、精益求精的作风,为思维导向向行为导向转变做好铺垫。

4. 智力导向向品德导向转变

"学生"以学习为主,而"职场人"以职业为主,单位效益的提高,更多的是依靠员工对组织的忠诚,依靠员工之间的精诚合作。因此,单位十分重视雇员怎样处理"做人"和"做事"的关系。职业道德是用人单位最看中的品质,因此,我们在平时应多加注意,尽快了解行业职业道德行为标准,并以此来规范自己的行为,尽快适应工作。

如果我们能在学生时代为上述角色转换做好充分准备,又在首次就业后为之努力,就能更好地通过角色转换的完成,迈好职业生涯的第一步。

二、主动"出击"——职场人际

职场人际关系,是指在职工作人员之间各类关系的总汇。合理地处理好职场人际关系是职场人士永恒的话题,对于刚毕业的我们来说更是如此。拥有良好、和谐的人际关系是获得事业成功的法宝之一。因此,入职时候要主动去与人交流、沟通,建立和谐的职场人际关系。把握职场人际关系的三大原则:

1. "跷跷板互惠原则"

俗话说,助人为快乐之本。人与人之间的互动,就如同坐跷跷板一样,不能永远固定为某一端高、另一端低,就是要高低交替,这样整个过程才会好玩,才会快乐!一个永远不肯吃亏、不愿让步的人,即便真讨到了不少好处,也不会快乐。因为自私的人如同坐在一个静止的跷跷板顶端,虽然维持了高高在上的优势位置,但整个人际互动失去了应有的乐趣,对自己或对方都是一种遗憾。跷跷板互惠原则是大学生在与同事相处时,不可缺少的一门艺术。

2. "刺猬法则"

"刺猬法则"用这样一个有趣的现象来形象说明:两只困倦的刺猬由于寒冷而相拥在一起,可是因为各自身上都长着刺,刺得对方怎么也睡不舒服。于是,它们分开了一段距离,但寒风刺骨,它们又不得不凑到一起,几经折腾,两只刺猬终于找到了一个合适的距离:既能互相获得对方的体温,又不至于被扎。刺猬法则就是人际交往中的心理距离效应。这告诉大学生:人与人之间应该保持亲密关系,但这是亲密有间的关系,而不是亲密无间。大学生要学会运用"刺猬法则",与同事相处时既不要拒人于千里之外,也不要过于亲密、彼此不分,有的放矢地处理好各种关系。

3. "黄金定律"

"黄金定律"在当今职场环境中很适用,你想人家怎样待你,你也要怎样待人。用这种为人处世的观念和方法,能使大学生在社交中始终处于主动地位,助其建立相对稳固的人际关系。

现实生活和社会心理学实验研究证明,人在初次交往中给对方留下的印象很深刻,人们会自觉地依据第一印象去评价一个人,今后交往中的印象都会被用来验证第一印象,这种现象就是首因效应。在现实的人际交往活动中,给交往对象留下良好的第一印象,对于工作顺利、有效地开展,起着不可低估的作用。开端不好,就是今后花上十倍的努力,也很难消除其消极影响。

三、积极"迎战"——岗前培训

为了让新入职的大学生更快地了解单位、适应工作,单位正常会对大学生进行岗前培训。

通过培训使大学生迅速熟悉单位的基本情况、发展历程与单位文化、现状,以及一些以前从未接触过的专业知识。

(一)岗前培训的目的

岗前培训是新入职的大学生在组织中发展自己职业生涯的起点。岗前培训意味着刚入职的大学生必须放弃某些理念、价值观念和行为方式,适应新组织的要求和目标,学习新的工作准则和有效的工作行为。单位在这一阶段的工作要帮助入职的大学生建立与同事和工作团队的关系,建立符合实际的期望和积极的态度。

(1)让入职的大学生掌握做好本职工作所需要的方法和程序,让他们工作起来更富有成效,减少失误或降低出错率。

(2)让大学生不仅了解本职工作,而且了解整个单位,了解单位的价值观和发展目标。

(3)使入职的大学生增加对工作和单位良好的感觉,因为他们胜任自己的工作,还因为单位关心他们,能够帮助他们获得成功。

(二)岗前培训的内容

岗前培训的内容可以说是十分丰富,每个单位培训的内容也会不一样,但大致都是围绕单位历史、组织机构、文化介绍、职业角色转变、人际关系交往、跟本职工作有关的专业知识、心理素质训练和以团队建设为主要目的的户外拓展训练等。

岗前培训最主要完成两方面事情:第一,岗前培训要使新入职的大学生感到他们的加盟是受欢迎的;第二,岗前培训要使新入职的大学生了解必要的知识与技能,了解单位的工作程序,使其熟悉单位的设施和他们的岗位责任。培训可以让员工自强,可以让组织的血液不断得到更新,让组织永远保持旺盛的活力,永远具有竞争力,这也是组织进行培训的最大意义。

四、自我"防御"——学会试用期调适

面对严峻的就业形势,大学生在试用期期间要遵循"开阔眼界、面对现实、正确定位"的原则,要学会试用期调适自己的心理。

首先,要了解工作范围、工作流程和考核标准,这是最基本和核心的内容。

其次,入职后尽快进入角色。适应新岗位要遵循四点要素:准时上班、着装得体、注意观察、凡事主动。年轻人除了坚持少说多做外,还要避免意气用事、少发牢骚。

第三,不要和外界比较薪资和福利。有些单位表示他们一般不招应届生,因为新来的大学生经常和同学、老乡联系,经常打探外界是不是有更好的收入,经常比较,这样心态不是很好,工作不扎实、不稳定,大多过不了试用期。其实只要你有工作能力,不仅待遇好,发展空间还很大。

第四,团队合作精神很重要。人才的优势不是靠个人来发挥的,而是靠整个团队。所以,应聘者在进入单位后,要了解单位到底需要什么,单位的发展目标是什么,把自己的目标和单位的目标紧密结合起来。

第五,学会恰当表现自己。职场新人的最佳形象就是勤快、踏实、好学。勤快就是有求必应、行动及时、做事不拖拉;踏实则表现在不挑拣,干活有始有终,圆满完成;好学很重要,与新

人的身份最相称。一个就是问,问专业、问要求、问不足,记住要过了脑子再问,重复请教简单常识问题会让人质疑你的努力和智力。另一个就是对公司资料的研究学习。

第六,不要轻言"离开"。对于毕业生来说,试用期内无论有何挫折,只要还没有充分的理由可以放弃这个单位或工作,就必须努力巩固自己在目前已经获得的岗位的立足地。因为争取到试用期,表明你已向成功就业迈出一大步,特别是对于那些热门职业而言就更是如此。所以,在原则上应该珍惜初次争取到的试用期。当然,通过一段时间的上岗实践,你发现自己确实不适合从事某一职业,那你就应该果断地转换工作或单位。不过,除非你征得用人单位同意,可以提前结束试用期。一般情况下,满试用期后再言离开,这样对双方都有好处。

最后,在试用期内还要注意:一要尊重领导、师傅,团结同事;二要少说多做,乐于接受领导和师傅的批评和指导,切忌不懂装懂,大胆妄为;三要遵纪守法,在试用期内因违章违纪而被辞退将会影响自己的前途。

【探索训练】

职场万花筒①

(1) 头脑风暴:请大家在下面的表格中写下担心的、工作后可能遇到的问题。

(2) 写完后与周围的同学交换,并给自己所拿到的问题写下建议、应对之道。

(3) 请同学们说说自己手里拿到的问题总结和建议。请老师总结。

可能遇到的困难	克服困难的方法

团队角色自测问卷

对下列问题的回答,可能在不同程度上描绘了您的行为。每题有八句话,请将 10 分分配给这八个句子。分配的原则是:最体现您行为的句子分最高,以此类推。最极端的情况也可能是 10 分全部分配给其中的某一句话。请根据您的实际情况把分数填入后面的表中。

一、我认为我能为团队做出贡献是(   )

A. 我能很快地发现并把握住新的机遇。

B. 我能与各种类型的人一起合作共事。

C. 我生来就爱出主意。

D. 我的能力在于,一旦发现某些对实现集体目标很有价值的人,我就及时把他们推荐出来。

E. 我能把事情办成,这主要靠我个人的实力。

F. 如果最终能导致有益的结果,我愿面对暂时的冷遇。

G. 我通常能意识到什么是现实的,什么是可能的。

H. 在选择行动方案时,我能不带倾向性,也不带偏见地提出一个合理的替代方案。

二、在团队中,我可能有的弱点是( )

A. 如果会议没有得到很好的组织、控制和主持,我会感到不痛快。

B. 我容易对那些有高见而又没有适当地发表出来的人表现得过于宽容。

C. 只要集体在讨论新的观点,我总是说的太多。

D. 我的客观立场,使我很难与同事们打成一片。

E. 在一定要把事情办成的情况下,我有时使人感到特别强硬以至专断。

F. 可能由于我过分重视集体的气氛,我发现自己很难与众不同。

G. 我易于陷入突发的想象之中,而忘了正在进行的事情。

H. 我的同事认为我过分注意细节,总有不必要的担心,怕把事情搞糟。

三、当我与其他人共同进行一项工作时( )

A. 我有在不施加任何压力的情况下,去影响其他人的能力。

B. 我随时注意防止粗心和工作中的疏忽。

C. 我愿意施加压力以换取行动,确保会议不是在浪费时间或离题太远。

D. 在提出独到见解方面,我是数一数二的。

E. 对于与大家共同利益有关的积极建议我总是乐于支持的。

F. 我热衷寻求最新的思想和新的发展。

G. 我相信我的判断能力有助于做出正确的决策。

H. 我能使人放心的是,对那些最基本的工作,我都能组织得"井井有条"。

四、我在工作团队中的特征是( )

A. 我有兴趣更多地了解我的同事。

B. 我经常向别人的见解进行挑战或坚持自己的意见。

C. 在辩论中,我通常能找到论据去推翻那些不甚有理的主张。

D. 我认为,只要计划必须开始执行,我有推动工作运转的才能。

E. 我有意避免使自己太突出或出人意料。

F. 对承担的任何工作,我都能做到尽善尽美。

G. 我乐于与工作团队以外的人进行联系。

H. 尽管我对所有的观点都感兴趣,但这并不影响我在必要的时候下决心。

五、在工作中,我得到满足,因为( )

A. 我喜欢分析情况,权衡所有可能的选择。

B. 我对寻找解决问题的可行方案感兴趣。

C. 我感到,我在促进良好的工作关系。

D. 我能对决策有强烈的影响。

E. 我能适应那些有新意的人。

F. 我能使人们在某项必要的行动上达成一致意见。

G. 我感到我的身上有一种能使我全身心地投入到工作中去的气质。

H. 我很高兴能找到一块可以发挥我想象力的天地。

六、如果突然给我一件困难的工作,而且时间有限,人员不熟(　　)

A. 在有新方案之前,我宁愿先躲进角落,拟定出一个解脱困境的方案。

B. 我比较愿意与那些表现出积极态度的人一道工作。

C. 我会设想通过用人所长的方法来减轻工作负担。

D. 我天生的紧迫感,将有助于我们不会落在计划后面。

E. 我认为我能保持头脑冷静,富有条理地思考问题。

F. 尽管困难重重,我也能保证目标始终如一。

G. 如果集体工作没有进展,我会采取积极措施去加以推动。

H. 我愿意展开广泛的讨论意在激发新思想,推动工作。

七、对于那些在团队工作中或与周围人共事时所遇到的问题(　　)

A. 我很容易对那些阻碍前进的人表现出不耐烦。

B. 别人可能批评我太重分析而缺少直觉。

C. 我有做好工作的愿望,能确保工作的持续进展。

D. 我常常容易产生厌烦感,需要一两个有激情的人使我振作起来。

E. 如果目标不明确,让我起步是很困难的。

F. 对于我遇到的复杂问题,我有时不善于加以解释和澄清。

G. 对于那些我不能做的事,我有意识地求助于他人。

H. 当我与真正的对立面发生冲突时,我没有把握使对方理解我的观点。

题号	选项	得分	选项	得分	选项	得分	选项	得分	选项	得分	选项	得分	选项	得分	选项	得分
一	G		D		F		C		A		H		B		E	
二	A		B		E		G		C		D		F		H	
三	H		A		C		D		F		G		E		B	
四	D		H		B		E		G		C		A		F	
五	B		F		D		H		E		A		C		G	
六	F		C		G		A		H		E		B		D	
七	E		G		A		F		D		B		H		C	
总计	CW		CO		SH		PL		RI		ME		TW		FI	

[结果评分与解释]

总计分数说明:分数最高的一项就是你表现出来的角色,分数第二高第三高就是你的潜能,如果分数在10分以上有三项,证明你这三样都可以扮演,这个看你的兴趣和能力在哪里了。如果你有一项突出另类很重要,超过18分以上,你就是这类人的,一般来说5分以下为你不能去扮演这个角色,15分以上证明你这个角色表现很突出。

团队角色优缺点介绍

1. 实干家 CW(Company Worker)

A. 典型特征:保守;顺从;务实可靠

B. 积极特性:有组织能力、实践经验;工作勤奋;有自我约束力

C. 能容忍的弱点:缺乏灵活性;对没有把握的主意不感兴趣

D. 在团队中的作用:① 把谈话与建议转换为实际步骤;② 考虑什么是行得通的,什么是行不通的;③ 整理建议,使之与已经取得一致意见的计划和已有的系统相配合

2. 协调员 CO(Coordinator)

A. 典型特征:沉着;自信;有控制局面的能力

B. 积极特性:对各种有价值的意见不带偏见地兼容并蓄,看问题比较客观

C. 能容忍的弱点:在智能以及创造力方面并非超常

D. 在团队中的作用:① 明确团队的目标和方向;② 选择需要决策的问题,并明确它们的先后顺序;③ 帮助确定团队中的角色分工、责任和工作界限;④ 总结团队的感受和成就,综合团队的建议

3. 推进者 SH(Shaper)

A. 典型特征:思维敏捷;开朗;主动探索

B. 积极特性:有干劲,随时准备向传统、低效率、自满自足挑战

C. 能容忍的弱点:好激起争端,爱冲动,易急躁

D. 在团队中的作用:① 寻找和发现团队讨论中可能的方案;② 使团队内的任务和目标成形;③ 推动团队达成一致意见,并朝向决策行动

4. 智多星 PL(Planter)

A. 典型特征:有个性;思想深刻;不拘一格

B. 积极特性:才华横溢;富有想象力;智慧;知识面广

C. 能容忍的弱点:高高在上;不重细节;不拘礼仪

D. 在团队中的作用:① 提供建议;② 提出批评并有助于引出相反意见;③ 对已经形成的行动方案提出新的看法

5. 外交家 RI(Resource Investigator)

A. 典型特征:性格外向;热情;好奇;联系广泛;消息灵通

B. 积极特性:有广泛联系人的能力;不断探索新的事物;勇于迎接新的挑战

C. 能容忍的弱点:事过境迁,兴趣马上转移

D. 在团队中的作用:① 提出建议,并引入外部信息;② 接触持有其他观点的个体或群体;③ 参加磋商性质的活动

6. 监督员 ME(Monitor uator)

A. 典型特征:清醒;理智;谨慎

B. 积极特性:判断力强;分辨力强;讲求实际

C. 能容忍的弱点:缺乏鼓动和激发他人的能力;自己也不容易被别人鼓动和激发

D. 在团队中的作用:① 分析问题和情景;② 对繁杂的材料予以简化,并澄清模糊不清的问题;③ 对他人的判断和作用做出评价

7. 凝聚者 TW(Team Worker)

A. 典型特征:擅长人际交往;温和;敏感

B. 积极特性:有适应周围环境以及人的能力;能促进团队的合作

C. 能容忍的弱点:在危急时刻往往优柔寡断

D. 在团队中的作用:① 给予他人支持,并帮助别人;② 打破讨论中的沉默;③ 采取行动扭转或克服团队中的分歧

8. 完美主义者 FI(Finisher)

A. 典型特征:勤奋有序;认真;有紧迫感

B. 积极特性:理想主义者;追求完美;持之以恒

C. 能容忍的弱点:常常拘泥于细节;容易焦虑;不洒脱

D. 在团队中的作用:① 强调任务的目标要求和活动日程表;② 在方案中寻找并指出错误、遗漏和被忽视的内容;③ 刺激其他人参加活动,并促使团队成员产生时间紧迫的感觉

需要注意的是,有的人可能在两三个角色的分数一样多,这是允许的。你能扮演什么角色呢?

【拓展阅读】

六个小动作助你提升职场人际关系①

社会心理学家、治疗师捷克琳娜·柏勒兰解释说:"透过这 6 个反复做出的动作,我们可以探查和弄清动作背后的那种骚动不安。6 个提升职场人际关系的小动作分别为:

1. 箭式动作:一个指向性动作,手指指向前方。这一动作表示目的、方向:一个人指着面前的某样东西或某个人,同时向他(它)走去。这个动作能够表现请求、权力、指责和力的协调关系,也可以表现"决定"等概念。如果你在做这个动作时"走样"了,则说明你极度脑腆、缺少自信。

2. 杯式动作:双臂张开。这个动作象征着迎接向我们走来的人,或接受一种情感。它可以表现出你在日常生活中不易表露的易感性和心领神会的表情,也可以看出你在接受或给予上的障碍。

3. 按式动作:双臂伸直做出划分界线的动作。该动作表示你和某物或某人之间的距离,能代表你实际上要表达的意思。你要学会说"不",学会如何保持自尊和赢得别人的尊重。这个姿势重复多次,就能帮助你达到这样的效果,并让你摆脱依赖性和被他人融合的挫败感,实现真正的人际交往。

4. 听式动作:双臂交叉站立不动,或双手背后,也可以一只手放在嘴上、另一只手放在胸前。这个动作表示观察、专注、思考、诧异。当你在表演这个动作时,一定要意识到超越偏见的重要性。你也可以表现出一种中立的眼神。

5. 张式动作:身体来回运动,表现一种张力,好像在做一种选择。这个动作就像你在面对一种抵抗时的犹豫和斗争。这种抵抗也许是别人强加给你的,也许是你自己强加给自己的。动作的目的是鼓励你在考虑正反两方面的意见,或者在寻找、犹豫之后,勇敢地说出"我不知

---

① 来源中国公共招聘网:http://www.cjob.gov.cn/index.html.

道,我承认我没有办法解决"。

6. 树式动作:这个动作是屈膝,双脚像树根般站立,目光远眺。在做这个动作时,你可以双手沿身体两侧自上而下运动,好像要铲除身上的"树的老皮"一样,要摆脱自我的控制、担负起责任,并接受自己的任何选择。

这些动作游戏是为那些想要更好地了解自己的人设计的,在职场中,我们想要提高自己的人际关系,除了依靠这些练习,更重要的是学会更好地接纳自己,才能更好地了解他人。

职场人际中五个敏感区域

职场人际关系十分微妙复杂,稍有不慎,就会陷于被动,及时检讨,反省自己的行为,进行积极有效的心理调整,让自己适应多变的人际关系,不失为一个增强生存能力的好办法。因此,职场中人有必要时常对以下几方面做一个自检。

1. 算计

任何人都会对别人的背后算计非常痛恨,算计别人也是职场中最危险的行为之一。这种行为所带来的后果,轻则被同事所唾弃,重则失去饭碗,甚至身败名裂。

如果你经常有把事业上的竞争对手当成"仇人"、"冤家"的想法,想尽一切办法去搞垮对方的话,那么你就很有必要检讨一下了,领导绝对不希望自己的手下互相倾轧,他们希望每一个员工都能发挥自己的长处,为自己带来更多的效益,而互相排斥只会增加内耗,使自己的单位受损,周围的同事也同样讨厌那些喜欢搬弄是非、使阴招、发暗箭的人,因为每个人都希望有一个和谐宽松的工作环境,并与自己志趣相投的人共事。

2. 妥协

当然,在与同事的相处中还会有互相竞争的成分,因此,恰当使用接受与拒绝的态度相当重要。一个只会拒绝别人的人会招致大家的排斥,而一个只会向别人妥协的人不但自己受了委屈,而且还会被认为是老好人、能力低、不堪大任,且容易被人利用。

3. 隐私

在一个文明的环境里,每个人都应该尊重别人的隐私。如果你发现自己对别人的隐私产生浓厚的兴趣时,就要好好反省了。窥探别人的隐私向来被人是一个人没有修养的行为。也许有许多情况是在无意间发生的,比如,你偶尔发现了一个好朋友的怪僻行为,并无意间告诉了他人,这样不仅会对朋友造成伤害,还会失去你们之间的友谊。

偶尔的过失也许可以通过解释来弥补,但是,如果这样的事件发生过几次,那么你就要从心理上检讨自己的问题了。此外,除了学会尊重他人以外,在与同事的交往中还要保持恰当距离,注意不要随便侵入他人"领地",以免被人视为无聊之辈。

4. 情绪

如果你在工作中经常受到一些不愉快事件的影响,使自己情绪失控,那可犯了大忌。如果看到自己不喜欢的东西或事情就明显地表露出来,那么只会造成同事对你的反感。每个人都有自己的好恶,对于自己不喜欢的人或事,应尽量学会包容或保持沉默。你自己的好恶同样不一定合乎别人的观点,如果你经常轻易地评论别人,同样会招致别人的厌恶。

5. 借钱

处理好同事之间的经济关系相当重要。由于平时会在一起聚会游玩,发生经济往来的情况可能会比较多,最好的办法是 AA 制。当然,特殊情况下向同事借钱也没有什么不妥,但记得要尽快归还。如果经常向别人借钱,会被认为是个没有计划的人,别人会对你的为人处事产生不信任。记住不要轻易欠别人一块钱,并把这一点作为一个原则。当然也不要墨守成规,遇到同事因高兴的事请客时不要执意拒绝,同时记得要多说一些祝贺的话。

以上五个方面是职场人际关系中十分敏感的区域,在今后走进职场中,我们需要多注意。经营人际关系最好的方法就是,不要求别人为你做什么,只要想能为别人做什么。这才是建立关系网的真正艺术。

【经典推荐】

书籍:《带着正能量去工作》①

如今社会,压力种种,面对着纷繁错乱的光电声色,有效地释放压力,拥有健康的生活方式,保持乐观的生活态度,成了大家共同的追求。人们在工作之余,调节生活,缓解压力的办法也是独具匠心、不胜枚举。整本书的核心来自 19 世纪美国心理学教授威廉詹姆斯在著作《心理学原理》中提出的"表现原理",即人是通过行为来影响思想、情感等。这一原理让"性格决定命运"、"情绪决定行为"的传统认知受到质疑,"表现"原理激发正能量,提升我们内在的信任、豁达、愉悦、进取等正能量,让我们的工作、生活和行为模式得到彻底改变。

书中列举了大量的实验,诉说大量的内容,其实不过在说一件事情:人的行为会影响心理。人们可以通过改变自己的行为来改变自己的心理状态,可以使自己变得更加开心,更加自信,更加快乐,取得更好的成绩。

书籍:《职场礼仪》②

在工作中怎样维护自身形象?在职场上如何表现得彬彬有礼,举止有方?在这本《职场礼仪》中,您将找到答案。本书由知名礼仪专家金正昆教授撰写,分为办公礼仪、礼宾礼仪、仪式礼仪、社交礼仪、餐饮礼仪、服饰礼仪等六章,约 30 万字。其主要特点是兼具权威性、规范性、知识性、时效性与技巧性,可供党政机关、企事业单位与公司职员使用。

能否处理好职场人际关系,影响着彼此之间的支持和配合程度与工作的效率,也影响着我们的工作成果能否顺利得到他人的认同,甚至影响着我们的心情好坏,进而影响着我们的去留——能否保住这份宝贵的工作。

① 赵文明.带着正能量去工作[M].北京:中华工商联合出版社,2014.
② 金正昆.职场礼仪[M].北京:中国人民大学出版社,2008.

成长驿站

不知不觉,你已经来到了大学四年的最后一站,需要摆正自己的态度,端正自己的认识,对自己有一个阶段目标的评估和计划。大学生活的最后一年,你仍需努力。

一、大四知识目标——做一名合格的专业人

现代大学承担着四大职能:人才培养、科学研究、社会服务、文化传承与创新,而学科是大学有效完成这些职能的载体。学科又通过专业承担人才培养这一职能。专业是"高等教育培养学生的各个专门领域",专业教育是大学为了满足社会分工的需要而进行的活动。在一定程度上揭示了专业的本质内涵,表明了专业的范围、对象和功能,而"专门领域"是大学区别于其他层次教育的特征之一。大学中的专业是依据社会的专业化分工确定的,具有明确的培养目标。

格林伍德在其《专业的属性》中指出专业应该具有的特征有:第一,有一套系统的、支持其活动的理论体系;第二,已被社会广泛认可,即社会对这种专门活动是接受的和高度评价的;第三,该活动具有专业权威,即在这种活动内部已经建立起专业的权威,专业能力成为该领域活动的重要评价标准;第四,职业内部有伦理守则;第五,这一职业群体形成了专业文化。进入大四,大学生可以总结与反思自己的知识结构,利用有限的时间去弥补自身不足。

二、大四能力目标——具备就业能力,完成职业目标

就业力(Employ ability)的概念最早出现在 20 世纪初的英国,由英国经济学家贝弗里奇(Beveridge)于 1909 年首先提出。他认为就业力即"可雇用性",是指个体获得和保持工作的能力。

"可雇用性"是指获得和保持工作的能力。就业力不仅包括狭义上所理解的找到工作的能力,还包括持续完成工作、实现良好职业生涯发展的能力。"大学生就业能力"是为适应就业市场的变化而提出的。当代大学生的就业能力主要是指实现大学生就业理想、满足社会需求、实现自身价值的能力。

郑晓明在其《"就业能力"论》一文中对大学生就业能力的描述为:"大学生的就业能力不单纯指某一项技能、能力,而是学生多种能力的集合,这一概念是对学生各种能力的全面包含。在内容上,它包括学习能力、思想能力、实践能力、应聘能力和适应能力等。学习能力是指获取知识的能力,它是就业能力的基石;思想能力是指思维能力(包括创新能力)和政治鉴别力、社会洞察力、情感道德品质的综合体现,它是大学生思想成熟与否的标志;实践能力是指运用知识的能力,是就业环节中的点睛之笔,是各种能力综合应用的外化体现;适应能力是指在各种

环境中驾驭自我的心理、生理的调节能力,它是大学生就业乃至完成由学生角色向社会职业角色顺利转变的关键。"

三、大四素质目标——成为一名高素质人才

高素质人才具有健康的道德素质。道德和知识组成了人生的坐标系,道德素质好比横坐标,知识水平好比纵坐标,人生的起点就好比 0 点,如果道德素质呈负数,越有知识则对社会的破坏性就越大。被社会承认的人才,必须是能对人类社会发展做贡献的人。没有健康道德素质的人,无论有多少知识,都不是人才。

高素质人才要具备胆识,要有责任有担当。胆识意味着敢为天下先、敢做第一个吃"螃蟹"的人。知识是累积的经验,见识是个人的见解,而知识和认识要转化为实际行动,则需要超人的胆识。

高素质人才要学会寻求共识,对事业能不懈追求。寻求共识意味着要"求同存异",寻求共同的认识、价值和理念。具有协作意识,是达成共识的重要前提。当今社会,社会结构、思想观念和价值追求日趋多元化,多方利益格局错综复杂。在此转型时期,不同群体要相互协作,求同存异,通过寻找共同目标和适当方法来消除分歧、化解纷争,实现和谐共处、共同发展。

参考文献

入学准备篇

1. 王振刚著.师生对话之道[M].北京:北京师范大学出版社,2010.

2. 刘智运,刘永红著.大学学习素养[M].北京:清华大学出版社,2014.

3. 李琦著.大学与人生[J].厦门大学法律评论(总第十九辑),2011.

4. 李笑来著.时间的朋友[M].北京:电子工业出版社,2009.

5. 郑也夫著.吾国教育病理[M].北京:中信出版社,2013.

6. 石中英著.知识转型与教育改革[M].北京:教育科学出版社,2001.

7. 袁征著.孔子·蔡元培·西南联大:中国教育的发展和转折[M].北京:人民日报出版社,2007.

8. 苟渊著.从传统到现代:近代中国的高等教育[M].兰州:甘肃民族出版社,2004.

9. 梅贻琦. 教授的责任 [N]. 国立清华大学校刊, 1932.9.16.

10. 张添洲.生涯发展与规划[M].台北:五南图书出版公司,1993.

12. 冯观富.教育心理辅导精解[M].台北:心理出版社,1993.

13. 蒋建荣,詹启生.大学生生涯规划导论[M].天津:南开大学出版社,2005.

14. 许玫,张生妹.大学生如何进行生涯规划[M].上海:复旦大学出版社,2006.

15. 赵北平,雷五明.大学生涯规划与职业发展[M].武昌:武汉大学出版社,2000.

16. 沈之菲.生涯心理辅导[M].上海:上海教育出版社,2000.

17. 吴芝仪.生涯辅导与咨商——理论与实务[M].嘉义:涛石文化事业有限公司,2001.

18. 林清文.生涯发展与规划手册[M].广州:世界图书出版公司,2003.

19. 马士斌.大学生生涯辅导[M].北京:机械工业出版社,2006.

20. 黄中天.生涯规划——理论与实践[M].北京:高等教育出版社,2007.

21. 王熠辉.车到山前必有路——对大学生职业规划的再思考[J].教育与职业,2005(31).

22. 范泽瑛,王尔新.试论高校学生职业指导的方法和内容[J].中山大学学报论丛,2004(vol.24 No.6).310.

23. 陈红霞.以就业为导向进行高职教育模式的改革[J].当代教育论坛,2005(10).

24. 钟谷兰,杨开.大学生职业生涯发展与规划[M].上海:华东师范大学出版社,2008.

大学起航篇

1. 朱卫国,桑志芹.大学生心理健康教程[M].南京:南京大学出版社,2012.

2. 林友华.大学生礼仪素养[M].上海：同济大学出版社,2010.

3. 汤锐华.大学新生活——入学教育"新"六讲[M].北京：高等教育出版社,2012.

4. 袁长明.大学生入学教育与军事训练[M].北京：高等教育出版社,2015.

5. 汤锐华.大学新生活——入学教育"新"六讲[M].北京：高等教育出版社,2012.

6. 龙希利.大学生社团管理机制创新与时间探索[M].济南：山东人民出版社,2014.

7. 张彦.学生社团组织与学生成长成才研究[M].北京：北京大学出版社,2012.

大学磨砺篇

1. 戴尔·卡耐基著,李丽珍译.演讲与口才 这样说话才成功[M].北京：人民邮电出版社,2015.

2. 高雅杰.口才与应用文写作[M].北京：北京交通大学出版社,2014.

3. 范海棠,欧阳林.大学体育[M].上海：复旦大学出版社,2009.

4. 宁东玲,刘静意,梁革兵.应用文写作实训教程[M].北京：科学出版社,2015.

5. 高雅杰.口才与应用文写作[M].北京：北京交通大学出版社,2014.

6. 德博拉·A.韦斯特,查尔斯·A.布赫.体育基础：教学、锻炼和竞技[M].南京：江苏教育出版社,2007.

7. 易勤,左从现.大学体育教程[M].武汉：武汉大学出版社,2003.

8. 郭瑞增.经典心理测试[M].天津：天津科学技术出版社,2010.

9.《聚焦"大二低潮"现象：学生中间现"两极分化"》:HTTP://www.edu.cn/zhong_guo_jiao_yu/gao_deng/gao_jiao_news/201510/t20151022_1329394.shtml.

10. 顾雪英.高校专业评析[M].南京：江苏人民出版社,2003.

11. 曲振国.大学生就业指导与职业生涯规划[M].北京：清华大学出版社,2008.

12. 威廉 J.瑟勒,玛丽莎 L.贝尔,约瑟夫 P.梅泽.沟通力[M].北京：机械工业出版社,2014.

13. 汤建彬.大学生职业发展指导[M].北京：北京大学出版社,2011.

14. 宋学菊.拒绝的艺术[M].北京：北京工业大学出版社,2015.

15. [美]托尼·瓦格纳.创新者的培养[M].北京：科学出版社,2015.

16. 吴浪.论当代大学生创新意识的培养[J].才智,2008(08).

17. 郑友敬.创新与思考[M].北京：中国社会科学出版社,2015.

18. 刘云.创新性人才培养与成长[M].北京：科学出版社,2013.

19. 吴维亚,吴海云.创新学[M].南京：东南大学出版社,2008.

20. 陈晓静.黄金人脉[M].上海：上海交通大学出版社,2013.

21. 宋默.哈佛人脉课[M].北京：中国妇女出版社,2012.

大学发展篇

1. 欣欣,钱英.路过象牙塔——大学是这样念成的[M].北京：中国书籍出版社,2010.

2. 刘维鸿,顾晓明.大学生成长指南[M].北京：北京师范大学出版社,2012.

3. 刘延林.笔尖上的教育[M].南昌：江西人民出版社,2013.

4. 石国亮.大学生智慧地图——告诉你如何赢得未来的资本[M].北京:研究出版社,2008.

5. 董险峰,周慧,刘嘉慧,王婷婷.大学时代:我该怎样读大学[M].北京:中国人事出版社,2008.

6. 陈腊文.浅谈当代大学毕业生通用技能教育的主要内容[J].教育与职业,2009(10).

7. 仇志余.大学生成长导引[M].北京:电子工业出版社,2014.

8. 周文敏.翻过山越过岭——大学生考研全攻略[M].北京:北京工业大学出版社,2014.

9.《出国留学指南》编写组.出国留学指南[M].北京:经济科学出版社,2010.

10. 王新文.大学生全程就业指导[M].南京:南京大学出版社,2009.

11. 焦连合.大学生创业实务教程[M].北京:中国青年出版社,2014.

大学冲刺篇

1. 刘小达.求职必胜[M].北京:北京大学音像出版社,2005.

2. 周其洪.起航[M].北京:中国国际广播出版社,2008.

3. 李开复.做最好的自己[M].北京:人民出版社,2005.

4. 喻向东.大学生毕业后要补的7堂职场课[M].北京:中国市场出版社,2010.

5. 123好网角.一个好专业,是做好职业规划的关键.2016.05.19.

6. 徐晶.关于当代大学生职业生涯规划的思考[J].江苏技术师范学院学报,2005(11).

7. 考研帮网站.考研过来人心得体会:全程规划 放松心态.2014.03.12.

8. 新东方在线.考研冲刺攻略(最全).2015.11.04.

9. 杜林致,张旭翔.大学生职业规划与拓展[M].南京:河海大学出版社,2006.

10. 顾晓虎.大学生心理素质训练教程[M].南京:南京大学出版社,2013.

11. 阎大伟.大学生全程就业指导[M].南京:河海大学出版社,2007.

12. 曹鸣岐.职业生涯规划[M].北京:高等教育出版社,2008.

13. 杨蕴彤,宋大伟.大学生职业发展与就业指导[M].长春:吉林大学出版社,2009.

14. 大学生职业决策困难的特点及其影响因素研究.论文天下网,2008.

15. 周坤.职业生涯规划与自我管理[M].北京:北京大学出版社,2005.

16. 熊炳奇.天下无墙[M].上海:上海文化出版社,2005.

17. 余世维.有效沟通[M].北京:机械工业出版社,2006.

18. 蒋胜祥.大学生就业指导[M].北京:科学出版社,2003.

19. 尹忠泽.大学生职业生涯规划[M].长春:吉林大学出版社,2007.

20. 高峰,李伸荣,李增臣.大学生就业指导[M].长春:吉林大学出版社,2008.

21. 高峰,石华富.大学生就业指导[M].长春:吉林大学出版社,2005.

22. 陈军兰,王艳.大学生就业指导手册[M].北京:中央文献出版社,2009.

23. 李开复.与未来同行[M].北京:人民出版社,2006.

24. 钟谷兰,杨开.大学生职业生涯发展与规划[M].上海:华东师范大学出版社,2008.

25. 杨连顺,谢义华.职场人际关系与沟通技巧[M].天津:天津大学出版社,2012.

26. 余平.试用期培训的经济分析[J].人力资源,2008(11).